U0144651

中華民國課程與教學學會2022年度專書

後疫情時代下的國際教育

無國界教育的跨越與另類可能性

中華民國課程與教學學會・策劃

洪雯柔・主編

丘嘉慧　楊勛凱　鄭勝耀　廖育萱　陳美如
范雅筑　吳秋萱　陳義堯　黃淑玫　歐靜瑜
林伯翰　吳彥慶　陳志南　洪雯柔　林昭良
郭倢愍　詹盛如　劉洲溶　黃文定　傅慧雯
劉慶仁　洪志衛　李郁緻　合著

本書各篇文章均經學術同儕匿名雙審通過

五南圖書出版公司 印行

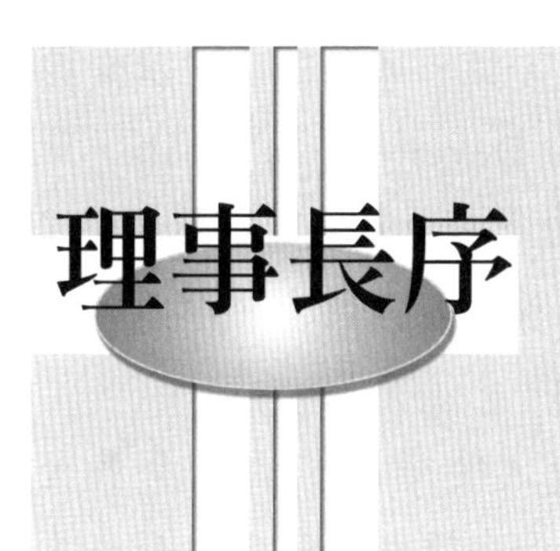

理事長序

展望疫後教育重生
前瞻課程國際視野

因應各國重視國際教育趨勢，我國推動國際教育的起步並不算晚。教育部於 2011 年 4 月首度發布《中小學國際教育白皮書》，高舉「扎根培育 21 世紀國際化人才」的願景，規劃透過「學校本位、四軌並進」的主要策略，積極推動國際教育融入課程、國際交流、學校國際化與教師專業成長。在 2020 年更進一步提出《中小學國際教育白皮書 2.0》，宣示在中小學持續重視與推動國際教育的決心與實際行動。在此國際教育 2.0 中，確認培育全球公民、促進教育國際化與拓展全球交流三項目標，並相應推動三項具體策略，包括精進學校本位國際教育、打造友善國際化環境，與建立國際架接機制。

我國在過去 10 餘年推動國際教育的歷程中，陸續歷經國內外許多重要的教育改革或趨勢，不僅激發更多促進國際教育的元素，也深化了國際教育的內涵與推動方式，包括：

1. 自 2014 年起發布《十二年國民基本教育課程綱要總綱》，並於 2019 年開始實施（以下簡稱 108 課綱），持續強調學校本位課程的發展，鼓勵發展跨領域統整課程、重視探究學習，給予各校更多規劃與實施國際教育的機會。

2. 聯合國於2015年盤點全球重大議題，提出兼顧經濟、社會與環境三大面向的永續發展目標（Sustainable Development Goals，簡稱 SDGs），共計17項目標。行政院永續會也於2019年發表「臺灣永續發展目標」計18項核心目標。此一發展，將促使中小學教育更重視全球議題，也加速了課程內涵的國際化。

3. 2018年起，行政院國發會提出的《雙語國家政策發展藍圖》，以「提升國家競爭力」及「厚植國人英語力」爲兩大發展主軸。繼之於2022年將「2030雙語國家政策」更名爲「2030雙語政策」，確認目前我國的語言政策乃包括「國際語言」與「國家語言」兩部分，強調國人英語力的提升。如何將雙語元素融入於課程中，也愈來愈受到關注。

4. PISA於2018年首次以「全球素養」（global competences）爲主題進行施測，並具體提出知識、認知技能、社會能力與態度等評量項目，包括四個面向：檢視全球與跨文化議題、理解不同觀點與世界觀、進行跨文化的有效溝通，與爲人類福祉與永續發展採取行動。這一評量架構的提出，有助於掌握全球素養的內涵，便於融入課程與教學。

5. 2020年起，新冠疫情爲各國帶來全面性衝擊，因防疫考量的停課不停學，使師生們都得面對新的課程與教學型態，摸索可能的因應作法。從一開始的被動與無奈，逐漸而能熟悉各種數位教學與線上互動，增進資訊通訊科技工具在課程與教學中的使用，有助於透過數位科技來進行國際交流。

綜上所述，一方面，國際教育的推動從1.0擴展到2.0，更形加廣加深，持續爲重要的教育政策之一；另一方面，國際教育面對國內外的教育改革，也因跨領域統整探究、永續SDGs、雙語教育、數位教學等改革趨勢，而有更豐富的內涵與發展契機。可見，國際教育的發展方興未艾，仍將會是未來課程與教學改革的重要元素。

值此全球化時代，課程與教學學會關心國際教育在國內外的發展，也期待各界一起來探討此一重要議題。特別邀請本學會洪雯柔教授編撰《後疫情時代下的國際教育：無國界教育的跨越與另類可能性》爲2022年的年度專書。邀集理論與實務面的專家與學者撰文，分享其省思觀點或實踐經驗，各篇文章均經審查修訂後，再予編輯出版，精彩可期，在此謹致謝忱。五南圖書出版公司持續支持本學會年度專書的編輯與出版，是專書順利付梓的最大功臣，再次感謝。

本書的出版，彙集了國際教育發展的一些重要論述與經驗。希望這些省思與論點，不只呈現了國際教育發展至今的一些成果，也能成爲下一階段國際教育進一步發展的參考，前瞻未來一個更具國際內涵、更具全球關懷的課程與教學。共勉之。

中華民國課程與教學學會理事長
國立中正大學師資培育中心教授
林永豐
2023年3月

主編序

2019年，行政院公布了「2030雙語國家政策」；2020年，教育部啟動《中小學國際教育白皮書2.0》的推動。這些政策宣示了臺灣面對全球化世界的積極作爲，以及從著重國際理解的國際教育邁向更爲深層且普及的教育國際化，意欲強化跟全球的連結，且提升國際競合力與跨國移動力。

然而，也是在2020年，嚴重特殊傳染性肺炎（COVID-19，簡稱新冠肺炎）肆虐全球，讓我們見證了U. Beck等人所謂的「風險世界社會（world society）」。全球連結帶來疫情複雜性與時空影響性的擴大，以及疫後未來的未知性，而資訊與傳播科技雖然看似降低了這波疫情所致之阻隔所帶來的衝擊，但其對人際互動、教育品質與未來世界的影響也是渾沌不明的。

除此之外，疫情的影響讓我們看到各國針對有效的策略進行相互交流與學習，例如臺灣運用口罩策略來防堵疫情的擴散、中國大陸用封城來阻斷人際的傳播、英美等國用疫苗研發與普及的施打率來減緩重症帶來的醫療癱瘓與死亡率、英美日等提出社交距離的概念與作法，以及紐西蘭用極度謹慎的高規格封城、邊境封鎖與防疫級別來控制疫情。各國從他國策略中獲得發想與學習相關經驗，提升防疫成效；各國也互相交流物資以互補長短。這其實是全球化與世界一家願景的具現，也是我們期待國際人才或全球公民所具備的特質：將全球視爲生命共同體、了解與促動全球相互依存、以他山之石攻錯、互通有無以達共好（洪雯柔，2021）。

但，我們也看到相同的策略在各國引起不同效應與效果，各國的差異與文化的多樣性因此凸顯。當我們看到美國科學家或醫療專家提出政治陰謀論、民眾不相信政府或專家學者的觀點、口罩政策無法落實，似乎稍微能理解個人主義的影響；而英國所採取的佛系防疫政策以及對專家學者建議的忽略，似乎看到比較教育學者 I. Kandel 所說的注重實用主義的英國哲學，也好奇其健康保險機制的運作與政府在人民健康方面承擔的角色。從前述幾個例子觀之，各國在疫情下的種種作爲與反應，無論是政治、文化、社會、經濟等各面向，都可以看到各國的特質與國際關係；此外，也可以看到新冠肺炎的起源被歸爲中國武漢後所產生的種種排華、排斥亞裔的國內外衝突（洪雯柔，2021）。

這些，都是我們期待透過國際教育而讓未來公民理解的，也期待奠基於此種認知基礎上，培養其系統思考的能力，能夠從鉅觀的系統觀點看見各國的相互連動與系統中各種因素的交織；此外，也培養其跨文化理解與溝通，進而尊重與同理的態度，能夠奠基於對各國政治、經濟、社會、哲學、文化、地理、歷史等的理解，掌握跨文化的深度理解與溝通策略，也能因此尊重、包容、同理其他文化；也因奠基在鉅觀與微觀的理解上，強化未來公民之能力以解決各國合作時的各種衝突與問題（洪雯柔，2021）。

然而，各國國境封閉限制了跨國交流與師生的流動，封城政策終止了學校實體教學而代之以線上教育。線上課程雖然擴大了跨國視訊交流與國內深化國際教育課程的可能性，卻也因爲種種線上課程與教學的問題，使得國際教育似乎停擺。值此之際，正是我們重新思考國際教育內容與推動方式的機會。

此外，學界對教育國際化的新觀點，也提供我們思考新的國際教育發展方向。如 de Wit 等人將 Knight 國際化的定義加以擴展而奠基於公眾利益，不將國際化視爲目標，而將對社會的貢獻、所有社群成員的參與、品質的改善視爲目標。他們進一步主張回應聯合國倡議的永續發展目標（SDGs），他提出具體建議，諸如在地國際化中的課程國際化、虛擬移動與合作、支持視訊交流與線上國際學習、因應移民與難民的需求、發展跨文化技能與素養等，皆邁向綜合性國際化、更爲多元的支持理由，以及更強調倫理的國際化（洪雯柔，2021）。

面對這些變動，中華民國課程與教學學會策劃了此一國際教育專書，以「後疫情時代下的國際教育：無國界教育的跨越與另類可能性」爲題徵稿，透過課程與教學預作籌謀，並提出實務性建議，期以各教育階段多元面貌的國際教育創新理念或實務，裨益我國國際教育的發展前景，也爲疫情下國際教育新面貌的開展奠定基礎。

本書之徵稿開啟於 2022 年 2 月，截稿於 9 月，除於 10 月 15 日在臺中教育大學教育學系與中華民國課程與教學學會主辦之「2022 年 E 時代的教育前瞻國際學術研討會暨第 46 屆課程與教學論壇」中發表，並由評論人提出評論，繼之修稿外，更以匿名雙審確保品質。

本書各篇所涵蓋之國際教育概念，大抵不脫離筆者的界定（洪雯柔，2015），涵蓋國際理解教育、全球教育（認識全球相互依存關係與全球議題）、國際學校所提供之教育、跨國 / 文化 / 種族團體之教學法、跨文化之差異、國際教育機構之工作、師生之國際流動、國際學生之教育相關議題、兩國或國家集團間之智識或文化關係等。

本書作者群涵蓋學者、實務工作者與研究生，服務領域跨幼兒教育、初等教育、中等教育與高等教育，開展的是理論與實務的對話與合作。收錄的文章範圍因此涵蓋幼兒到高等教育階段的國際教育主題，包括：幼兒教育階段的文章有丘嘉慧助理教授的〈後疫情時代幼兒國際教育發展趨勢〉；小學階段的則有楊勛凱校長與鄭勝耀教授的〈國際教育與文化交流的跨界實踐——以嘉義市精忠國民小學爲例〉；跨小學與國中階段的有廖育萱博士生與陳美如教授的〈後疫情時代海外學生來臺對中小學國際教育之影響及因應策略探究〉；國中階段的有范雅筑助理教授的〈國中英語探究與實作的實踐——以國際教育跨國專案爲例〉；跨國中與高中階段的有歐靜瑜校長與林伯翰主任的〈國際教育在非山非市完全中學的推動歷程之研究——以臺中市新社高中爲例〉，以及吳彥慶老師、陳志南老師與洪雯柔教授的〈高中學校國際化的探究——以中區一所公立學校爲例〉；高中階段的有吳秋萱老師與陳義堯老師的〈新店高中「世界任我行」國際教育課程的發展與實施〉、黃淑玟老師的〈區域整合的國際教育課程——以彰化縣四所高中職爲例〉、劉洲榕校長與黃文定教授的〈臺灣高中國際雙聯學程英語授課之個案研究——學生的觀點〉；雖爲高中教育階段但對象爲僑外生/國際生的有詹盛如教授與林昭良博士生、郭倢慇博士生的〈高職僑生專班畢業生對於臺灣的認同感之研究〉；高等教育階段的則有傅慧雯博士生、劉慶仁理事長、洪志衛執行長的〈國際教育新思維——在地國際化與藍海教育展〉，以及討論國際學校體制的李郁緻副教授的〈國際文憑（International Baccalaureate）課程「國際性」的建構與實踐〉。

就主題而論，可區分如下：

(一) 涵蓋國際經驗以及我國教育體制與國際接軌的教育議題，如〈國際文憑（International Baccalaureate）課程「國際性」的建構與實踐〉，IB課程乃在我國逐漸擴展，且從私立學校擴展至公立學

校，而〈臺灣高中國際雙聯學程英語授課之個案研究——學生的觀點〉所論的雙聯學制則從以往的大學施行向下延伸到高中教育階段，因此不僅是國際經驗，也是我國與國際接軌的新教育現象。如〈後疫情時代海外學生來臺對中小學國際教育之影響及因應策略探究〉乃是海外學生來臺進入中小學的教學調整議題，是以往較少見的疫情下獨特國際接軌現象；而〈高職僑生專班畢業生對於臺灣的認同感之研究〉的高職僑生入學雖是多年作法，但是近年因少子化而有專班之建構，則是獨特體制，也是另一種面貌的國際接軌。〈國際教育新思維——在地國際化與藍海教育展〉則將高等教育長期以來的國際招生事務因應疫情而轉爲線上教育展，雖是長期以來高等教育與國際接軌的機制，卻呈現疫情下的權變與新型態樣貌。

(二) 以整體學校國際化爲主的議題，包括組織目標設定、組織結構建立、國際教育課程與活動、教師專業成長等整體規劃，此涵蓋兩所類型不同之完全中學及一所國小的例子，其一爲非山非市地區的案例〈國際教育在非山非市完全中學的推動歷程之研究——以臺中市新社高中爲例〉，另一則爲都市型學校的案例〈高中學校國際化的探究——以中區一所公立學校爲例〉，最後則是國小的案例〈國際教育與文化交流的跨界實踐——以嘉義市精忠國民小學爲例〉。

(三) 以國際交流爲主的國際教育類型，如〈國際教育與文化交流的跨界實踐——以嘉義市精忠國民小學爲例〉及〈國中英語探究與實作的實踐——以國際教育跨國專案爲例〉，前者以個別學校之力結合課程與跨國文化交流，後者則是參與國際教育方案 iEARN 的國際交流活動。

(四) 以課程建構的國際教育，則有〈後疫情時代幼兒國際教育發展趨勢〉、〈國際教育與文化交流的跨界實踐——以嘉義市精忠國民小學爲例〉、〈新店高中「世界任我行」國際教育課程的發展與實施〉及〈區域整合的國際教育課程——以彰化縣四所高中職爲例〉，著眼於在地文化與全球的對話、國際理解等之開展，以課程爲發展軸線，提升學生國際觀與國際移動力的培養。

本書籌備階段與作者撰文時期正逢疫情高峰，國際教育的推展在夾縫中開展出不同於以往的面貌，可謂百花齊放。出版之際，疫情或許並未走到尾聲，但是各國逐漸採取與疫情共存、將 COVID-19 流感化的策略，各國回歸正常生活。期許這些國際教育實務的分享與省思，帶來更爲普及且深入的開展。

國立暨南大學國際文教與比較教育學系教授

洪雯柔

參考文獻

洪雯柔（2015）。邁向國際的旅程——國際教育政策與實務的探析。臺北市：高等教育。

洪雯柔（2021）。風險社會下的國際教育：發展、停滯或新可能性？收錄於中國教育學會主編，**預見教育 2030**（頁 33-57）。臺北市：學富。

目次

後疫情時代幼兒國際教育發展趨勢

丘嘉慧
臺北市立大學幼教系助理教授

隨著全球化的發展，世界儼然已成爲地球村的型態，學生能夠具有全球視角，並與來自世界各國和不同文化的人們互動變得非常重要（Molina & Lattimer, 2013）。藉由國際教育可以讓學生的觀點及視野更寬廣，能夠覺察及理解不同地方、社會、文化、經濟等體系間的多樣性及相互依存、連結的關係，以能面對世界公平及和平的問題（Davies, 2006）。

幼兒國際教育在50年前就開始推行（Bell, Jean-Sigur, & Kim, 2015），因著移民人口的流動、科技的發達及全球各國的問題增加（例如：氣候變遷、戰爭），各國也開始訂定幼兒國際教育的範疇，包括藉由多元性及環境永續經營的課程，引導幼兒學習自己與世界的連結、建立永續發展的價值觀（Hägglund & Samuelsson, 2009; Horsley & Bauer, 2010）。因此，在教學須顧及幼兒適齡適性發展（developmentally appropriate practices）的理念下，幼兒園教師帶著幼兒從生活周遭中探索文化中的多元現象、實際動手做環境保護等，藉以培養幼兒國際教育觀點及態度（Bell et al., 2015）。早期幼兒國際教育的學習是未來國際教育的基礎，幼兒在國際教育的引導下，讓他們對社會理解、合作及和平更有感。如此，社會中的人們才能具有批判思考，以民主方式做決定，以人文生態價值觀對社會改變採取行動，進而推動永續發展（Elliott & Davis, 2009; Topcu & Demircioğlu, 2018）。

從 2020 年開始，全球受到疫情大爆發，改變了大家的日常生活（Fancera & Saperstein, 2021），學校裡的教育形式也受到影響，幼兒教育也不例外（Can, 2020; Cordovil et al., 2021; Erdamar & Akpinar, 2022; The World Bank, UNESCO, & UNICEF, 2021）。世界各國的學校因著疫情而關閉，原本依賴面對面教學的形式必須改變，因此學校紛紛開啟線上的遠距教學（Cordovil et al., 2021; Yamamoto & Altun, 2020），幼兒教育同樣的需要在虛擬環境中實施課程，同樣的，幼兒國際教育的實踐也因著教學形式的改變而受到影響（Erdamar & Akpinar, 2022）。

本篇論文主要的目的在討論後疫情時代幼兒國際教育發展趨勢。因此，接下來將從幼兒國際教育所涵蓋的範疇說起，接著討論疫情對幼教現場的影響，疫情後所迫使的教學模式改變，最後在符合幼教理念的基礎上，說明未來幼兒國際教育的實踐方向。

壹 幼兒國際教育目標及內容

近年來，全球化的發展縮短了隔閡及距離，使得個人、社區、地方和國家間的連結愈來愈緊密（Langran, 2016; Zhao, 2014）。商業活動不僅侷限於在地或國內，愈來愈多擴展到世界其他地區（Kordos & Vojtovic, 2016），全球成了地球村，身處於地球上的人們皆爲全球社區的一員（Csaba, 2003; Stiglitz, 2002）。因此，許多學者開始重視身處於全球的人們該有的公民素養，因而推動國際教育（Davies, 2006）。

國際教育的目標就是在全球化趨勢的發展下，培養學生的觀點與視野更寬廣，理解全球有不同生態、社會、經濟、科技、文化等體系，各個體系間彼此相互關聯、依賴及影響；關注環境問題，能承諾維持全球永續發展，成爲有效率且積極參與、解決問題之全球公民。因此，學生須具有批性思考和推理的能力，學得全球生活所必需的知識、態度與技能，以能解決全球多變且複雜的問題。他們還要能感受不同群體或文化之差異，進而建立彼此尊重、關懷他人、相互理解的態度（Anderson, 1990; Brown, 1984; Davies, 2006）。Reysen 與 Katzarska-Miller（2013）整理國際教育應培養學生具有下列六種特質：國際覺知（global awareness）、關懷（caring）、文化多元性（cultural diversity）、社會公平（social justice）、永續發展（sustainability），以及採取行動的責任（responsibility to act）。

在這國際教育基礎下，我們進一步建立幼兒國際教育的目標及內容。幼兒國際教育的目的在培養他們發展出參與國際社會責任的能力、知識及態度（NCSS, 2001）。幼兒國際教育就是有關人類與地球環境間的相互連結、依存關係的理解，並能理解彼此之間的差異性。我們可以從多元文化教育及國際教育著手，逐步養成幼兒的民主技能及態度（Bell et al., 2015; NCSS, 2001）。本論文根據 Bell 等人（2015）的整理，總結出幼兒國際教育同樣也有成爲國際社會的公民需要學習的六個概念。以下分別說明這六個概念，並進一步舉例說明這些國際教育的概念在幼兒園中的實踐方式。

一　觀點察覺（perspective consciousness）

觀點察覺是指能從別人的觀點看事物，覺知及欣賞別人與自己不同的世界觀。當採取國際觀點時，覺察即從他人延伸至全球人們的多元觀點。建立能理解、包容、尊重及同理他人的多元觀點，可以避免偏見、刻板印象的思維。幼兒對觀點的察覺受到年齡發展的影響，至3歲開始可以覺察他人的想法，年齡大一點後，可以覺察自己和他人有不同的想法、感受、需求。在幼兒園的教室裡，教師可以藉由同儕互動、團體討論或角色扮演的參與，使幼兒逐漸從自我中心的觀點轉換爲覺察他人的互惠觀點。

二　跨文化的覺知（cross-cultural awareness）

跨文化的覺知是指，對文化內及文化間相異性的覺知與理解，亦即覺知自己文化與他人文化的不同。幼兒藉由探索不同世界觀點，在了解自己及理解他人的基礎下，可以消除偏誤或刻板印象，能接受並尊重差異性。幼兒在覺知跨文化時，尚無法直接察覺到文化種族的不同，例如：幼兒不認爲不同膚色的人屬於不同種族。但他們可以藉由參與不同的文化活動，了解自己與他人生活方式的相異處和不同族群的文化特色，最後，願意參與多元文化的活動，藉此覺知與理解文化的差異。例如：在教室裡有來自不同文化背景的幼兒，教師請幼兒各自帶著屬於自己文化中特別的食物來教室裡與大家分享，引導幼兒從中覺察到文化的不同。

三　地球環保問題的覺知（state-of-the-planet awareness）

地球環保問題的覺知是指保護我們所居住的地球。幼兒覺察生活周遭的事物，學習到沒有適當處理汙染及垃圾，會破壞動物的棲息地。學習使用廢棄的材料變成新事物，保留珍貴資源的態度以能對地球環保做出有利貢獻，藉以學習保護地球的概念。幼兒愈早能覺察到對環境友善及綠生活型態，愈能夠維持終生環保的生活習慣。環保議題在幼兒園裡常會進行，例如：垃圾分類、運用回收物品再利用來創作等。教師可以利用繪本引發幼兒注意環境保護的意識，然後藉由實際動手體驗愛地球的方法。例如：幼兒園從繪本裡讀到了塑膠袋影響著環境生態，並實際動手實驗試試哪些不同材質的物品才能讓地球「消化掉」。在實驗中幼兒理解使用重複再利用環保袋的意涵，最後，動手做自己設計的環保袋。

四 生態系統的連結（system connectedness）

生態系統的連結是指個體與社會、文化及次文化間的互動，也就是指人與地方或活動彼此之間的相互影響。幼兒在生活經驗中開啟認識事物，並由近到遠地認識周遭環境，從中學習到我們屬於彼此、相互需要，以及延伸對其他人的影響。幼兒本來就對他們生活周遭的一切充滿好奇心，在生活中，他們透過與他人互動開始了解他人，因著生活圈擴大，例如：去學校上學、到公園玩、跟爸媽進圖書館等，開始了解不同環境中的人、事、物，以及自己與這些人、事、物間的關係。這些都是幼兒生活經驗中所會經歷的生態系統連結。

五 科技的覺知與利用（awareness and utilization of technology）

在現今，因著科技扮演著連結距離遙遠人們的關鍵角色，使得全球經濟市場高度依賴科技的使用，因此，身處於數位科技時代的人們，無論是生活或是工作，時刻都需要使用科技，熟悉科技的使用便成爲國際公民的重要基本能力。雖然幼兒教育愈來愈重視科技工具的覺察與學習，但較少使用科技延伸國際間的連結。隨著科技的幫助，幼兒能輕易的與世界其他地區的人聯絡、互動，進而察覺世界其他地區人們的相似或相異處。因此，科技是幼兒學習與世界的他人、自然環境溝通互動的重要工具。在這科技時代中，幼兒生活中已累積了許多使用科技的經驗（Rideout & Robb, 2020），例如：在幼兒園裡，大家使用平板看 YouTube 裡如何摺出厲害紙飛機的影片，或是知道請教師幫忙使用 Google 查詢想要知道的訊息。在家裡，幼兒也常使用父母的手機玩遊戲或看卡通（梁祐瑄、丘嘉慧，2019）。由此顯示，幼兒使用科技工具的經驗已在生活中開始萌芽，教師可以在幼兒已有的經驗基礎上，進一步引導幼兒對科技的覺知與利用。

六 參與的選擇（options for participation）

幼兒國際教育提供幼兒參與周遭環境及世界的機會，藉由事件、旅行、參訪及與家庭社區連結，使得幼兒了解他們可以扮演的角色；藉由教學引導他們學習成爲國際公民，進而願意成爲積極參與國際的公民。參與周遭環境與世界，似乎與幼兒的生活經驗顯得距離遙遠，但實際上，幼兒在對生活環境有所覺知後，他們可以開始思考環境與自己生活的關係，進而發現環境中的問題。例如：在幼兒園的課程中，幼兒發現他們在學校裡玩的遊樂設施是有安全標準的，不論是在遊具的寬度或高度都有規定的標準。因此，幼兒帶著尺進到社區中，一一測量他們生活中常去公園裡的遊樂設施，檢視這些設施是否符合幼兒園幼兒使用的安全。經過一連串的測量及比較後發現，有些公園裡的遊樂設施並不適合年紀小的幼兒使用。最後，幼兒們將調查結果向里長說明，希望里長可以幫忙改善。對幼兒的能力來說，他們無法實際眞實改善環境的問題，但他們可以提出改進的想法及建議，藉此培養幼兒願意參與周遭環境及世界的態度。

貳 疫情使得學校難以推動幼兒國際教育

在上述的幼兒國際教育的目標及內容下，幼兒園課程在教室中以繪本、照片、歌曲來設計與同儕間互動的遊戲，或是進行分享自己家鄉事物等相關的文化活動。在與他人互動中，讓幼兒感受他人觀點，消除刻板印象及偏見，參與日常生活中的環保愛地球活動；探索家庭與社區，親身體驗社區中的一切，從中覺察與自己的關係；運用科技工具於學習活動中，並能實際成爲國際公民。然而，疫情大流行顚覆了人們的日常生活，澈底改變了我們工作、學習和以其他方式互動的方式（Fancera & Saperstein, 2021）。疫情大流行也使得世界陷入停頓，許多公司倒閉造成高失業率，使得全球經濟衰退，然而貧富差距愈來愈大，因此顯露出公共衛生（public health）、經濟（economy）、種族關係（race relations）和環境（environment）等方面的不平等（Saperstein, 2021）。

疫情同樣也影響著幼兒園裡的國際教育教學。Civerlek 與 Uyanik（2020）發現，過去幼兒園常實施的團體活動，因著疫情必須轉變爲個人活動，因此幼兒與他人沒有直接的互動（Civerlek & Uyanik, 2020）。Erdamar 與 Akpinar（2022）針對 31 位幼兒園教師，進行疫情對他們課程實施影響的調查訪談。他們發現，大多的幼兒園教師認爲疫情爲課程的實施帶來負面的影響，阻礙了幼兒的社會互動、溝通方式及情緒發展。因爲幼兒正處於具體運思的時期，無法像成人一樣正確的理解抽象的概念，但由於疫情使得課程無法如常的進行，導致幼兒無法藉由直接操作建構經驗概念，因而引發學習焦慮的情緒（Ercan et al., 2020）。在這樣的情況下，幼兒無法與同儕或教師直接互動以察覺觀點、文化，在無法實際動手做、親身參與的情況下，幼兒難以覺察到對環境友善及綠生活型態，甚至養成生活習慣。由於疫情封鎖期間人們只能待在家裡，使得幼兒每天 72% 的時間都在家裡長期不活動，當回到學校後，也因爲社交距離無法像疫情前讓幼兒有許多與同儕間的互動、遊玩，限制了幼兒行動的機會（Cordovil et al., 2021），因此暫停了過去需要帶著幼兒走出教室、進入社區，或是親身到訪以察覺不同環境中的人、事、物間關係的國際教育活動。

雖然大部分的幼兒國際教育內容在疫情影響下無法實踐，因著幼兒開始使用手機或平板電腦上課，反而提升幼兒在「科技的覺知與利用」的學習。但因爲過去在幼教的教學中較少機會讓幼兒大量的使用科技進行學習，因此，幼兒使用手機或平板電腦上課，他們似乎是以看電視節目般的參與課程（Civerlek & Uyanik, 2020）。這也使得幼教教師開始思考如何由傳統的面對面改變爲線上的遠距學習，並進一步發展出適合使用學習科技及運用網際網路連結的學習策略，藉以提升幼教課程的有效性（Banerjee et al., 2021）。因此，結合數位及面對面形式的混成教育模式（hybrid education model）已顯著的在幼教領域中開展（Civerlek & Uyanik, 2020）。

 後疫情時代，科技推動幼兒國際教育的新模式

因著科技的發達，使得人們能在短時間內有效的完成工作。在現今的科技時代中，科技工具的使用者年齡已降至學齡前，51.9% 的臺灣幼兒在 4 歲前開始使用平板，51.9% 的幼兒在 3 歲前開始使用手機（梁祐瑄、丘嘉慧，2019），美國 8 歲以下幼兒每天花九成的時間使用數位媒體（Rideout & Robb, 2020）。大部分幼兒能使用平板及個人電腦進行學習，但以平板對幼兒學習最有益（Nurdiantami & Agil, 2020）。先前研究發現，科技的使用可以幫助幼兒發展創造力，藉由聆聽音樂及觀看影像學習外語，促進認知能力等（Bolstad, 2004; Ko & Chiu, 2011）。隨著科技改變了幼兒日常生活所居住世界中互動的方法（Puerling, 2012），科技也是能接觸到多元觀點及發表言論的有益工具（Moreillon, 2013）。

由於數位科技的進步，隨著網際網路、社群媒體、行動載具愈來愈便利，人們可以輕易的跨越國際，使得全球的邊界需要重新再定義（Ahmad, 2013）。由於網路科技的發達，使得全球在政治、經濟、文化上更爲緊密，國際教育更易於推動。因著幼兒使用科技工具的經驗，也能藉由科技推動幼兒國際教育。

在 Bell 等人（2015）所歸納幼兒國際教育的內容中亦有提到，幼兒須能覺知與利用科技工具與世界各地的人、事、物接觸及連結。

因此，幼兒園教師可以藉由各種活動主題，逐步結合各種科技工具（例如：點讀筆、平板），引導幼兒在有意義的情境中學習使用科技的技巧，例如：幼兒想要了解其他國家的飲食，提到可以利用電腦查詢，因此，教師引導幼兒學習運用語音輸入文字、點擊連結開啟網站等。也可以安排小組討論或全班團體形式，提供幼兒間的互動及合作任務，讓他們有意圖的使用科技工具創作或學習。除此之外，科技工具還能提供幼兒與他人或國際溝通聯繫的機會，讓幼兒可以建構在地或國際的連結關係。

藉由科技工具的使用，幼兒與他人的互動不受時間及空間的限制，因此不但擴展了他們所居住世界的範圍，也能幫助他們增添較多的覺察。當幼兒有機會與國際上其他國家或文化的幼兒接觸，彼此分享經驗或發現，在這過程中，他們藉由接觸或觀察到世界不同地方人們的觀點及生活形式，從不同的認識中建立國際經驗及關係。這些都是幼兒國際教育中要培養幼兒的覺知及態度，幫助幼兒學習擁有國際視野，看見不同的文化和多樣性觀點。因著科技技術，讓幼兒與世界接軌聯繫，他們除了了解自己在地生活的環境，還能了解我們生活的地球狀況，以能對如何保護地球和保護環境有想法。綜合來說，藉由網際網路、平板電腦的科技融入，是爲幼兒增添了探索世界的利器。

不過，在科技融入的國際教育課程中，幼兒園教師依然要以適齡適性發展爲主要原則。在教學上，教師可以結合數位及面對面形式的混成教育模式，設計幼兒國際教育課程及活動。幼兒探索的世界範圍按照由近至遠，再到數位線上的順序，建構幼兒的國際教育觀點及態度。據此，幼兒國際教育課程設計的順序如下：

1. 由幼兒生活周遭開始與他人互動

先從幼兒在親身探索在地環境的經驗中開始，從實際的同儕互動、團體討論或角色扮演的參與，逐漸從自我中心的觀點轉爲覺察同儕及教師的觀點，從中了解人我間的差異，進而消除偏誤或刻板印象。在學校裡，幼兒覺察生活周遭的事物，理解並以行動愛護環境，例如：不亂丟垃圾、不隨手摘花草等；願意重複再利用各種素材，不浪費各種資源，例如：不玩水、喝完飲料的瓶罐可用來創作等。在與他人及生活環境的互動中，培養幼兒關懷、同理、正直、寬容和接納包容的核心價值觀。

2. 學校經驗延伸至家庭及社區，學習關愛及愛護生活中的人、事、物

接著，加入家庭父母的參與，且幼兒開始走進社區探索。在學校裡幼兒所習的尊重、關懷、愛護等行爲表現，應要能連結到家庭環境中。幼兒在學校願意拿起抹布清掃、保持環境的清潔，回到家裡也應能持續的表現。因此，教師可邀請家庭父母一同參與，幼兒在家庭生活中實踐國際教育的觀點及態度，也能間接的帶動父母一同實踐。邀請家庭參與最容易的方式之一就是使用繪本。在家庭中父母藉由唸讀故事繪本，與幼兒一同討論故事中人物情節的多元觀點或關懷行爲的表現等。另外，教師也可以邀請不同家庭的成員到教室中，藉由照片、書籍、歌曲、食物及風俗來分享各自的文化或經驗。當學校及家庭共同合作，能有效的提升幼兒對國際教育的覺察及學習。

3. 幼兒走出學校進入社區，覺察生活中的人、事、物間的關係

幼兒走出學校後，他們會發現社區裡有更多不同年紀、角色、文化或背景的人們，從事不同的工作或行爲表現。生活環境也比學校更多元，有公園、圖書館、商店或車站等。幼兒藉由認識不同的人、事、物，擴展先前在學校所建構的人我異同、愛護環境的經驗。除了我跟同儕、教師間的不同，還有更多跟我不一樣想法觀點，或是生活方式的人。愛護學校裡的花草，還要能延伸愛護社區中的花草，甚至從社區中的環境看見實踐環境保護的重要，例如：經過社區中的小溪時，聞起來是否臭臭的？水看起來是清澈的，還是布滿了大家不要的垃圾？

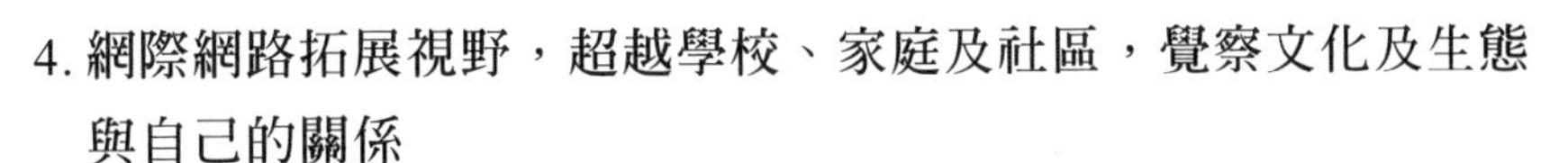

4. 網際網路拓展視野，超越學校、家庭及社區，覺察文化及生態與自己的關係

最後，藉由網際網路擴展幼兒探索世界的視野及範圍。幼兒藉由行動直接探索生活周遭的人、事、物，教師可以引導幼兒思考：與我們一樣生活在臺灣其他縣市的小朋友，他們的生活跟我們一樣嗎？在臺灣，還有沒有其他小朋友跟我們一樣每天做環保？除了我們這裡的小溪，臺灣還有其他的小溪嗎？它們長得如何？世界上其他國家小朋友上的幼兒園跟我們一樣嗎？等問題。然後運用影像傳輸、線上連線等方式，讓幼兒可以從線上直接連結、看見或溝通聯繫。透過影像的訊息或網路的連結，可以讓幼兒觀察探索臺灣、世界或地球的狀況。線上連線可以讓幼兒即時的與不同縣市、不同國家、不同文化的其他幼兒互相聯繫，互相分享彼此創作的作品、分享最近聽到的好聽故事、分享學校裡發生的有趣事情，都是在幼兒生活經驗的基礎上，增加他們理解不同觀點及文化的機會。

如此，可以提升幼兒對文化內及文化間相異性的覺知與理解，看見自己的文化與世界的他人文化不同。幼兒在擴展不同世界觀點後，更能消除偏誤或刻板印象而接受和尊重彼此間的差異性。幼兒甚至因著網際網路對世界及地球的探索，增加對生態系統間關係的覺知，了解我們與其他人、地方或活動間的關係，從中學習生活在地球上的我們彼此間的關係及影響。在這逐步建構國際教育觀點的過程中，提供幼兒參與周遭環境及世界的機會，讓他們了解自己在我們生活的地球上應扮演的角色，進而願意成為積極參與國際的公民。

肆 推動幼兒國際教育的提醒

幼兒國際教育主要在培養幼兒在生活探索文化中的多元現象、實際動手做環境保護，因而能了解社會、願意與他人合作，進而具有批判及民主的思考方式，願意參與社會及推動地球的永續發展。學校裡的教師如何在適齡適性發展的理念下，設計出符合幼兒國際教育目標的活動，是推動幼兒國際教育的關鍵。因此，在設計適合幼兒的國際幼兒教育活動時須注意：

1. 結合幼兒日常生活中的例行性活動（routine activities）實踐國際教育

幼兒國際教育的推動，不應只像是呼喊口號似的推廣，應能引導幼兒在日常生活中即在實踐國際教育的精神。例如：可以利用午餐時間實踐保護地球的事，引導幼兒在生活中實踐減少浪費及保護地球環境，包括：減少水或電資源的浪費、選用能重複使用的餐具、分類用餐後的垃圾、推動「用餐無垃圾」的活動。此外，在午餐時間裡，還能因爲了解世界上其他地方的幼兒正面對飢餓，因而延伸到幼兒不浪費食物的習慣，以及願意捐贈和關懷其他國家需要幫助的幼兒。

2. 使用多元的方式引導幼兒實踐國際教育

設計引導幼兒學習國際教育的活動，除了運用繪本與幼兒討論的方式外，教師還能運用多種方式引導幼兒學習。例如：不同文化的音樂、舞蹈、遊戲及藝術品，可以用來引發幼兒覺察文化的差異；在教室裡建置一個回收角落，讓幼兒可以在其中依據物質的不同特性，分出不同的回收物品；或在教室裡養殖動物或植物，讓幼兒學習照顧及關懷生命等。

推動幼兒國際教育，除了須注意上述兩點外，因著疫情無法進行面對面的教學，迫使教育現場轉型使用科技進行遠距教學。由於線上的遠距教學仍存在著學生學習效果不佳的缺點，因此產生了混成教育模式。在疫情之後，這樣的教學模式繼續存在，線上教學方式不會消失，加上在科技持續發展下，系統或相關科技工具持續獲得改善，線上學習方式可能改變未來的學習方式（Saperstein, 2021; Yamamoto & Altun, 2020），因此促成了科技融入幼兒教育的教學模式，開啟運用科技推展幼兒國際教育的契機。然而，幼兒仍處於各種能力發展的階段，因此，教師在運用科技推動幼兒國際教育時須注意：

1. 以幼兒實體經驗爲基礎，再運用科技融入課程

運用科技在幼兒教育的線上遠距課程上，與過去我們強調幼兒的學習須建構在實際操作的經驗，以及與教師或同儕間面對面互動的機會相較，這樣的學習方式與幼兒教育理論相違背，例如：Deway 所提的「做中學」、Piaget 認爲幼兒實際操弄事物才能建構出概念（盧美貴，2019）。因此，我們強調幼兒的科技運用教育應先提供幼兒實體的經驗，才進到運用科技，例如：幼兒須有眞實面對面的與人互動經驗，才提供線上與人互動的情境。另外，我們也建議教師安排實體經驗的活動比例，應多於科技融入的課程，讓幼兒有較多機會走出室外活動探索。

2. 教師須熟悉科技工具，才能帶給幼兒多元的經驗

根據 Civerlek 與 Uyanik（2020）的調查結果可知，科技在幼兒教育的發展，是大部分的幼教教師在疫情前未意識或預期到的。可能是因爲幼教教師們不熟悉科技的使用，所以未能將科技融入教學中；他們認爲幼教必須是以面對面師生交流互動爲主，如此幼兒才能有效的學習，科技工具可以提供視覺、音樂等訊息，提升學習效益，但不會是教學的核心。第二個可能的原因是，幼教教師們在疫情前對於遠距教學的負面經驗。然而，當面臨疫情發生，幼兒必須足不出戶的參與課程時，許多科技使用於教學上的問題一一浮現。但在封鎖期間，無法進行面對面的教學時，科技成爲提供豐富及快速教育機會的唯一管道。

換句話說，大部分的幼教教師可能因爲不熟悉科技，所以未能將科技融入教學中。據此，本篇論文根據丘嘉慧（2022）協助教育部所撰擬的《教保服務人員資訊素養與倫理實務指引》提出，教師在運用科技推動幼兒國際教育課程時，需要能依著目標找尋並選擇可信的相關訊息，要提供給幼兒學習時需要察覺訊息所呈現的觀點或立場，避免選用帶有偏見的論點。另外，教師也需要熟悉並運用數位資訊工具與平台整合各種資訊，願意嘗試使用各種行動載具（例如：平板、

電子書），認識各種與國際教育有關的媒體網站。

3. 了解幼兒擁有的科技工具使用經驗，避免出現數位資源不平等的情形

幼兒科技工具的使用經驗受到家庭經濟條件的影響，當家庭經濟較弱勢，通常幼兒較沒有使用科技工具的經驗（Saperstein, 2021）。因此，當教師需要進行科技融入國際教育的活動時，應在學校有支持幼兒學習的科技工具資源下進行較佳。

參考文獻

丘嘉慧（2022）。教保服務人員資訊素養與倫理實務指引。教育部。

梁祐瑄、丘嘉慧（2019）。臺灣幼兒電子媒體經驗之探究——來自 **2011** 年及 **2019** 年的資料比較。發表於國立清華大學舉辦之教育創新國際研討會，臺灣新竹。

盧美貴（2019）。幼兒教保概論（第五版）。臺北：五南。

Ahmad, A. (2013). *New age globalization: Meaning and metaphors*. Palgrave Macmillan.

Anderson, L. (1990). Context: A rationale for global education. In K. Tye (Ed.), *Global education: From thought to action* (pp. 13-34). Alexandria, VA: Association for Supervision and Curriculum Development.

Banerjee, D., Das, D., Pal, S., Paul, S. R., Debnath, A., & Reza, M. (2021). Effect of covid-19 on digital transformations in teaching learning methodology and its consequences in society: A review. *Journal of Physics Conference Series, 1797 012066*.

Bell, D., Jean-Sigur, R. E., & Kim, Y. A. (2015). Going global in early childhood education. *Childhood Education, 91*(2), 90-100. DOI: 10.1080/00094056.2015.1018782

Bolstad, R. (2004). *The role and potential of ICT in early childhood education: A review of New Zealand and international literature*. Wellington: Ministry of Education.

Brown, J. (1984). *Global learning teacher education manual: A model in-service or graduate course for elementary and secondary teachers*. Montclair, NJ: Global

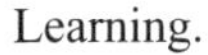

Learning.

Can, E. (2020). Coronavirus (Covid-19) pandemic and its pedagogical reflections: Open and distance education practices in Turkey. *Journal of Open Education Practices and Research, 6* (2),11-53.

Civelek, P., & Uyanık, G. (2020). Examination of 'Out of School Day' activities in preschool education: The impact of the Covid-19 pandemic. *Kocaeli University Journal of Education, 3*(2), 116-134.

Cordovil, R., Ribeiro, L., Moreira, M., Pombo, A., Rodrigues, L. P., Luz, C., Veiga, G., & Lopes, F. (2021). Effects of the COVID-19 pandemic on preschool children and preschools in Portugal. *J. Phys. Educ. Sport, 21*, 492-499.

Csaba, L. (2003). Globalization and economic systems: A homogeneity test. In A. Krizsán & V. Zentai (Eds.), *Reshaping globalization: Multilateral dialogues and new policy initiatives* (pp. 195-214). Central European University Press.

Davies, L. (2006). Global citizenship: Abstraction or framework for action? *Educational Review, 58*(1), 5-25.

Elliott, S., & Davis, J. (2009). Exploring the resistance: An Australian perspective on educating for sustainability in early childhood. *International Journal of Eariy Childhood, 41*, 65-77.

Ercan, E. S., Rodopman-Arman, A., Emiro lu, İ. N., Öztop, D. B., & Yalçın, Ö. (2020). *Turkish child and adolescent psychiatry association psychosocial and spiritual support guide for family, children and adolescents during the Covid-19 (Corona) virus outbreak.* https://www.ankara.edu.tr/(Access: 27.12.2020).

Erdamar, F. S., & Akpinar, B. (2022). Analysis of preschool curricula amid Covid-19 pandemic and post-pandemic period. *Dinamika Ilmu, 22*(1), 91-108. P-ISSN: 1411-3031; E-ISSN: 2442-9651. DOI: http://doi.org/10.21093/di.v22i1.4302

Fancera, S. F., & Saperstein, E. (2021). Preparations, expectations, and external school contexts: Navigating the COVID-19 school closures. *Journal of Organizational and Educational Leadership, 6*(3), 1-35.

Hägglund, S., & Samuelsson, I. P. (2009). Early childhood education and learning for sustainable development and citizenship. *International Journal of Early Childhood, 41*, 49-63. DOI: https://doi.org/10.1007/BF03168878

Horsley, M., & Bauer, K. (2010). Preparing early childhood educators for global education: The implications of prior learning. *European Journal of Teacher Education, 33*(4), 421-436.

Ko, Hwawei, & Chiu, Chia-Hui. (2011). *The influence of electronic media on young children's cognitive development*. Paper presented at the PNC2011 Annual Conference and Joint Meetings, Chulalongkorn University, Thailand.

Kordos, M., & Vojtovic, S. (2016). Transnational corporations in the global world economic environment. *Procedia: Social and Behavioral Sciences, 230*, 150-158.

Langran, I. (2016). Introduction. In I. Langran & T. Birk (Eds.), *Globalization and global citizenship: Interdisciplinary approaches* (pp. 1-8). Routledge.

Molina, S., & Lattimer, H. (2013). Defining global education. *Policy Futures in Education, 11*(4), 414.

Moreillon, J. (2013). Building bridges for global understanding: Cultural literature collection development and programming. *Children and Libraries, 11*(2), 35-38.

National Council for Social Studies. (2001). *Preparing citizens for a global community: A position statement of National Council for Social Studies* (Revised). Retrieved from: www. socialstudies.org/positions/global

Nurdiantami, Y., & Agil, H. M. (2020). The use of technology in early childhood education: A systematic review. *Advances in Health Sciences Research, 30*, 258-261.

Özgüzel, S. (2018). The concept of academic education in the 21st century and the role of universities. *Education and Society in the 21st Century, 7*(21), 951-964.

Puerling, B. (2012). *Teaching in the digital age: Smart tools for age three to grade three*. St. Paul, MN: Redleaf.

Reysen, S., & Katzarska-Miller, I. (2013). A model of global citizenship: Antecedents and outcomes. *International Journal of Psychology, 48*(5), 858-870.

Rideout, V., & Robb, M. B. (2020). *The Common Sense census: Media use by kids age zero to eight, 2020*. San Francisco, CA: Common Sense Media.

Saperstein, E. (2021). Postpandemic citizenship: The next phase of global citizenship education. *Prospects*, 04 January. https://doi.org/10.1007/s11125-021-09594-2

Stiglitz, J. E. (2002). *Globalization and its discontents*. W. W. Norton & Company.

The World Bank, UNESCO, & UNICEF (2021). *The state of the global education crisis: A path to recovery*. Washington D.C., Paris, New York: The World Bank, UNESCO, and UNICEF.

Topcu, A. G., & Demircio lu, H. (2018). Integration of global citizen education to early childhood education. In Shapekova et al., (Eds.), *Recent researches in health sciences* (pp. 353-379). UK: Cambridge Scholars Publishing.

Yamamoto, G., T. & Altun, D. (2020). The Coronavirus and the rising of online education. *Journal of University Studies, 3*(1), 25-34.

Zhao, L. (2014). The influence of the culture on managers' capital-budget decisions. *International Journal of Accounting and Taxation, 2*(4), 49-55.

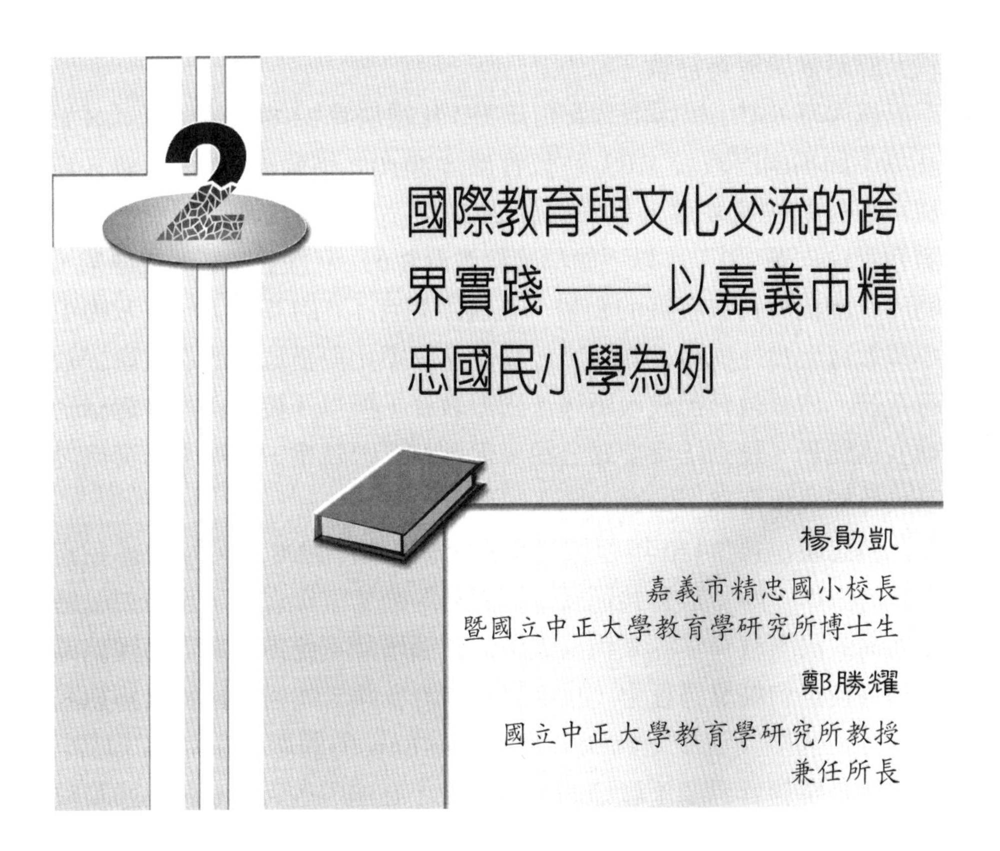

國際教育與文化交流的跨界實踐——以嘉義市精忠國民小學為例

楊勛凱
嘉義市精忠國小校長
暨國立中正大學教育學研究所博士生
鄭勝耀
國立中正大學教育學研究所教授
兼任所長

壹 前言

國際化與全球化的浪潮在 COVID-19 期間大幅襲捲世界各國，對全球的人民健康與生命、國家政治與經濟等層面均造成近百年來所未曾經歷過的困境與挑戰（鄭宛鈺、鄭勝耀，2020）；而臺灣也因 COVID-19 造成兩波全國停課不停學的重大教育事件，讓國內教育界體驗到國際化與全球化早已真真實實地影響臺灣，無法自外於世界各國所遭遇的教育危機（鄭宛鈺、鄭勝耀，2022），隨著全球疫情因疫苗與藥物推出而稍稍趨緩，我國的教育系統也開始面臨「後疫情時代」的新變局與新挑戰。

爲因應《中小學國際教育白皮書：扎根培育21世紀國際化人才》（以下簡稱國際教育1.0）（教育部，2010）推動10年後社會、經濟與科技的快速變遷，教育部於2020年5月14日發表《中小學國際教育白皮書2.0》（以下簡稱國際教育2.0），力主打破傳統框架，隨時代潮流與科技發展的鉅變，在國際教育1.0的基礎上，將我國中小學教育大步往前與世界連結，提升爲國際化與全球化的優質國民教育系統。依據教育部政策所述，國際教育主要以「接軌國際，鏈結全球」爲願景，設立培育全球公民、促進教育國際化、拓展全球交流之三大目標（教育部，2020）。

精忠國小自2020年起擔任嘉義市國際教育2.0地方培力團任務學校的工作，除了推動共通及分流課程的師培工作之外，也努力引進多面向的國際教育資源來爲嘉義市的教師增能；此外，在培力團輔導員至各校諮詢輔導過程中，也會接觸到許多關於如何在國境封鎖期間進行線上國際交流或是跨國共學Know-how的問題。由於精忠國小一開始是屬於資源並不豐沛的小型學校，在國際教育1.0跨到國際教育2.0的過程中，有許多從零基礎開始的努力爭取與嘗試經驗，其間獲得許多國際友人的幫忙協作而能持續進行。本研究將先針對精忠國小從國際教育1.0到國際教育2.0進行歷程分析，其次聚焦疫情前後從實體交流到線上交流的課程調整，第三則探討國際教育與文化交流的跨界實踐可能，最後就疫情期間持續不輟推動國際教育進行反思，希望可以提供更多學校願意持續進行國際教育的動力與支持。

貳　從國際教育1.0到國際教育2.0

小學生對於課程經驗的感受，會反映在科目的價值性、對生活的連結、教科書提供的內容與教師實施與評量的方式，並且容易受到生

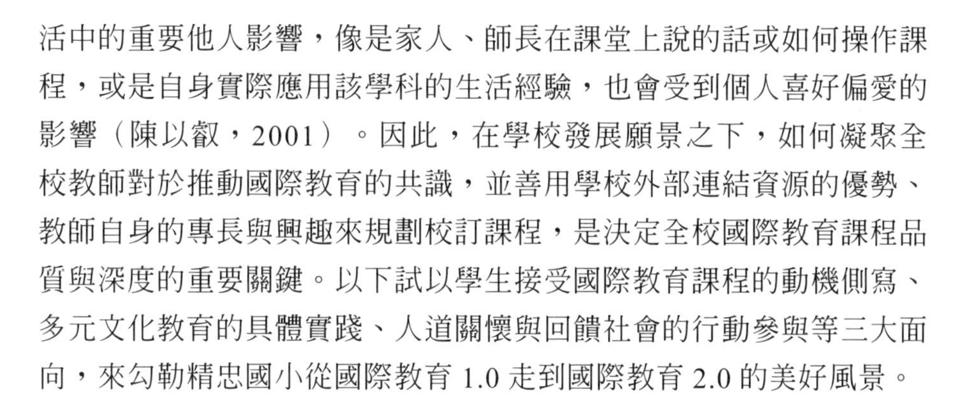
活中的重要他人影響，像是家人、師長在課堂上說的話或如何操作課程，或是自身實際應用該學科的生活經驗，也會受到個人喜好偏愛的影響（陳以叡，2001）。因此，在學校發展願景之下，如何凝聚全校教師對於推動國際教育的共識，並善用學校外部連結資源的優勢、教師自身的專長與興趣來規劃校訂課程，是決定全校國際教育課程品質與深度的重要關鍵。以下試以學生接受國際教育課程的動機側寫、多元文化教育的具體實踐、人道關懷與回饋社會的行動參與等三大面向，來勾勒精忠國小從國際教育 1.0 走到國際教育 2.0 的美好風景。

一 學生接受國際教育課程的動機側寫

學生的課程觀是從學校生活建構出來的，黃鴻文、湯仁燕（2005）提到學生的課程詮釋，反應他們日常的課堂學習與他們的日常生活，同時也是在其社會文化背景的脈絡下，從日常生活中體驗實踐得來。Morgan-Fleming 與 Doyle（1997）指出課程並非學生重視的核心，而是學校生活的經歷，像是課堂上發生的事件促使學生自我詮釋他們所獲得的知識，並且探究學生產出的部分如何回應到學科知識。

臺灣近幾年國際教育的發展歷程，學生面對國際教育學習經驗，則認爲學習方法翻轉傳統考科的被動學習，學生在參與國際教育課程能夠主動學習並增加與同儕互動的機會，而且透過實際交流可以讓課程更眞實地貼近生活層面，學生重視課程與生活的結合，並有助於未來職涯發展（柯姵伃，2017）。

另有研究發現若能將多元文化及國際教育的議題融入彈性課程或是選修科目，發展議題融入的學校本位課程（劉美慧，2017），或將國際教育落實於全校性課程架構作爲學校發展的重要策略，針對十二年國教預留給校訂彈性的課程設計空間，各校得以在擬定學校願景特色課程時，將國際教育列入日常課堂實施，將國際教育的核心融入課程與教學（許誌庭，2019；MacKenzie, 2010）。

而對於小學生課程中融入國際教育與國際交流的元素或以校訂課程方式進行，在精忠國小有以下的實施方式與學習收穫：

(一) 因好奇而觸發學習動機，可以讓學生知道更多世界上正在發生的事

小學生會被國際新聞或議題吸引，通常會直接聯想到與自己比較熟悉的生活相關的部分，例如安全方面有天災地變、恐怖攻擊；健康方面有新冠肺炎、疫苗研發注射進度；以及北極融冰、地球暖化等氣候變遷現象，或是提到教育方面有遊學或留學的新聞等，可見國際教育課程的實施，會讓學生關注到其他國家與自己生活有關聯的事物。

比方說新冠肺炎是從一個國家開始的，但是最後全世界都淪陷在不斷變種的病毒威脅之下，大家搶口罩、搶疫苗，各國還會有不同防疫措施的爭吵等等；最明顯的就是邊境關閉了，本國人不能出境，別的國家的人也不能進來，這樣就會有很多貨物不流通，要買的貨物要過很久很久才來到臺灣；而且原本固定會來學校的國際志工和日本實習教師也不能來了，和其他國家班級的交流也只能用視訊會議或郵寄書信的方式，更不能到對方的學校拜訪。

當全世界因疫情而紛紛關閉國界期間，學校師生對於國際新聞或新知的獲取來源，少了國際志工、訪校友人和海外實習教師帶來的第一手資訊，相關國際教育課程資訊來源主要倚賴教師在課堂上的隨機介紹，或在做專題報告時使用 Google 搜尋引擎和媒體報導；另外國際文化課時，教師也會安排主題式的教材內容和國際資訊，藉此讓學生多了解一些國際議題，並引導討論當中事件的意義或衝突所在，讓學生在呈現交流作品時可以有更多屬於自己的思考。

此外班級在與交流夥伴做國際交流前，教師也會帶著學生做與交流主題相關的文本蒐集與機會教學，有些學生會針對自己有興趣的部分再做更深入的研究和發表，因此有許多意外的收穫產生。

(二) 學生想知道交流學校的校園生活型態和臺灣學校差異之處

幾乎每一位學生都會對交流學校的上課方式和上課內容感到好奇，比方說，上、放學的時間？學校有提供營養午餐嗎？都上哪些科目？有哪些社團活動和運動項目？學生需要做打掃工作嗎？走路上學的人多嗎？有沒有校車可以坐？等等這些跟小學生切身相關的校園生活疑問。透過雙方書信卡片往返、視訊討論的方式，進而產生覺察和比較彼此之間的差異，既可以消除既有偏見，也能更理解他國校園生活的文化，同時也回頭重新審視臺灣校園的文化，這來往之間便產生了有意義的學習。

以精忠國小跟東非及西非兩個不同地區國家交流的例子，便可以看到與體會到，國際教育對師生最大的益處便是可以消除一些既有的狹隘觀念，進而願意睜開眼睛、敞開心胸來去體會這個世界第二大陸的多樣性。

二　多元文化教育的具體實踐

精忠國小經營非洲鼓團隊有十多年的歷史，所以與非洲文化一直都有一條線相互連結，疫情之前也曾兩次邀請來自幾內亞的非洲鼓教師前來辦理暑期營隊，但因爲疫情及設備缺乏的關係，學校無法與西非洲國家—布吉納法索（Burkina Faso）的學校進行實體和線上交流，於是校方透過非洲文化社團「阿非卡」邀請來自西非布吉納法索的三位外師 Naze Abdou（南節度）、Chek Zida（紀達）與 Tapsoba Achille Wendyam（艾家齊），請他們帶領同學打破原本對非洲的偏見印象，看到眞實的非洲生活面貌。

在他們的非洲行腳介紹中，從布吉納法索開始，越過迦納、衣索匹亞、肯亞、烏干達，以及盧安達。在這趟由西至東的橫跨線中，介紹許多臺灣人無法想像的部分，非洲面積廣大，無論地貌、氣候或人文自然皆有極大差異性，他們從「我想像的……」與「除此之外我還看到……」的對比照片，讓我們了解非洲許多地方並不是都是飢餓落後等貧窮的情況，而是充滿活力生機與現代化進步的生活。例如東非國家的行動支付產業十分蓬勃發展；盧安達全境擁有比日本還乾淨的街道；非洲有 13 個國家 100% 禁塑；奈及利亞的電影工業僅次於印度寶萊塢，排名全世界第二等等，這往往是身在臺灣難以想像的國家事實。

三位布吉納法索外師也主持世界咖啡館活動，討論「慈善援助在非洲」這個看似理所當然，但事實上卻充滿思考空間的議題，究竟當地人是如何看待這樣的行為呢？最後，讓孩子去思考可以為非洲弱勢的孩子付諸哪些行動？這三位來自布吉納法索的外師引導透過問題與討論、師生問答的深層互動，探討我們所謂的慈善行動是否眞的能送到眞正有需求的地方？當地人究竟是需要金錢的援助、醫藥治療還是教育訓練？會不會養成某些人永遠依賴而不進步的習慣？究竟，我們視為理所當然的援助行動，當地人是怎麼看待的呢？在採用世界咖啡館的議題探究方式互動之後，外師跟孩子們分享：短期的急難救助的確對當地的人民有所幫助，但長期的捐贈衣服和鞋子，會產生某部分人民的依賴感，也因為不消費而造成經濟停滯、內需不振，工廠工作減少而形成就業機會減少的不良循環。這些看待事物的觀點，正是孩子們接受國際教育時最需要培養的文化理解、獨立思考與判斷能力（楊勛凱，2021）。尤其透過當地人現身說法提供正確的訊息，不但有助於確保學習任務與學習目標之間的一致性，更能藉此反思的機會直視當今現實世界的問題，超越團隊合作、批判性思維和問題解決等抽象概念，修正偏見或調整視角觀點，提出新的全球技能框架。

三　人道關懷與回饋社會的行動參與

109 學年起為進行認識非洲的國際文化課程，精忠國小進行與南蘇丹新生命孤兒院學校院童的交流活動，全校師生以社團和班級為單位，透過團隊表演和跳蚤市場，募集學習所需的文具和親筆書寫的問候卡片，同時將所募得的基金捐贈給烏干達婦女職業訓練機構，由「還有我」戰區關懷協會志工張允欣小姐，親自送到南蘇丹新生命孤兒院和烏干達的婦女職訓學校，而且在疫情緊張、肯亞關閉國界前的最後一刻終於順利搭上飛機返臺。新生命孤兒院收到卡片與禮物之後，還特別由校長帶領學生，親自錄製了一段問候的影片與回信給精忠國小的學生，傳達這份相當難得的遠距離國際友誼。

從學校非洲鼓團隊因緣際會而接觸非洲文化，孩子們期待與南蘇丹孤兒院的院童在交通與通訊非常不便的情形下，能持續建立交流關懷關係，雙手寫下文字，話出溫度，期待這些信件、卡片及文具能開啟抵達非洲後的故事發展，讓孩子能去經驗到彼此的非常不相同的生活情境與學校生活，更是期待「還有我」戰區關懷協會的志工再回到南蘇丹服務後，能繼續牽起這段難能可貴的國際情誼。

表 1　精忠國小從國際教育 1.0 至 2.0 發展歷程與實踐重點內容

時期	實施內容或人員	實施內容
國際教育 1.0	（校內） 1. 本校英語教師及教師。 2. 本校對推動國際教育與外語教育有興趣的專長家長或志工。 （國外） 1. 國外來訪客人、政府學者、大學教授、大學生、小學校長、教師及學生。 2. 國際志工、藝術工作者……等。	實體進行： 1. 雙方學校及城市介紹。 2. 雙方師生認識介紹。 3. 入班課程及學校生活體驗。 4. 本國文化特色介紹。 5. 海外教育實習。 6. 藝術表演交流。 7. 國際弱勢援助進行。

時期	實施內容或人員	實施內容
國際教育 2.0 （新冠肺炎疫情已發生，各國開始關閉國境。）	（校內） 1. 本校英語教師及教師。 2. 本校對推動國際教育與外語教育有興趣的專長家長或志工。 （國外） 1. 國外政府學者、大學教授、大學生、小學校長、教師及學生。 2. 在臺外籍學生、在臺外籍藝術工作者……等。	線上進行： 1. 雙方學校及城市介紹。 2. 雙方師生認識介紹。 3. 入班課程及學校生活體驗。 4. 本國文化特色介紹。 5. 美術作品交流展覽。 6. PBL 主題式課程交流，例如 SDGs、國際援助如何續行、線上文化交流與科學研究競賽……等。 7. 了解疫情期間交流國家對教育延續的經營方式。
國際教育 2.0 疫後目前現況	（校內） 1. 本校英語教師及教師。 2. 本校對推動國際教育有興趣的專長家長。 （國外） 1. 國外政府學者、大學教授、大學生。 2. 在臺外籍學生、在臺外籍藝術工作者……等。	1. 線上原有之國際教育與國際交流課程內容依然持續。 2. 開始少量進行實體交流，例如恢復學者、大學教授、大學生進行入校研究或分享之交流。

參 疫情前後從實體交流到線上交流的課程調整

一 與日本學校進行具精忠國小特色的泰迪熊專案

精忠國小低年級、中年級與高年級均進行有精忠國小特色的泰迪熊專案，詳細內容如表 2。

表 2　精忠國小泰迪熊專案課程規劃

面向	國際教育議題實質內涵	學生學習目標	評量方式
彰顯國家價值	E2 發展具國際視野的本土認同	1. 能理解臺灣小學對於達成聯合國永續發展目標 SDGs 的執行規劃與實施進程。 2. 透過交流，能理解日本小學對於達成聯合國永續發展目標 SDGs 的執行內容與實施進程。	1. 學生能理解： 五年級：海洋減塑、負責任的生產與消費。 六年級：氣候變遷、氣候行動的課程內容。 2. 學生能依據學校與家庭生活現況，提出自己的實踐辦法。 3. 能將發展的想法與實踐作法做成學習紀錄。
尊重多元文化與國際理解	E5 發展學習不同文化的意願	1. 願意理解並學習臺灣小學目前對於聯合國永續發展目標 SDGs 的課程規劃與實踐方法。 2. 願意聆聽並理解日本小學目前對於聯合國永續發展目標 SDGs 的課程規劃與實踐方法。	1. 學生願意理解日本小學端對於實踐聯合國永續發展目標 SDGs，在學校及家庭生活的想法與作法。 2. 將日本學生的想法與實踐方法做成簡要的學習紀錄。 3. 雙方能互相學習優點，將之實踐於日常生活中。
強化國際移動力	E9 運用多元方式參與學校的國際文化活動	1. 願意透過書信及視訊的方式，介紹臺灣小學目前對於聯合國永續發展目標 SDGs 的課程規劃與實踐方法。 2. 願意透過書信及視訊的方式，認識日本小學目前對於聯合國永續發展目標 SDGs 的課程規劃與實踐方法。	1. 學習書寫國際交流所需使用的自我介紹及問候相關的卡片或文件。 2. 學習如何運用書信及視訊會議的方式，與日本同學進行交流。 3. 學習交流過程中應注意的禮貌與文化理解。 4. 透過課程博覽會之發表與全校師生及家長分享。

面向	國際教育議題實質內涵	學生學習目標	評量方式
善盡全球公民責任	E12 觀察生活中的全球議題，並構思生活行動策略	1. 觀察並記錄臺灣小學生在校園與家庭中實踐聯合國永續發展目標 SDGs 的具體方法。 2. 邀請日本小學生一起觀察並記錄在校園與家庭中實踐聯合國永續發展目標 SDGs 的具體方法。	1. 能完成對 SDGs 自我設定的具體實踐方法。 2. 能欣賞日本交流班級實踐方法的優點。 3. 能從中理解雙方對於 SDGs 議題相同與不同的價值觀。 4. 透過課程博覽會之發表與全校師生及家長分享。

在班級交流部分，精忠國小與日本金澤市四十万小學校、珠州市蛸島小學、長岡市才津小學、尾道市長江小學、浦崎小學及岸和田市八木南小學交流，以泰迪熊專案爲交流方式，110 學年雙方師生更以 SDGs 爲共學主題。精忠國小與日本交流的模式是互相寄送泰迪熊、問候介紹卡片和文化盒子，泰迪熊作爲小小外交官，代替在疫情期間不能出國的師生到日本小學去參與學習；日本小學方面也是。收到泰迪熊之後，教師會讓學生帶著它到處去參訪、參與學校課程及活動，以及帶回家參與家庭活動，六年級同學也會帶著泰迪熊參加畢業旅行，過程都會拍照或以影片記錄，傳送給日本的交流小學師生；而寄到日本的臺灣黑熊造型泰迪熊，他們的學生也會帶著它開始參與日本學校與家庭的活動，同時也會拍照或錄影記錄。

第一次雙方學生的互動是以視訊交流互相見面問候，在此之前會互寄自我介紹的卡片或信件，而透過視訊可以更認識交流夥伴的樣貌，過程中雖然有點生澀卻又已經有些許認識，學生會以簡單的英文和日語作爲溝通語言。

下學期另一次的視訊則因爲疫情關係，日本學校均停課，因此彼此用預錄影片方式傳送關心與祝福，並且在這次的交流內容裡，雙方的學生會介紹彼此的學校如何實踐 SDGs 目標，並拍攝影片作爲課程紀錄。大家都相當期待疫情過後能實體互訪。

在 110 學年度，學生對於日本的認識又更深一層了，對於日本學生繪製卡片的用心深深佩服，發現他們畫的圖都很用心地描繪，甚至漢字（繁體字）寫得比多數臺灣學生都漂亮，打從心底感到佩服；而精忠國小的學生也繪製了「對抗地球暖化」的 Line 貼圖並上架販賣，充分發揮學校推動美感教育的成果。

在整個交流的過程中，精忠國小師生深深體會到臺灣在地文化與人民的包容性與開闊性，而透過雙方師生交流對談與討論的回饋，更能加深我們對自己家鄉與國家的自信心與認同感，而且願意持續深入在不同的生活議題與 SDGs 議題進行交流共學，這是最大的收穫與感動。

承上，精忠國小校訂課程「國際文化」透過課程規劃及執行，依據「國際教育議題實質內涵」持續發展國際交流課程，提供學生國際化的體驗學習經驗，在 110 學年度達成學習目標如下：

1. E2 發展具國際視野的本土認同：

(1) 學生能理解精忠國小對於達成聯合國永續發展目標 SDGs 的執行規劃與實施進程。

(2) 透過交流，能理解與我校交流之小學對於達成聯合國永續發展目標 SDGs 的執行內容與實施進程。

2. E5 發展學習不同文化的意願：

(1) 願意理解並學習精忠國小目前對於聯合國永續發展目標 SDGs 的課程規劃與實踐方法。

(2) 願意聆聽並理解交流小學目前對於聯合國永續發展目標 SDGs 的課程規劃與實踐方法。

3. E9 運用多元方式參與學校的國際文化活動：

(1) 願意透過書信、卡片、文化盒子及視訊會議的方式，介紹精忠國小目前對於聯合國永續發展目標 SDGs 的課程規劃與實踐方法。

(2) 願意透過書信、卡片、文化盒子及視訊會議的方式，認識交流小學目前對於聯合國永續發展目標 SDGs 的課程規劃與實踐方法。

4. E12 觀察生活中的全球議題，並構思生活行動策略：

(1) 觀察並記錄精忠國小學生在校園與家庭中實踐聯合國永續發展目標 SDGs 的具體方法。

(2) 邀請交流小學的學生一起觀察並記錄在校園與家庭中實踐聯合國永續發展目標 SDGs 的具體方法。

二 與美國姊妹校進行交流互惠專案（小小背包客社團）

劉子任（2021）在國際教育課程的研究當中指出，學生在受訪過程中，認知自己學習國際教育課程的經驗裡，逐漸劃分成三種型態，認爲國際教育可以是「融入在各科當中」，也可以「獨立出來學習」，或是「不需要特別學習」。

學生參與小小背包客社團是利用校訂社團的時間，運用網路平台與中師、外師一起引導社團活動的課程，和美國三所姊妹校 Hoopa Elementary School、Orleans Elementary School、Trillium Charter School 共同探討專案選定的交流議題，透過學生分組討論再到線上平台發表看法，包含照片和影片，同時雙方學生須對平台上的發言寫下回應；而在時間及時差允許之下，也會進行視訊會議見面討論，透過有系統的課程引導，學生在這門課與姊妹校的師生一起留下許多寶貴的交流訊息與經驗。

這門社團課程與泰迪熊專案的課程最大的不同是使用英語的時間較多，而且因爲採「專題式學習」的方式。根據 OECD 研究，專題式學習是發展全球能力的重要教學工具，可以適應不同年級、程度和主題，並且強調團隊合作完成任務的重要性（Asia Society/OECD, 2018）。以110學年度第二學期進行的SDGs議題交流爲例說明如表3。

表 3　小小背包客社團推動 SDGs2 議題作為「專題式學習」主題介紹

議題	專題內容簡介	學生學習內容	培養全球能力
SDGs 2 消除飢餓	1. 認識精忠社區「食物銀行」設立原因及食物來源。 2. 認識食物銀行援助對象及運作方式。 3. 理解食物銀行提供的協助對社區及嘉義市需要的民眾在消除飢餓方面的幫助。 4. 思考如何也在學校內推動相關弱勢協助工作的規劃與實踐。 5. 將以上之過程介紹給美國交流學校師生認識，並約定提供美方相關回饋建議，以及對方學校或社區在此議題是否有相關的觀點、作法可供一起參考和討論。	1. 訪問里長及相關勸募人員設立食物銀行的目標。 2. 了解社區弱勢現象與食物銀行實際運作助人流程。 3. 拍攝精忠社區食物銀行英語介紹影片作為 SDGs 交流議題資源。 4. 與 Live ABC 合作上傳影片作為雙語智慧城市英語教學影片，同時推動國際線上文化介紹交流。 5. 在學校內成立精忠國小食物銀行分行，募集食物提供給需要的同學，或是由同學帶回去給需要的社區鄰居。	1. 公民意識。 2. 批判性思維及解決問題能力。 3. 運用科技的能力。 4. 合作精神及溝通能力。

因此在小小背包客社團裡學習的主題與完成的學習紀錄可以看出較有系統性，也因爲是與美國學生交流，相對於本來學生就比較熟悉的日本生活樣態，孩子們受到的文化衝擊與呈現的學習成果也較爲不同。但因爲有在班級實施泰迪熊專案時的課程經驗，到 110 學年度下學期時，社團師生也將泰迪熊專案的課程執行模式應用在美國姊妹校交流當中，而且在國際議題討論時因採跨領域方式呈現，所以學習歷程與實施成果更顯得自主與細膩，也對團隊合作的溝通技巧有更多的體會與學習。

三 與英語／雙語教育的自然而然的連結

精忠國小對國際教育聚焦在文化理解和國際教育 2.0 四個實質目標，主要以英語能力和 ICT 能力作為實踐課程目標的工具能力。目前學校一至六年級每班皆有外師與中師協同教學；疫情前亦申請 AISEC 國際志工入校服務；學校也會視國際文化課程需要向中正大學申請外籍學生協助課程進行；也有申請教育部的 SIEP 國際交流、學校國際化兩個專案，還有姊妹校互惠專案及 ELTA 專案（協助公立國民中小學引進部分工時外籍英語教學助理計畫專案）等，也同時是嘉義市地方培力團（IELCG）任務學校。這五年來由於外師持續入校及進行國際實體或線上交流的關係，學校師生已習慣使用英語、日語等外語來接待外國訪客或師生，而且學生也不會對和外國友人互動有膽怯的感覺，甚至多數學生會覺得參與這樣的課程與交流是很有趣的學習經驗。雖然不是每一位教師和學生的英語程度都達到聽說暢行無礙的程度，也有學生會因為外語能力不足，導致對於國際教育課程參與程度較低的情形，但普遍來說，因為國際教育是融入在校訂課程當中實施，所以也就不會有刻意去做什麼事情的感覺，就像是進行領域或議題課程教學一般。

學生沉浸在國際教育課程裡，連結自身在校或在家的生活經驗，從課程進行或交流歷程中逐漸覺察語言能力和文化理解的重要性；也同時希望學生能體會因為在國際教育學習內容上的需要，在無形中串連起英（外）語學習的心理性與實質性需求。即使英語能力不足的情況，學生也會盡力用所知道的英語或肢體語言與外國夥伴交流，甚至會在交流之後詢問英語教師該如何表達會比較恰當，從實際經驗中不斷修正讓自己的語言能力更進步，亦透過交流機會與同儕的陪伴，更能促進學習動機與效益。

因此，不論是實體交流，或是線上視訊，透過同儕互動、教師專業協作，更能夠激發學生想要進步的動機，跳脫習以為常的框架，藉由和交流夥伴進行跨文化溝通的過程鼓勵學生勇於接受挑戰，本身亦從跨國學習中產生對自我文化的理解認同。

由於師生長時間沉浸於精忠國小願景「定向世界．全球移動」的課程發展環境，自然會將英語視爲需要學習的重要能力工具，透過教師的引導，孩子能理解想要在國外擁有好的生活品質，本身的英語能力或是在地的語言能力的強弱，是讓自己融入在地思考與適應當地環境和人事物的重要條件之一，比如說風土民情、思考模式、人們的學習習慣等生活模式。其實在國際交流的過程中，更是眞實的體驗到英語是國際共通溝通語言的現況，假如不會英語就眞的較吃虧；而且在不是以英語爲母語的國家，還是可以先使用英語跟他們溝通，再慢慢學習對方國家的語言。

從學生這幾年的表現，無論是在疫情前或是疫情期間，顯見有接受國際教育課程的學生，能幫助提升全球移動力的素養，並會思考到英語能力培養的重要性。透過由需求創造學習動機的過程，可以從國際文化課程發現到學生會主動思考自身條件的不足之處，進而引發學習行動；透過國際教育課程的內容，學生也會視自身爲世界公民，主動發現彼此間的相同與不同，相互溝通合作學習，找到自己的文化優勢與價值，這部分也回歸到國際教育 2.0 實質內涵：彰顯國家價值的積極目標。

肆 國際教育與文化交流的SDGs跨界實踐

依據嘉義市國際教育中長程實施計畫（2020）爲求全面擴展國際視野及競爭力，強調三個全市性發展目標：

1. 培養國際化關懷，培育全球公民。
2. 強化國際化學習，拓展全球交流。
3. 營造國際化環境，促進教育國際化。

當中藉由數位平台的溝通學習、鼓勵跨境專業協作共學，進而培養全球移動的能力。爲推廣國際交流活動，亦加強補助師生出國訪問學習，如此由上到下以政策推動，翻轉教師固有的國際教育教學模式，帶動學生經國際教育多面向的學習啟發，展現在學校和家裡不同的生活樣貌，引起學生的求知慾、好奇心，進而激發他們試圖去理解、關懷外面的世界。

教師透過有別於一般授課模式進行國際教育課程，學生在進行國際交流的前中後過程中，慢慢學習交流事務的關鍵知識與正確態度，也學習如何促進跨國同儕之間的合作方式與溝通技巧，彼此互補國際知能上的差異與不足，並經由實際操作增加學生對課程的印象。但要特別留意的是，勿爲了配合交流活動簡化了課程的深度，尤其學校慣用活動或附加課程的方式包裝國際教育的議題融入學校彈性時數，因而缺乏整體與系統性的培養（劉美慧，2017）。

一　建構「因相同而連結，因相異而理解」的學習國際化模式

精忠國小從實施多年的校訂「國際文化」課程中發現，小學生在國際議題的認識理解上多從「時事新聞或議題的閱讀視聽」來發展國際事件觀察能力，經由教師或父母的介紹，他們能夠關注到其他國家發生的大事件如何影響到該國人民的生活，或是與臺灣產生相互影響的關係；同時，經由學校團隊多年的努力經營，學生和家長也認同「文化理解是沉浸國際教育的重要態度與動力，以及語言和資訊能力是深入了解世界的重要工具。」他們會好奇不同國家在面對同樣的事物時，彼此間所持有的價值思維與文化元素，並且能夠反饋到自身文化如何思考的方式，欣賞認同臺灣在地的多元文化，並希望能夠將之推廣到國際之間，形成一個平等的溝通管道。實務上，英語能力是公認的關鍵因素，強調擁有可以溝通的英語能力，才能將自身意見完整表達給外國人，同時也會發現學生會因爲自身英語能力不足，影響學習國際教育的意願。在考量到能否擁有全球移動的條件部分，也是跟英語能力有關，再加上科技運用能力和願意適應不同環境的能力，並

且需要對外國環境和生活習慣有一定程度的認識，融入當地的風土民情和生活就學方式，才能找到謀生的機會。透過學習國際教育的累積，也能讓他們從中「發現相同與不同、展現自我觀點、覺察素養不足、學習進步與認同」，同時在國際交流過程中，學生會發現交流國家學生的觀點跟回應的方式，了解彼此對於同一議題的認知觀念產生差異和不同，再進一步反思後修正自身的觀點，藉此也達到互助共學的效益。「相互交流、跨國共學」一直是精忠國小推動國際雙語教育的積極目標，也結合 108 新課綱「自發、互動、共好」的核心概念，發展健全的世界公民的意識。

二　發揮語言及資訊能力的優勢，透過國際平台厚植學習國際化的深度

Dagli 等（Dagli, Altinay, Altinay, & Altinay, 2020）假設媒體是了解學生對學習的看法的重要工具，所以媒體在學習管理和教學環境中的確能發揮作用並產生高質量的學習。與此一致，Iswanto 等（Iswanto, Suharmono, & Hidayat, 2018）也說，學習媒體本質上是學習中用於交流的工具之一，但功效發揮與否則取決於個人接收媒體的能力，並能以最佳方式進行學習。意即疫情期間的視訊會議或社交媒體能夠降低無法實際面對面的困擾和衝擊，幫助教師透過學習視訊平台提供學習教材和學習內容給學生，讓學生容易理解和學習。使用視訊學習平台在疫情爆發的這三年，對教師來說是提供學生學習教材，無論內容是抽象的或具體的，唯一雙方都能共同提供與接收的方式。

然而本質上，學習媒體平台的使用需要教師在使用媒體方面的技能和創造力，雖然市面上有很多種學習媒體或教學平台，但在這三年疫情大流行時代，只有少數媒體適合在臺灣教育現場多數時間仍以學校教師實體教學和學生實體學習爲主的遠距教學型態。在實體上課期

間，由於精忠國小將 SDGs 相關課程納為校本課程之一，加上校園裡有生態圍籬區的設置，無形中這些富有生命的有機綠地空間也形成教學平台，甚至可說是另一種自然媒體，因為在大自然裡很容易找到許多地方是非常適合兒童學習的天然媒介。

Sumardi（2005: 77）解釋說，自然和文化哲學是教育的基礎，他認為人類和自然是上帝在世界上最寶貴的創造，人與自然相互需要和諧共存。在他看來，大自然被認為是生命之母。此外，Sumardi（2005: 78）還說，教育過程的載體發生基本上不僅限於「空間和時間」，例如在傳統學校認為教室系統才可以作為學習空間。其實活動社團、社區環境、自然環境和社會系統才是一所兒童眞正生活於其中的學校，對青少年來說也是如此。基於以上陳述，可以得出利用自然環境作為疫情大流行時代的學習媒介被認為是有效的，因此需要對其進行研究學習。

三　透過跨領域與元宇宙式的國際化學習，引領學生疫情後新型態學習模態的開展

在學習過程中要有學習資源，Dale（1969）認為學習資源是指可以用來促進一個人的學習材料。與此一致，Mulyasa（2011: 117）將學習資源定義為一種方式來促進學習，透過資訊、知識、經驗和技能，讓師生在教與學的過程中直接或間接使用。ICT 技術發展給教育的發展帶來了巨大的進步，隨著這種發展歷程，學生學習方法也產生許多型態，主要有：個人自主學習方法、學習媒體平台或學習過程監控等形式。

應用於教育端的資訊技術發展是屬於資訊融入教學，而根基於網路上的社群學習是近年來的一種創新方式，對學習主客角色的變化與互動有很大影響與貢獻。學習過程不再只是來自課本內容或教師口頭講述，學生也可以獨立或分組進行其他活動，例如觀察、實作、展演

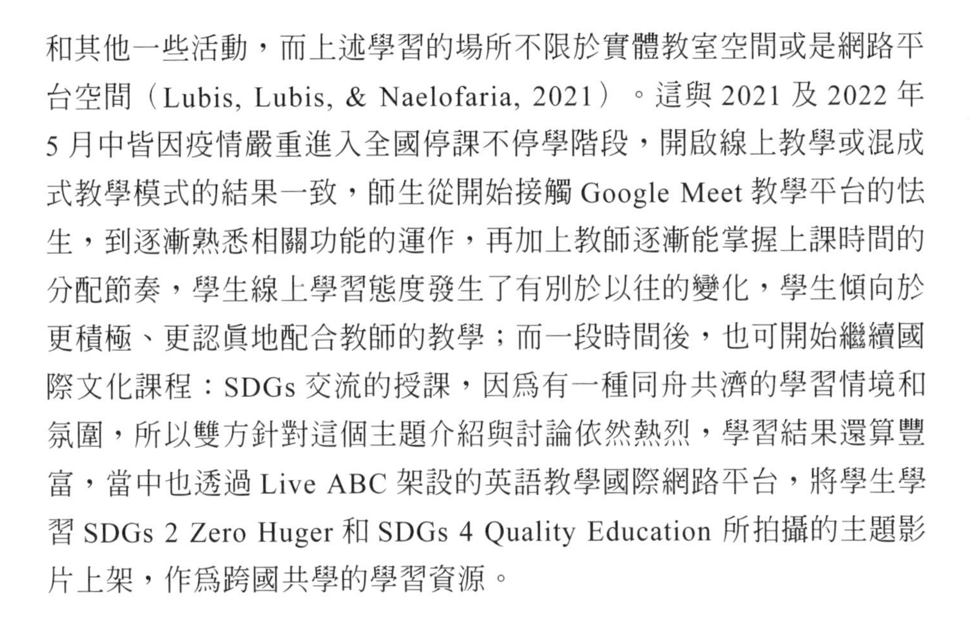

和其他一些活動，而上述學習的場所不限於實體教室空間或是網路平台空間（Lubis, Lubis, & Naelofaria, 2021）。這與 2021 及 2022 年 5 月中皆因疫情嚴重進入全國停課不停學階段，開啟線上教學或混成式教學模式的結果一致，師生從開始接觸 Google Meet 教學平台的怯生，到逐漸熟悉相關功能的運作，再加上教師逐漸能掌握上課時間的分配節奏，學生線上學習態度發生了有別於以往的變化，學生傾向於更積極、更認眞地配合教師的教學；而一段時間後，也可開始繼續國際文化課程：SDGs 交流的授課，因爲有一種同舟共濟的學習情境和氛圍，所以雙方針對這個主題介紹與討論依然熱烈，學習結果還算豐富，當中也透過 Live ABC 架設的英語教學國際網路平台，將學生學習 SDGs 2 Zero Huger 和 SDGs 4 Quality Education 所拍攝的主題影片上架，作爲跨國共學的學習資源。

伍 疫情期間持續不輟推動國際教育的收穫與反思

線下實體教學時師生家長共同累積的學習厚度，是提供線上教學與國際交流的資本耗損額度，COVID-19 危機凸顯了這一點，學校的存在不僅實現了教育知識獲取的使命，同時也滿足學生群性生活的心理需求。

疫情期間學生待在家裡，儘管有提供學習機會的線上教學平台，以混成式的教學盡可能讓學習不中斷；通過網路和社交平台與外界互動，學生至少還能與同儕有線上見面和互動的機會。但學校和社區的缺席，在教育過程中製造了學生和教師、學生和學生之間的關係障礙。亦即，孩子們缺少一個物理性空間，能在其中分享興趣、想法、希望，以及和同儕之間的情感交流。因此我們可以相信學校確實提供了一個結構化的學習空間，孩子們可以在其中從事學習和發展社交能力，例如自信、友誼、同理心、參與、尊重、感激、同情和責任。在學校培養的社交和情感能力對學生很重要，因爲它是實踐學生成爲社區和社會一員的實質性基礎，透過時間和經驗的累積，即便某些時間是以網路社交平台或虛擬角色互動，也都是以實體經驗所累積的資本爲基底而運作。

在推動國際教育，尤其是國際交流時更有如此的感受發生。如果在實體上課期間沒有進行相關課程的鋪陳與實施，與交流學校師生的問候往來，以及共學課程的進行，坦白說在疫情期間的線上交流，雙方學校根本無法進行相關的教學與交流，更遑論情感的培養與實質目標的達成。

就如馬來西亞檳城的麗澤小學蘇保成校長在與精忠國小中年級師生進行線上課程時所說：在馬來西亞因疫情全面採用線上學習的這兩年，教師和學生由於幾乎未曾實際見面相處過，師生即使在線上教室的技術純熟度越來越好，但再怎樣努力，都很像是網友的關係，很難感覺到「教師」與「學生」這兩個角色的實際存在感。

一　引導學生視「他者」亦為「我者」的世界公民意識

本次的新冠肺炎疫情，即便目前臺灣的狀況有穩定向下的趨勢，與病毒共存正常生活也是大家目前共同的生活態度，但隱約而來的壓力是變種病毒仍一波接著一波感染中，仍然有很大的不確定性在影響。但畢竟我國的經濟與科技等實力屬於世界前段班，可保守預測的是，姑且不論新冠疫情持續時間究竟會有多長，臺灣大致仍將可以與歐、美、日等國家的醫學防疫和經濟復甦齊步。

然而讓人遺憾的是，同在地球村中仍有許多中等發展或經濟落後的國家，因爲政府政策失誤或貪汙腐敗，以及先進疫苗與藥物專利仍掌握在幾個國際大藥廠之中，可以想見一但新變種病毒再次肆虐，這些國家的人民仍會陷入生靈塗炭的慘況，更遑論推動優質平等教育發展這項永續發展目標之一。

因此，在疫情期間更努力推動「國際教育」的正確觀念與世界公民意識，或許正是改變這一切的「破口」。當我們生活陷入不便之際時，可以廣泛地引導學生去覺察，過去三年多來，許多國家人們的生活經歷巨大的改變與挑戰；並且帶領孩子們細細觀察：原來「社交距離」對於不少人來說是「奢侈品」，因爲這代表著會失去需要在現場的勞力工作與微薄支撐家庭的收入。

若我們認爲未來幾年的世界仍是一個疫情可能隨時再發生，但各國或各地人民會互相幫助調整交流形式的世代，我們可試著在「國際教育」的實踐上做出改變。在未來的國際教育課程設計上，臺灣除了持續推動大方向的聯合國永續發展目標（SDGs）或企業 ESG 永續投資之外，也應該學習新的方式，例如使用元宇宙型態的國際教育和國際交流，應該會大大突破現有的限制與框架，不再是平面式的互動，而會是更加立體性、深化性的文化理解教學與互動經驗，這絕非是議題式融入四堂課就可以完成的目標。我們更需要做的是，每一位教育工作者從自己做起，眞正地關心與同理身邊周遭，甚至是世界各地不同膚色、國籍、社會階級的人們正在面臨的問題，讓「理解」、「尊重」與「互助」的態度得以在眞實生活情境裡實現。在實踐「國際教育 2.0 實質內涵」各項由淺而深的目標過程中，才可能有方向性的引導學生視「他者」亦爲「我者」的世界公民意識。

二　連結全球議題與跨文化溝通為課程設計的主軸

影響小學生對於國際教育觀點的因素，從教科書的內涵來看，學生會受限於教科書編排的取向，對於語文領域的「國際素養」、「國際知識」裡的習俗文化，以及社會領域的「國家認同」，針對各科不同分量的編排產生程度上的落差，教師如果只透過教科書教授國際教育，則可能產生學習偏廢的狀況。而國際交流的活動較能跳脫教科書的限制，讓學生自主發展社交技巧和語言能力的應用，有時候也會透過比手畫腳等肢體動作，達到意見的交流。再來，從個人的生活經驗來看，學校環境營造出何種國際教育的氛圍，也影響學生對國際教育的觀點。學校經常接待外籍師生參訪，或是引進外籍教師入校協同教學，都讓學生在日常生活中習慣面對外籍人士，培養與人互動交流的自信，並發展自我的溝通策略。最後，教師的教學模式也是影響學生觀點的重要因素，國際教育經常採用多元的教學模式，讓學生更能自主發想應對與分組團隊操作學習，這樣的學習模式與一般考科不同，更讓學生產生學習印象，誘發更強烈的學習動機。因此教師不同的教學方式會帶給學生的學校生活不一樣的樣貌，但需要留意國際教育往往是以附加性質的方式融入領域課程，缺乏系統化的課程規劃亦無法有效引導課程，使其加深加廣。

正因爲國際教育的訴求合併了各種文化內涵，因此當教師將課程設計深入到理解其他國家文化的知識、價值尊重，連結全球議題做到文化識能的層面，以及跨文化的溝通能力培養成爲教師課程設計的導向，非典型傳統的課室將隨著國際教育推展，打破地域疆界的藩籬，成爲各種文化資本充斥的場域，同時也是學生展現他們從自身家庭帶來的語言能力或文化資源的場所。因此當學校以國際教育作爲校本課程發展的推動主軸時，應避免讓課程成爲大標題式的學習內容而已，需要仰賴教師團隊更嚴謹的通盤規劃，從規劃學校課程藍圖、發展自編教材，到增加行政人員及教師的國際素養，以求奠定更穩固的發展基礎。

陸　結論

隨著十二年國教新課綱的實施，教育現場已然漸漸地改變，以學生爲學習主體的教與學是現今學習現場的風景，而國際教育從 1.0 發展到 2.0 亦是如此的進化。教師應捨棄傳統灌輸學生知識的方式上課，反而是要鼓勵學生發揮主體意識產生自主學習，培養孩子透過思考、理解、判斷、選擇、反思生活中眞實發生的議題，甚至進一步促成倡議及行動，而這正是十二年國教 108 課綱一直希望發展的核心素養。

同時，國際教育的發展主軸包含彰顯國家價值、尊重多元文化與國際理解、強化國際移動力及善盡全球公民責任等四面向，透過閱讀或媒體知道及認識國際正在發生的事件或議題、學習運用外語表達能力、進行 ICT 教學及運用數位工具溝通發表，還有透過跨國協作，分享師生的教學材料和學習成果等方式，國際教育課堂理應是素養導向學習的最佳實踐場域，在課程規劃與學習活動展現皆能達到多元豐富，除了數位科技的應用，也培養學生在語言使用、人文關懷、資訊彙整、獨立思考及行動實踐的能力。然而這一切要能發生，還是要教學現場的教師願意敞開國際心靈與展現教學專業，“Together Everyone Achieve More”——「教育改革最重要的是教師、教師、還是教師！」（鄭勝耀，2021）許多中小學生在外語方面的詞彙與用語深度仍相當有限，遇到需要跟國際友伴交流視訊或實體接觸的時候，難免因語言問題而產生心理障礙，如果因此而對擴展國際視野和增加文化理解卻步，就十分可惜了！但如果經過教師在平時的課程裡就有系統地教學引導和鼓勵，這些國際交流的機會就不會流於表面問候形式，對中小學生增加國際素養的實質助益非常有幫助。

學生的課程知識是透過與教材內容思考對話建構出來的，課程經驗則須經過師與生共同營造出來的動態記錄書寫，而不能只看教師應用何種教學法最有效或教師如何實施課程（Morgan-Fleming & Doyle, 1997）。學生的課程觀建構在一間學校師與生之間的課程實施脈絡下，有其個體上不同的認識與覺察，並且將他們對於社會現實的協商實現在課室與學校生活中（Thiessen, 2007）。國際教育課程要實施得更具有學習效能，得透過傾聽學生的聲音，重視學生的思考，從學生的視角來觀看課程安排，理解學生如何詮釋課程，並且知道什麼是不同學習階段學生會遇到的困難，如此提供學校與教育人員實施課程時不同面向的交集與思考（劉子任，2021）。

後疫情時代全球化將再面臨另一波的重整與建構，國與國之間的實體與心理界線也因為防疫需求的邊境管制而重新清晰；加上線上教學與視訊會議的大量應用，甚或是元宇宙世界概念的興起與 AI 虛擬技術的大躍進，臺灣的教育界是否有前瞻性與新創能力讓我們的學生去適應新型態的全球化世界，值得我們去深思與努力。於此需求，力求建構一個更具包容性、關係更為緊密的網絡多邊主義則顯得十分重要（劉美惠、陳淑敏，2022）。Peters（2019）也在其〈國際教育的危機〉（The Crisis of International Education）指出，透過有意識的準備和執行綜合教學方法來推動國際教育課程，學生可以成為一個相互聯繫和跨文化世界的積極參與者（鄭宛鈺、鄭勝耀，2022）。身為嘉義市國際教育 2.0 地方培力團任務學校的精忠國小，在後疫情時代正努力透過跨國界、跨文化、跨平台及跨領域的教學，在未來元宇宙無國界教育的世界培養有創新能力、具備人文關懷素養、具備國際視野與心靈、學習跨語言與跨科技能力、願意承擔公平正義責任與勇於改變潮流實踐目標的世界公民。

參考文獻

柯姵伃（2017）。國中生國際教育學習經驗探究（未出版之碩士論文）。國立臺灣師範大學課程與教學研究所。

教育部（2010）。**中小學國際教育白皮書：扎根培育 21 世紀國際化人才**。作者。

教育部（2014）。**十二年國民基本教育課程綱要總綱**。作者。

教育部（2020）。**中小學國際教育白皮書 2.0**。作者。

許誌庭（2019）。國民小學實施國際教育之經驗與反思。臺灣教育評論月刊，**8**(6)，43-45。

陳以叡（2011）。小學生眼中的英文課（未出版之碩士論文）。國立臺灣師範大學教育學系。

黃鴻文、湯仁燕（2005）。學生如何詮釋學校課程？教育研究集刊，**51**(2)，99-131。

嘉義市政府（(2020）。嘉義市國際教育中長程計畫——開拓國際最嘉新視野。作者。

劉子任（2021）。小學生國際教育課程觀之探究。臺灣教育評論月刊，**10**(9)，211-234。

劉美惠、陳淑敏（2022）。國際公民教育與素養調查評量架構對社會變遷的回應之分析。教育研究月刊，**338**，83-100。

楊勛凱（2021）。定向世界，全球移動。愛嘉義，教育同行（頁 80-83）。嘉義市政府教育處。

劉美慧（2017）。多元文化教育與國際教育的連結。教育脈動，**12**，1-6。

鄭宛鈺、鄭勝耀（2020）。疫情、學校與學習。教育研究月刊，**314**，17-34。

鄭宛鈺、鄭勝耀（2022）。當國際教育 2.0 遇到雙語教育：教師專業的挑戰與想像。教育研究月刊，**338**，33-46。

鄭勝耀（2021）。國際教育 2.0 中教師與行政人員培力之研究。臺灣教育，**726**，27-40。

Asia Society/OECD. (2018). *Teaching for global competence in a rapidly changing world*. New York, NY: Author. doi:org/10.1787/9789264289024-en

Bourn, D. (2018). *Understanding global skills for 21st century professions*. Cham, Switzerland: Palgrave Macmillan.

Dagli, G., Altinay, F., Altinay, Z. & Altinay, M. (2020). Evaluation of higher education services: Social media learning. *The International Journal of Information and Learning Technology*, *38*(1), 147-159.

Dale, E. (1969). *Audiovisual Methods in Teaching* (3rd Ed.). Dryden Press.

Iswanto, F., Suharmono, R., & Hidayat, S. (2018). Pengaruh Penggunaan Media Pembelajaran Berbasis Powerpoint Dan Buku Teks Terhadap Hasil Belajar Ilmu Pengetahuan Alam (Ipa) Materi Tata Surya Siswa Kelas Vi Semester Ganjil Tahun

Pelajaran. *Jurnal of Education Technologi and Innovation (JETI), 1*(2), 7-20. https://doi.org/10.31537/jeti.v1i2.

Lubis, M. J., Lubis, M., & Naelofaria, S. (2021). SIPDA SMA Negeri 4 Medan: The development of integrated online learning platform. *Budapest International Research and Critics Institute-Journal* (*BIRCI-Journal*), *4*(4), 7479-7487.

MacKenzie, P. (2010). School choice in an international context. *Journal of Research of International Education, 9*(2), 107-123.

Morgan-Fleming, B., & Doyle, W. (1997). Children's interpretations of curriculum events. *Teaching and Teacher Education, 13*(5), 499-511.

Mulyasa, E. (2011). *Manajemen berbasis sekolah, konsep, strategi dan implementasi*. Bandung: PT Remaja Rosdakarya.

Peters, M. A. (2019). The crisis of international education. *Educational Philosophy and Theory, 52*(12), 1233-1242. https://doi.org/10.1080/00131857.2019.1663410

Sumardi, I. Sandyawan (2005). *Melawan Stigma Melalui Pendidikan Alternatif*. Jakarta: Grasindo. (pp.77-78)

Thiessen, D. (2007). Researching student experiences in elementary and secondary school: An evolving field of study. In D. Thiessen (Ed.), *International handbook of student experience in elementary and secondary school* (pp. 1-76). Springer.

後疫情時代海外學生來臺對中小學國際教育之影響及因應策略探究

廖育萱
國立清華大學教育與學習科技系博士生
陳美如
國立清華大學教育與學習科技系教授

壹 前言

一 研究背景

COVID-19 疫情席捲全球之際，國際局勢改變，也影響了生活模式及全球教育。許多國家學校紛紛關閉，教師和學生被迫從實體課堂搬到虛擬教室。這不僅改變教師的教學方式，也影響師生之間原有的互動模式。雖然遠距教學解決疫情無法到校上課的問題，但也衍生社交、學業、身心健康等其他問題（Ewing & Cooper, 2021; Engzell et al., 2021; Sintema, 2020）。

根據經濟合作暨發展組織（Organisation for Economic Co-operation and Development）（OECD, 2020）指出，居家遠距上課，對於移民子女的教育有極大的負面影響。因爲移民父母對當地教育體系與制度不熟悉，加上語言水平不足，使得這些家長難以應付遠程教學課程。Abuhammad（2020）研究顯示，有些家長認爲遠距教學無法代替實體教學、滿足教育需求、提供學生即時的幫助與澄清觀念。因此，在疫情期間，爲了兼顧防疫和孩子教育問題，許多海外父母選擇帶孩子回臺就讀。簡若羽（2020）指出，教育部 109 年學年度統計，「全臺國中小學隨班附讀的學生數達到 578 人」。學生從世界各地回臺，例如中國大陸、美國、加拿大、日本、香港。

二 研究動機

由於當前國內外研究大多是針對 COVID-19 疫情影響下高等國際教育之影響（Strielkowski, 2022; Taşçı, 2021; Mok et al., 2021），較少針對後疫情時代對中小學國際教育之影響。有鑒於此，本文將探討疫情期間，海外來臺的僑生與外籍學生（具備有中華民國居留證）對於中小學國際教育實施之影響。首先，針對疫情期間國際教育相關論述進行初步探討；其次，透過文獻研究與深度訪談，了解目前學校與教師對疫情期間海外中小學生來臺之因應措施及所面對之困境。最後，提出疫情衝擊下，現職臺灣中小學教師對於後疫情國際教育的因應策略。

貳 臺灣中小學國際教育推動現況與困境

一 臺灣國際教育推動現況

隨著「國際教育 2.0」實施，以「接軌國際、鏈結全球」的願景，其三大目標分別是「培育全球公民、促進教育國際化及拓展全球交流」。「國際教育 2.0」中除了修改聘用外師與招收外籍生的相關教育法規，也統籌建立「中小學國際交流櫥窗」（International Exchange Window），擴大進行中小學海外交流與合作，促使我國學生和外籍學生能夠隨時跨國移動學習（教育部，2020）。

疫情衝擊之下，臺灣中小學國際教育面臨巨大挑戰，學生無法跨國移動，學校也難以找到合適的國際夥伴（張臺隆，2021）。因應疫情影響，學生無法赴海外進行國際交流，許多中小學改採用線上視訊交流方式，以持續推動國際教育。O'Neill（2008）研究指出，透過國際虛擬交換（international virtual exchange program），能夠提升學生跨文化競爭力（intercultural competence）。雖然線上國際交流可以解決燃眉之急，但仍無法完全取代實體的國際交流。在這樣的情況下，持續培養學生國際素養及全球視野成了臺灣中小學與教師共同努力的課題。

這波疫情對臺灣中小學國際教育是危機也是轉機，雖然 COVID-19 中斷國際教育交流，但也因全球疫情嚴峻，許多長期旅居海外的學生從世界各地來臺就讀。這現象成了臺灣中小學國際教育的一線轉機，有助於學校進行國際交流，促進臺灣學生與海外學子的互動，將世界搬進臺灣中小學教室，培養學生國際視野與全球素養。

二 中小學實施國際教育之困境

疫情期間海外學子來臺就讀，增加教室中學生文化與語言的多樣性。江蕙伶和張繼寧（2012）指出，學校透過國際面向課程與國際交流活動，能夠引導學生認識與理解多元文化社會，並學會尊重與包容。然而，臺灣在實施中小學國際教育上面臨兩大關鍵問題，分別是師資培訓和教材編制。

(一) 教師投入國際教育意願不高

教育部計畫推動中小學國際教育扎根計畫，教育部國際文教處表示願意提供校長或教師出國研習經費補助。Baecher 與 Chung（2020）指出，教師參加海外學習與教學，不僅提升自我的跨文化能力，也培養更多關於教育的全球信息和批判性觀點並提高他們的外語能力。具有出國經驗的教師能夠將海外體驗帶入課堂，讓學生認識不同文化（王湘月，2019；Richardson, 2012），也讓不同群體的學生了解彼此，和諧相處（Altun, 2017）。

然而，臺灣中小學教師對於國際教育參與意願並不高（劉耿銘，2019），部分的教師認爲參加國際教育研習就是英文教師的責任（黃鈺涵，2017）。不同社會文化背景的學生並不會自然地發生互動，須經由教師引導才能讓學生認識、尊重不同的文化，拉近彼此文化的距離（王湘月，2019）。執行國家教育政策是每位學校教師的責任，教師具備國際觀與國際知能才能夠建立友善的學習環境。

由此觀之，教師是促進學生互動的關鍵推手，藉由有意義的活動，協助本國籍學生與不同背景學生互動、建立友誼，進而培養學生具備「全球素養」（global/international competencies）與「文化素養」（cultural competence）（Soria & Troisi, 2014）。如果第一線教職人員不願意執行國際教育政策，即使海外學子來臺也對於培養我國學生的跨文化能力和國際觀實質上效益不大。教師的專業能力與支持是國際教育推動的成功因素（張臺隆，2021），學校應先提升教師的意願和國際教育專業知能，才能夠眞正落實國際教育政策（何國旭，2016）。

(二) 教材內容規劃不易且數量不足

朱啟華（2013）指出教育目的與教材是密不可分的，教材是用來達到課程的預定能力標準和基本能力（Ahmar & Rahman, 2017），教材的內容會影響學生對自己以及他人社會的態度和傾向（Ndura, 2004）。因我國「一綱多本」的政策，所以臺灣已開發許多中小學各科領域教材（黃柏勳，2008），但關於國際教育相關教材仍相當匱乏（陳怡伶，2021）。

「國際教育白皮書1.0」（教育部，2011）曾提及，國際教育融入課程的主要方式爲「國際素材融入課程與教學」、「自編教材」、「自編學習手冊」、「自編學習單」、「辦理外語及文化教學」等等，但是內容的深度和廣度都不足，並未眞正融入到各學科領域。戴雲卿（2019）表示，整合有「系統化、跨學科、縱橫向連結的教材」需要花費時間和人力資源，因此在研發設計上有所難度。

從2011至2018年國際教育1.0教育國際化普查結果顯示，「研發教材或教案之校數逐年增加」，但其比例最高也僅占全國總校數20.28%。陳怡伶（2021）指出，政府應規劃師資獎勵辦法，鼓勵教師參加研習活動，並且與不同專業領域的教師一起合作設計課程教材與教學活動。唐淑華（2010）研究指出，大多數的臺灣教師認爲教材是教學的主要工具。面對國際教育教材不足，臺灣中小學教師應該如何將國際教育融入課程設計，協助我國學生與海外學子進行跨文化交流乃是値得省思的問題。

參 研究方法與設計

一 研究對象

本研究之目的在於探討疫情期間從國外來臺僑生和外籍學生（具備有中華民國居留證），對於臺灣中小學國際教育實施之影響。藉由文獻探討，了解疫情期間國內外的中小學國際教育相關研究。其次，以研究個案的方式，了解疫情之下海外僑生與外籍學生來臺就讀，對於臺灣中小學教師所帶來的機會和挑戰，並提出合適的相對應策略，以因應後疫情時代國中小學國際教育之實施。

本研究對象為三位中小學教師，分別任教於中部及北部的學校。在疫情期間教授過海外來臺的學子。每次訪談的時間大約是 40 分鐘至 1 小時。受訪者的資料如表 1。

表 1　受訪者資料

受訪者標號	任教學校類型	任教科目	任教年資	教授海外來臺學生人數
A	公辦民營國小實驗學校	國小國文、數學（中文授課）	21	1
B	私立 K-12 國際學校	國小英文、歷史、自然、數學（全英授課）	23	4
C	私立 K-12 國際學校	國中英文文學（全英授課）	12	10

二　研究方法、工具與資料分析

本研究採用訪談法，探究疫情期間國外學生來臺對於中小學國際教育課程之影響，以及教師所面臨之教學挑戰與教學契機。根據「中小學國際教育能力指標」之四大目標層面，設計「國家認同」、「國際素養」、「全球競合力」及「全球責任感」相關訪談題目，以了解後疫情時代海外來臺的學生對於各校教師進行校內國際交流之實際情況。

1. 疫情期間，海外學生來臺就讀，對於中小學課堂實施國際教育有什麼影響？

2. 你是如何應對海外來臺的學生所面臨課程銜接、語言溝通、教學方式的問題？

3. 在多元文化教室中，你用哪些方法解決學生所發生文化刻板印象、歧視、偏見？

4. 你會採用哪些教學策略進行校內國際交流，培養學生國際合作和競爭素養？

5. 你是如何將國際教育議題融入到課程，引導學生探討全球性議題？

6. 面對臺灣中小學國際教育教材缺少的情況下，你是如何因應這個問題？

7. 你是如何培養本國籍學生本土文化意識並學會尊重他國文化的特質？

8. 你會如何設計你的課堂進行國際教育，以達成全球永續經營的理念？

9. 從國外來的學生，你是如何運用他們的國外生活及文化經驗變成班級的學習素材？另外你在這個過程看到什麼樣的契機，或面對什麼的困難？

本研究之分析採用張芬芬（2010）基於 Carney 的「分析性抽象五階梯」（Ladder of Analytical Abstraction），進行資料分析，首先，將完整的訪談錄音內容以逐字稿的方現呈現，接著把文字轉爲概念化代碼系統。依照受訪者、題目進行編碼分類，例如：教師 A 回覆第一題，編碼即（A-1）。然後，依其找出主題和次主題並給予命名。藉由資料之間的關係或重點，將其轉爲視覺化圖表。最後，整合資料提出相關理論以及詮釋研究之目標。

肆 海外學生來臺對於中小學教師實施國際教育之挑戰與契機

一 教學挑戰

在疫情之下許多學生來臺就讀，這些具外國籍多元文化背景之海外學子成為學校資源，有助於疫情期間落實中小學國際教育的實施。但同時多元文化課堂教學帶給教師許多額外的挑戰（Van Tartwijk et al., 2009），因學生的文化背景不同，教師需要在「課程銜接」、「教室語言」、「教學策略」、「社會融入」等方面，採取相關的因應措施和策略，以協助海外來臺學生與本國籍學生共同學習。

(一) 課程銜接

Banks（2008）認為，多元文化教育（multicultural education）主要的目標在於，給予所有學生教育機會均等（equality of educational opportunity），並且設計一個適合多元學生的課程，以提升不同文化背景學生的學習。然而事實上，教育實踐與教育理論往往存在落差。透過訪談得知，有些國外來臺的學生在臺灣上課仍面臨課程銜接上的問題，有些學生則不會。根據受訪者所述：

「……學生是從中國（一般學校）回臺灣的孩子，的確在英文的銜接上是比較辛苦的……老師必須多費點心，幫忙他們進入課堂上面的狀況。」（B-2）

然而，另一位受訪者，則表明：

「……學生在日本待了六年，一開始我有點擔心，學生中文課程有聽辨上的困難……可是（學生）媽媽都有讓他上華語課……本身銜

接幾乎沒有問題。」（A-2）

從個案的敘述了解，如果學生曾在國外接觸相關的課程內容，比較不會有課程銜接的困難。甚至，受訪者表示：

「……如果是從英美系國家來的學生，在國際學校比較不會有課程銜接的問題……甚至他們早就學過課堂的內容，還可以幫助在臺灣國際學校的孩子……」（B-2）

從上述訪談者的敘述得知，可以從三個面向解決課程銜接的問題。第一，教師需要多關注這些學生的需求並給予協助。第二，如果家長能夠事先讓孩子接觸課程內容，就可以減少學生課程銜接上的衝擊。第三，藉由同儕的互助，讓學生可以共同學習。

(二) 教室語言

Fillmore 與 Snow（2000）表示，教師應該要知道「語言」對教學（teaching and learning）的影響。Gonzalez（2008）的研究指出，教室言語互動（classroom discourse）是課堂學習的重要元素，其中包含師生互動（teacher-student interaction）和同儕互動（peer interaction）。然而，海外學生來臺就學，語言溝通成爲教師在教學上的挑戰。受訪者表示：

「面對從日本來的學生……我覺得眞的蠻難，學生也覺得很挫折……彼此之間無法進行語言溝通。」（B-2）

因爲無法使用學生「熟悉的語言」進行授課（teacher-class）或是課程互動（teacher-student），所以教師感到挫折與擔憂。另一位受訪者也表示：

「……日本、韓國、英語系的……在語言上面會顯得很吃力……蠻擔心他們適應的問題……」（C-2）

因此，兩位受訪者皆提到，使用語言輔助工具幫助學生學習：

「使用Google Translator藉由他熟悉的語言去學習……」（B-2）
「……我會用手機翻譯給學生聽……」（C-2）

諸多研究認爲，使用第一語言（L1）在第二語言（L2）的課堂中，能夠減少學生尷尬的感覺（Nation, 2003），進而提升課堂參與意願（Brevik & Rindal, 2020），以利於學生課業學習（Schweers, 1999）。但Ryan（2002）的研究則認爲，使用母語會干擾第二語言的習得。訪談者表示：

「第一學期，我們允許學生在班上使用Google Translator，讓學生覺得至少有一個工具可以輔助他……等學生慢慢的可以跟上課程安排。第二學期，我們就不准學生帶平板使用Google Translator，我們會幫助學生自己說出口，講錯了也沒有關係，我們會一字一句的糾正。藉由這樣的方式，學生真的進步的非常多！」（B-2）

受訪教師使用母語鷹架輔助學生學習外語，等到學生適應學習的節奏後，再將其鷹架移走。兩種教學方式各有利弊，其實只須找到平衡點就能達到最佳的教學效果。提升海外來臺學生的語言能力，不僅可以幫助他們學習，更是促進他們與本國籍學生互動的關鍵。

(三) 教學策略

根據Raza（2018）的研究指出，教師須依照「授課對象」的需求，進行教學策略的調整。然而，有一位受訪者表示：

「……或許是（美國）一樣或類似的課本，可是內容跟教學方式，基本上，我會把它改成適合大多數臺灣孩子的學習，所以外籍學生（英美國家）可能會有適應不良的問題。」（C-2）

因此，教師該如何調整教學策略，以同時滿足臺灣和海外學生的學習需求是目前中小學課堂出現的問題。

單一的教學策略已無法滿足所有學生的需求，Allison 與 Rehm（2007）的研究表示，教師可採用多元教學策略進行教學。從個案的教學經驗分享，得知教師採用「視覺輔助」協助學生理解教學內容，特別是語言課。

「……在中文課上……採取圖像的方式……更具體的東西……讓學生理解中文字的意涵……」（A-2）

「……比手畫腳（肢體語言）、畫圖、現場的情境……簡單的英文讓他理解……」（C-2）

除了教師指導學生學習之外，「同儕指導」（peer tutoring）也是另一種教學策略。它能夠增加學生課堂學習的機會，進而改善各科的學習成效（Alegre et al. 2019; Allison & Rehm, 2007; Fuchs et al., 1997; Delquadri et al., 1986）。

「……國外來的孩子……在做研究時……比較有概念……我會請外籍學生先分享……看過示範後……臺灣學生就知道該怎麼做……」（C-2）

「每個學生都有自己擅長的領域……請學生到班上表演或是教導大家。」（A-4）

諸多研究指出，「合作學習」（cooperative learning）能夠提升學生學業成就與社交發展（Lopata, Miller, & Miller, 2003; Slavin, 1980）。經由個案訪談結果，發現三位受訪者皆採用合作學習策略，進行以學生爲中心的互動式教學。

「……一起合作完成宣傳海報…… 」（B-4）

「……透過分組報告的方式…… 」（C-4）

「學校海洋教育的議題……帶到垃圾的問題……讓全班一起寫（如果我是小烏龜的感受）……每個學生只有寫一句話……」（A-5）

(四) 社會融入

Sawir 等人（2008）指出，絕大多數的外籍生初期到一個新環境，都會感覺「寂寞」（loneliness）或是「社交孤立」（social isolation）。受訪教師也提出相同觀點：

「……外籍生，有些學生可能適應力比較好……跟班上的同學融合。有的學生則無法快速融入班級，他們會感覺格格不入或是被孤立……在融入這方面，國、高中是比較有問題，國小還好。」（C-1）

「……要看異國學生本身對當地文化融入的程度…… 」（A-2）

教師應扮演一位了解非主流學生的「文化工作者」（cultural worker）（Freire, 1998），建立一個共享（sharing）和相互尊重（mutual respect）的學習環境，讓外籍學生能夠和本土學生建立社交連結，以便快速融入新環境，同時，也能讓本國籍學生從中獲取學

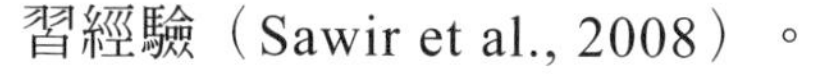

習經驗（Sawir et al., 2008）。

Qin（2014）指出，相同文化社群（cultural community）的人比較能夠了解彼此，因爲他們分享共同的文化。但是，當人們與不同文化社群的人溝通時，容易用自身原本的文化經驗詮釋他人的行爲。從訪談過程中，訪談者提及：

「……尤其是言語上，有時候臺灣學生不大知道怎麼講……遇到黑人就講 You are black，因爲我們中文常講黑人……外籍學生（黑人）……聽到就感覺非常受傷。」（C-3）

語言水平不足與缺少文化意識，容易引起誤解（misunderstanding）或是文化衝突（cultural conflict）。然而，「誤解」的例子可以被視爲寶貴教學機會，藉此能夠了解隱藏的文化差異與溝通問題（Qin, 2014）。

二 教學契機

雖然海外學生帶給教師許多教學上的挑戰，但同時也提供教師相當寶貴的資源。藉由海外學生的文化背景和生活經歷，教師可以進行校內國際交流與國際活動，達成國際教育之四大指標「國家認同、國際素養、全球競合力、全球責任感」，以落實疫情期間的國際教育。

(一) 國家認同

從訪談結果顯示，海外學生來臺讀書，讓本國籍學生有機會介紹臺灣文化，也能親身體驗外國文化。將學生的生活經歷與文化背景視爲國際教學素材，經由國際交流互動，學生能夠了解自我文化的價值，同時，也學會尊重與接納不同文化。Banks（2008）的研究指出，透過多元文化教育，學生除了有更多的機會體驗不同文化，也有助於認識和理解自身文化與他國文化。

1. **分享自身文化，並親自體驗異國文化**

使用「以學生爲主」的教學活動，讓學生有更多的機會將自身文化和生活經驗搬入課堂中。將教室的主導權交給學生，引導他們認識不同的文化，進而消除文化的隔閡。

「……實施一個課程叫做生活大師……大家都可以扮演教師的角色，分享自己熟悉的領域。比如說，班上的同學很擅長廟會陣頭鼓，他不僅表演給同學看，還要擔任指導者的角色，讓其他學生有機會學習和體驗……還有長期旅居日本的學生想做日本夜市的導覽，讓班上同學能夠體驗日本文化的樂趣……」（A-9）

「我們曾經做脱口秀的報告，我請學生從他們國家中，找出兩位脱口秀主持人，分享主持的內容。藉由這個機會，學生能夠分享他們國家的文化，讓其他同學認識。」（C-9）

2. **認同自身文化，也尊重他國文化**

每個文化都具有獨特的魅力，經由課堂活動，讓學生親身體驗，認識不同文化的特質。在活動體驗的過程，有助於學生對自身文化的認可，也可以讓學生學會以平等的態度看待不同民族的人。

「學生認爲自己很偉大，因爲自己是臺灣人……而不尊重其他國家的學生……引導學生尊重不同種族的人。」（B-7）

(二) 國際素養

當海外學生在班級分享過往經驗或自身想法時，能夠激發本土學生認識不同文化的意識（好奇）。藉由尊重、包容、接納國際交流的方式，讓本土學生學會聆聽和尊重不同的聲音，重新認識了刻板印象（cultural stereotype）、歧視（discrimination）、偏見（Bias）。在多元的環境裡，可能會產生「衝突」（conflict）或是「對話」（dialogue），但是「衝突」不一定是負面的詞，處理衝突的過程中，能夠發現潛在的學習價值（Alrø et al., 2005）。換言之，透過同儕的互動，學生能夠認識多元的世界。學生的知識來源不再侷限於教師或是課本，而是藉由同儕的分享，讓學生的視野從本土延伸到國際，並且讓學生的思維從單一延伸到多元。

1. 喚起對國際學習的意願，主動走出自己的世界

當海外來臺的學生分享在國外生活經驗，激發我國學生對世界的好奇，學生會想共同參與討論。從分享的過程中，學生會發現原來世界各國的人都在努力共同保護地球。

「當本土的學生看到海外來臺的學生上課舉手發言，分享自己的想法或是外國文化時，臺灣籍學生也會想加入參與討論！」（C-5）

「……我曾經問從日本來臺的學生，你在日本也有參加淨灘活動嗎？學生回答：有，去過很多次，他覺得日本的海灘比較乾淨！……我請他分享日本淨灘的事情給班上同學。班上同學回說：原來日本也有淨灘！……」（A-8）

2. 聆聽和尊重不同的聲音

經由友善的肢體互動，化解學生的意見分歧或是文化衝突，讓學生願意敞開心扉分享自己的想法，或是接納不同的意見。

「……互相討論完後，我會請本國籍學生和從國外來的孩子互相握手，讓他們知道大家還是一家人，還是同一班的……最後要想個方法，讓學生不要對立……」（C-4）

3. 消除文化刻板印象、歧視、偏見

藉由國際交流，讓學生認識自己對他國文化的誤解，並給予他們正確的觀念。學生必須學會放下先入爲主的刻板印象，才可以減少歧視或偏見。

「學生認爲韓國人就應該要吃辣！我就跟學生說班上韓國學生有人不吃辣，剛好可以給學生一個活生生的例子。學生也會認爲日本人眼睛都很小或是美國學生的數學都很爛，這些都是錯誤的文化刻板印象。」（B-3）

(三) 全球競合力

根據訪談結果發現，學生全球競合力的培養，不再受限於課堂中，教師也可以透過課外活動的安排，增加學生之間互動認識的機會。王湘月（2019）同樣也指出，教師需要採取介入措施，讓學生之間的互動變得有意義，彼此之間都可以獲取他國經驗。

從校園日常生活開始，增加海外學生與臺灣學生合作的機會，藉此拉近彼此的距離，了解不同國家的人對世界的看法和觀點。透過合作的過程，培養跨文化溝通的能力，並且了解國際合作的重要性，以應付未來社會各方面的挑戰。

1. 從日常生活小事，培養國際合作素養

國際合作學習不分課內或課外，藉由生活瑣事或是課堂活動，拉近臺灣學生與外籍學生彼此之間的距離，讓學生有更多的機會接觸不同文化背景的人。

「打掃時間、拿書、訂飲料的時候，我會指派臺灣學生和海外來臺學生一起幫忙，讓他們有機會了解彼此，一起合作完成事情。」（C-3）

「透過班級幹部的選拔，讓學生一起合作完成宣傳海報。因爲彼此成長的背景不同，所以可以讓學生有文化上的交流和意見的分享。」（B-4）

2. 認識國際合作的重要性

校園即是「小型社會」，透過課堂的分組合作，讓學生了解唯有「互相學習、互相幫忙、互相鼓勵」，才能看見合作的力量。當學生走出校園，踏入眞實世界時，就會發現各國相互合作亦是如此。

「透過分組報告的方式進行國際合作，我會先給學生題目，然後要求他們明確分工完成作業。當海外學生被指派到那組時，大家也需要幫忙檢查，確認彼此該完成的部分，最後才能把資料彙整起來！」（C-4）

3. 發展跨文化溝通能力

讓學生成爲課程的領導者，把自身文化和興趣帶入教室，引導班上同學共同認識他的生活以及他所熟悉的文化。在分享的過程中，學生要思考如何表達自己的想法，並且願意接受不同的意見，以進行有效的跨文化溝通。

「……交流過程中，當小朋友成爲一個全然的領導者的時候……這時他就必須應對人際上面的問題，他要（學會）去跟別人溝通。」（A-4）

(四) 全球責任感

根據訪談過程得知，教師主要是以影片的方式，將全球議題帶入課程。藉由視覺上的感官衝擊，讓學生看見世界所發生的事情，並針對這些議題提出一些問題，讓本國籍學生和海外來臺的學生共同思考與分享看法。透過意見的交換，學生能夠以不同的角度看待全球議題。藉由課堂活動的安排，讓學生親眼看見國際弱勢者的處境，親自感受他們的生活。

1. 換位思考

從別人的視野看這個世界，不同的角度、不同的觀點，了解世界所發生的事情，感受或體驗國際弱勢群體（不論是人類或是動物）的處境和感受，並思考該如何給予協助。

「……告知學生烏克蘭和俄羅斯在歷史上一直都有爭執，只是我們無法介入到那個層面……讓學生看到戰爭對人民所帶來的不公平、饑荒、疾病、家人分離，這些是我覺得小朋友們會比較懂的。讓學生設身處地去想一想，如果他們也是其中的一分子，那他們會希望這些事情發生在自己身上嗎？然後再問學生，我們是不是應該基於人道主義幫助他們？」（B-5）

「當學校有全球議題的活動時，課堂中我會使用比較公正性的報導影片讓學生看。影片對學生有實際的衝擊……如果只是告知學生發生這些事情，我們的孩子其實很難理解或是體會到那些人的處境，因爲他們生活在一個很好的環境……我告訴學生只要捐一天一杯星巴克的錢，就可以幫助那些人。」（C-8）

2. 實際行動

教師帶領學生走出教室，成爲「實際行動者」，讓他們眞正了解全球議題（例如：海洋環境）的面貌。藉由親身的體驗與探索，才能喚醒學生對全球議題的關注，並願意共同面對與承擔責任。

「……我們學校一年有四次淨灘活動……我們去海灘的時候，實

際面對垃圾，跟看別人撿垃圾是完全不一樣……會有五官的感受，（學生會說）很刺、很臭、很髒，感受性比較強烈……」（A-5）

伍 結語

根據本研究個案所提供的現場教學狀況，發現海外學子來臺就讀，改變臺灣中小學國際教育課堂教學以及教學策略。本研究以可視化的方式呈現研究結果，並將其論述放置圖 1 下。

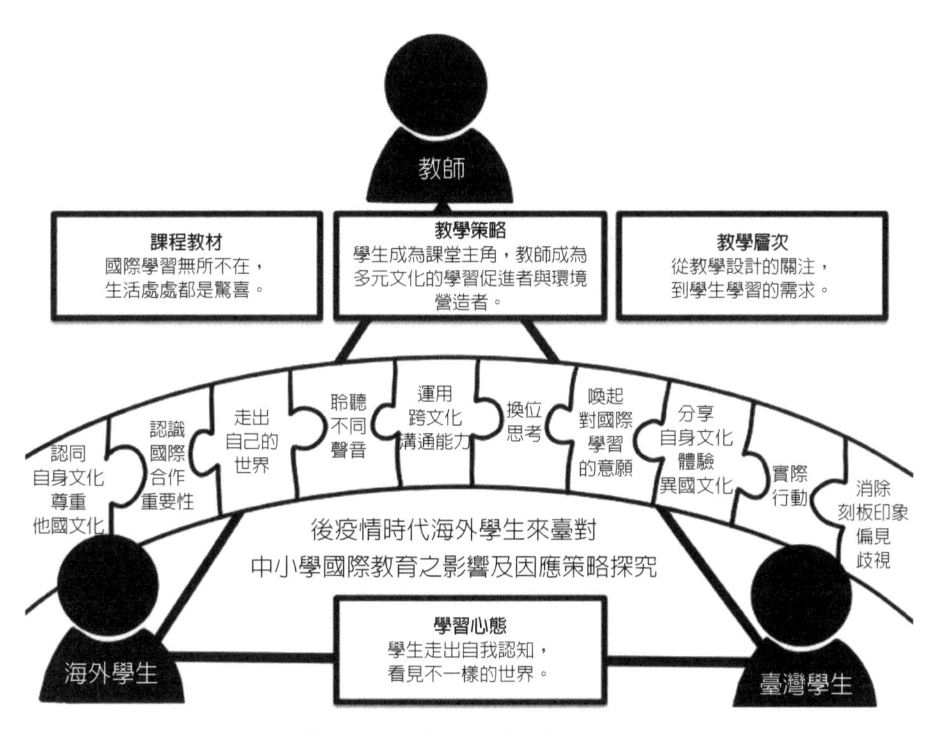

圖 1　海外學生來臺對臺灣中小學國際教育之轉變

1. 學生學習心態的改變：學生走出自我認知，看見不一樣的世界

經過個案研究分析，發現海外學生在課堂主動分享國外經歷，可以激發臺灣學生對世界的好奇心。臺灣學生從原本被動學習到主動參與，願意開口分享自身對國際議題或各國文化的看法。其實，自我狹隘的觀點往往是阻礙我們認識世界的原因，透過同儕交流，讓學生有機會站在不同的角度綜觀全球議題，共討探討問題的各種面向。接著，藉由課堂活動設計，讓學生走出教室，成爲「實際行動者」，看到外面世界所發生的事，感受他人所處的現況或處境。唯有將自身置於他人的位置，才能眞正理解並給予合適的協助。

2. 教師教學策略的改變：學生成爲課堂主角，教師成爲多元文化的學習促進者與環境營造者

從個案訪談的結果得知，教師翻轉以往傳統的國際教育教學的模式，國際教育的學習不再僅是教師單方面傳遞知識，而是善用新加入的海外學生經驗，營造一個多文化的學習環境，經由觀點的轉換，帶領大家看到不一樣的世界。運用合作學習與同儕指導的教學策略，拉近本土學生與海外學生之間彼此的關係。從原本「老師教，學生學」的課堂，變成「學生教，同儕學」的課堂，把課堂的主導權交回學生手上。由學生設計課堂內容，引導同儕共同認識他們所認識的世界。教師則是扮演「促進者」角色，從旁給予協助與建議。透過「以學生爲主」的課堂活動，有助於促進學生課堂參與，進而培養他們對文化的敏感度，以減少對他國文化的刻板印象、偏見、歧視。

3. 國際教學教材的改變：國際學習無所不在，生活處處都是驚喜

本研究發現國外學生來臺就讀，有利於臺灣中小學國際教育之實施。海外學生文化背景與生活經驗成了「活教材」，激發本土學生對國際的好奇心。從校園的日常生活中，教師可以觀察每位學生背後所隱藏的文化（語言、價值觀、思想、禮儀、思考模式），並將其作爲國際教育題材，引導學生共同探討不同文化之間的差異與關聯。當學生在合作與互動的過程中，可能會發生文化上的衝突或是誤解。此時，教師應將其負面的文化例子作為教學素材和學生共同討論，讓學生可以正確的態度與心態，看待這個世界不同的樣貌，以及尊重和欣賞各國文化的特質。

4. 課堂教學層次的改變：從教學設計的關注，到學生學習的需求

雖然，研究發現海外學生來臺就讀有助於在疫情期間進行國際教育，然而不可諱言，教師在課堂上面臨諸多挑戰。從受訪者的經驗分享得知，海外學生不論是在學業方面或是社會融入方面都需要教師給予額外的協助與支持。面對多元文化的課堂，教師應先透過「文化工作者」的角色，了解每位海外學生背後的文化故事（成長背景、學習經歷），並將其帶入課堂教學，引導本國籍學生以正確的觀念與態度認識不同的文化，縮短與海外學生文化差異的距離。最後，協助我國學生與海外學生建立無國界的友誼，大家一起共同鼓勵、共同學習、共同成長。

陸 未來研究建議

1. 研究限制

本研究所探討之對象為海外來臺的中小學生，由於其很少在國際教育的領域被討論，而且國內外相關研究及文獻大多偏向高等國際教育，鮮少有中小學國際教育之探討。本研究選擇三個個案訪談方式，進行資料蒐集和分析。在時間、人力的限制下，由於個案樣本數較少，只能呈現部分現況，不宜過度推論。

2. 研究建議

本研究範圍受限於一間實驗學校和一間國際學校，在研究的廣度上略顯不足。在未來研究裡，可以邀約任教於不同類型的學校教師進行研究參與，讓研究結果可以更為豐富。此外，建議未來研究者能夠針對海外來臺的學生與本國籍學生進行相關的研究，以了解後疫情時代中小學國際教育的整體樣貌。

參考文獻

王湘月（2019）。課程國際化在高等教育在地國際化角色之探討。臺灣教育評論月刊，**8**(3)，112-120。

朱啟華（2013）。台灣國際教育的反思——以《中小學國際教育白皮書》爲例。嘉大教育研究學刊，**30**，1-20。

江蕙伶、張繼寧（2012）。中小學國際教育。臺灣師資培育電子報，**33**，3-4。

何國旭（2016）。從多元文化的思維談國際移動力的培養。學校行政雙月刊，**102**，65-78。http://doi.org/10.3966/160683002016030102005

唐淑華（2010）。一國兩「制」？從「一綱多本」與「一綱一本」論爭探討臺美教師對課程發展與教材設計的不同解讀。教科書研究，**3**(2)，63-92。

張芬芬（2010）。質性資料分析的五步驟：在抽象階梯上爬升。初等教育學刊，**35**，87-120。

張臺隆（2021）。中小學國際教育推動現況與困境之評析。臺灣教育評論月刊，**10**(2)，2-20。

教育部（2011）。中小學國際教育白皮書。臺北：教育部。

教育部（2020）。中小學國際教育白皮書 **2.0**。臺北：教育部。

陳怡伶（2021）。師資培育觀點看高教推動國際教育與向下延伸策略。臺灣教育評論月刊，**10**(2)，26-31。

黃柏勳（2008）。臺灣中小學教科書一綱多本政策制訂過程分析。學校行政，**53**，254-271。

黃鈺涵（2017）。中小學國際教育施行的困境：國際教育不等於英語教育。臺灣教育評論月刊，**6**(5)，105-107。

劉耿銘（2018）。中小學國際教育實施成效、困境與因應策略之研究——以新北市爲例。新竹縣教育研究集刊，**19**，167-198。

戴雲卿（2019）。從「中小學國際教育白皮書」探討我國中小學國際教育之實施。臺灣教育評論月刊，**8**(1)，225-232。

簡若羽（2020）。國中小隨班附讀 378 人！ADC 激增。三立新聞網。https://tw.stock.yahoo.com/news/%E5%9C%8B%E4%B8%AD%E5%B0%8F%E9%9A%A8%E7%8F%AD%E9%99%84%E8%AE%80578%E4%BA%BAabc%E6%BF%80%E5%A2%9E-022038002.html

Abuhammad, S. (2020). Barriers to distance learning during the COVID-19 outbreak: A qualitative review from parents' perspective. *Heliyon*, *6*(11), e05482. https://doi.org/10.1016/j.heliyon.2020.e05482

Ahmar, Ansari S., & Abdul Rahman (2017). Development of teaching materials using an Android. *Global Journal of Engineering Education*, *19*(1). 72-76. http://wiete.com.au/iournals/GJEE/Publish/vol19nol/11-Ahmar-A.pdf

Alegre, F., Moliner, L., Maroto, A., & Lorenzo-Valentin, G. (2019). Peer tutoring and mathematics in secondary education: Literature review, effect sizes, moderators, and implications for practice. *Heliyon*, *5*(9), e02491. https://doi.org/10.1016/j.heliyon.2019.e02491

Allison, B. N., & Rehm, M. L. (2007). Effective teaching strategies for middle school learners in multicultural, multilingual classrooms. *Middle School Journal*, *39*(2), 12-18. https://doi.org/10.1080/00940771.2007.11461619

Alrø, H., Skovsmose, O., & Valero, P. (2005). Culture, diversity and conflict in landscapes of mathematics learning. *In Proceedings of the Fourth Conference of the European society for Research in Mathematics Education(CERME 4)*(pp. 1141-1151). Sant Feliu de Guixols, Spain: FUNDEMI IQS, Universitat Ramon Llull. https://vbn.aau.dk/ws/portalfiles/portal/14014306/landscapes_of_learning_Alro_08.pdf

Altun, M. (2017). The effects of study abroad on teacher competencies. *International Journal of Social Sciences & Educational Studies*, *3*(4), 219-222. https://doi.org/10.23918/ijsses.v3i4p219

Baecher, L., & Chung, S. (2020). Transformative professional development for in-service teachers through international service learning. *Teacher Development*, *24*(1), 33-51. https://doi.org/10.1080/13664530.2019.1682033

Banks, J. A. (2008). An introduction to multicultural education. Pearson.

Brevik, L. M., & Rindal, U. (2020). Language use in the classroom: Balancing target language exposure with the need for other languages. *TESOL Quarterly*, *54*(4), 925-953. https://doi.org/10.1002/tesq.564

Delquadri, J., Greenwood, C. R., Whorton, D., Carta, J. J., & Hall, R. V. (1986).

Classwide peer tutoring. *Exceptional children*, *52*(6), 535-542. https://doi.org/10.1177/001440298605200606

Engzell, P., Frey, A., & Verhagen, M. D. (2021). Learning loss due to school closures during the COVID-19 pandemic. *Proceedings of the National Academy of Sciences*, *118*(17), e2022376118. https://doi.org/10.1073/pnas.2022376118

Ewing, L. A., & Cooper, H. B. (2021). Technology-enabled remote learning during COVID-19: Perspectives of Australian teachers, students and parents. *Technology, Pedagogy and Education*, *30*(1), 41-57. https://doi.org/10.1080/1475939X.2020.1868562

Fillmore, L. W., & Snow, C. (2000). *What teachers need to know about language*. https://files.eric.ed.gov/fulltext/ED482994.pdf

Freire, P. (1998). *Teachers as cultural workers: Letters to those who dare teach*. Cambridge, Westview Press. http://dx.doi.org/10.14221/ajte.1998v23n1.10

Fuchs, D., Fuchs, L. S., Mathes, P. G., & Simmons, D. C. (1997). Peer-assisted learning strategies: Making classrooms more responsive to diversity. *American Educational Research Journal*, *34*(1), 174-206. https://doi.org/10.2307/1163346

Gonzalez, J. M. (2008). *Encyclopedia of bilingual education*. Sage Publications, Inc.

Lopata, C., Miller, K. A., & Miller, R. H. (2003). Survey of actual and preferred use of cooperative learning among exemplar teachers. *The Journal of Educational Research*, *96*(4), 232-239. https://doi.org/10.1080/00220670309598812

Mok, K. H., Xiong, W., Ke, G., & Cheung, J. O. W. (2021). Impact of COVID-19 pandemic on international higher education and student mobility: Student perspectives from mainland China and Hong Kong. *International Journal of Educational Research*, *105*, 101718. http://doi.org.10.1016/j.ijer.2020.101718

Nation, P. (2003). The role of the first language in foreign language learning. *Asian EFL Journal*, *15*, 35-39. https://doi.org/10.26686/wgtn.12560333

Ndura, E. (2004). ESL and cultural bias: An analysis of elementary through high school textbooks in the western United States of America. *Language, Culture and Curriculum*, *17*(2): 143-153. http://doi.org/10.1080/07908310408666689

OECD. (2020). *What is the impact of the COVID-19 pandemic on immigrants and their children?* The Secretary-General of the OECD. https://read.oecd-ilibrary.org/

view/?ref=137_137245-8saheqv0k3&title=What-is-the-impact-of-the-COVID-19-pandemic-on-immigrants-and-their-children%3F

O'Neill, E. J. (2007). Implementing international virtual elementary classroom activities for public school students in the US and Korea. *Electronic Journal of E-Learning*, *5*(3), 207-218. https://files.eric.ed.gov/fulltext/EJ1098758.pdf

Raza, K. (2018). Adapting teaching strategies to Arab student needs in an EFL classroom. *Journal of Ethnic and Cultural Studies*, *5*(1), 16-26. http://doi.org/10.29333/ejecs/93

Richardson, D. (2012). Teaching with a global perspective. *Inquiry: The Journal of the Virginia Community Colleges, 17*(1), 5. https://commons.vccs.edu/inquiry/vol17/iss1/5

Ryan, S. (2002). Maximising L2 communication: The case for caution in the use of L1 in the classroom. *On CUE*, *10*(1), 20-21.

Sawir, E., Marginson, S., Deumert, A., Nyland, C., & Ramia, G. (2008). Loneliness and international students: An Australian study. *Journal of Studies in International Education*, *12*(2), 148-180. https://doi.org/10.1177/1028315307299699

Schweers, C. (1999). Using L1 in the L2 classroom. *English Teaching Forum*, *37*, 6-13. http://okt.kmf.uz.ua/atc/oktat-atc/Bakalavr/MELT/Readings_III-5/Schweers_19999.pdf

Sintema, E. J. (2020). Effect of COVID-19 on the performance of grade 12 students: Implications for STEM education. *Eurasia Journal of Mathematics, Science and Technology Education*, *16*(7), em1851. https://eric.ed.gov/?id=EJ1272427

Slavin, R. E. (1980). Cooperative learning. *Review of Educational Research*, *50*(2), 315-342. https://doi.org/10.3102/00346543050002315

Soria, K. M., & Troisi, J. (2014). Internationalization at home alternatives to study abroad: Implications for students' development of global, international, and intercultural competencies. *Journal of Studies in International Education*, *18*(3), 261-280. https://doi.org/10.1177/1028315313496572

Strielkowski, W. (2022). New trends in international education: Impact of COVID-19 and digitalization on higher education and student mobility. *Education Policies in the 21st Century*, 191-215. https://doi.org/10.1007/978-981-19-1604-5_8

Taşçı, G. (2021). The impact of COVID-19 on higher education: Rethinking internationalization behind the Iceberg. *Int. J. Curriculum Instruction*, *13*(1), 522-536.https://eric.ed.gov/?id=EJ1285811

Van Tartwijk, J., den Brok, P., Veldman, I., & Wubbels, T. (2009). Teachers' practical knowledge about classroom management in multicultural classrooms. *Teaching and Teacher Education*, 25(3), 453-460 .https://doi.org/10.1016/j.tate.2008.09.005

Xizhen, Q. I. N. (2014). Teaching foreign languages by exploring intercultural misunderstanding. *Intercultural Communication Studies*, *23*(3). https://www-s3-live.kent.edu/s3fs-root/s3fs-public/file/Xizhen-QIN.pdf

國中英語探究與實作的實踐——以國際教育跨國專案為例

范雅筑
國立臺灣師範大學師培學院助理教授

壹 研究背景

全球化使得世界在教育政策及實務上產生了改變。臺灣爲提升國際競爭力，使國人具備通行國際之英語能力，滿足產業對全球化人才需求（國家發展委員會，2022），行政院於2019年公布「2020雙語國家政策」，足見臺灣以政策積極回應全球化的趨勢。而2020年的《中小學國際教育白皮書2.0》引領教育工作者關注世界改變，其羅列之國際教育之目標，幫助教師透過教育實踐，開展學生對國際議題、全球發展與世界和平的理解與意識，培養國際關懷與行動，並以重國際理解的國際教育，使臺灣的下一代更有競爭優勢，強化與全球的連結。在2020年開始的疫情使得國際教育實體活動暫緩，使得課程國際化成爲回應此波政策的主要方向。運用科技深化國際教育專案的課程，以虛擬創造眞實，以促進跨文化的理解爲要，在疫情中幫助學生理解全球公民的責任感，並了解全球依存與全球連結，在此脈絡中更顯重要。呼應核心素養的理念（教育部，2014），教學應視學生爲主動建構知識的探究者，探究與實作的學習能培養學生具備獨立思考、問題解決能力與自主學習，引導學生主動探索眞實生活情境中的問題，建立全球公民之效能感。

在此背景下，研究者希望能實踐國際教育的教學，在研究者所服務的學校中，將國際教育面向自活動深化成課程。在過往辦理活動的經驗中，研究者發現國際教育若未能有效引導，可能淪爲刻板印象或概化其他文化的偏見。研究者以 iEARN 專案結合英語領域，作爲國際教育的場域，在國中端實施結合探究與實作的雙語國際教育專案，視爲學生素養導向的學習與應用場域。故本研究之研究目的在於探究國際教育專案融入國中英語探究與實作的發展歷程，了解國際教育專案融入國中英語探究與實作對學生全球觀發展之影響，以及此歷程對學生探究能力之影響。根據前述的研究目的，本研究之待答問題爲國際教育專案融入國中英語課程發展之行動歷程爲何？國際教育專案融入國中英語課程對於學生全球觀發展影響爲何？國際教育專案融入國中英語課程對於學生探究能力的影響爲何？

貳 文獻探討

一 國際教育課程

過去的教育活動處於一個相對穩定時期，以教導學生爲其未來生活作準備。時至今日，我們不能再假設學生的未來和現在是同一樣貌（Hayden, 2006）。國際教育的課題在於，要學習哪些知識或技能方能成爲有國際視野的個體。1974 年聯合國教科文組織在《關於促進國際理解、合作與和平的教育及關於人權與基本自由的教育建議》（Recommendation concerning Education for International Understanding, Co-operation and Peace and Education relating to Human Rights and Fundamental Freedoms）中，「國際教育」之內涵即在於在不同社會和政治體系的國家與人民之間對人權與基本自由的尊重，與「國際理解」、「合作」與「和平」（UNESCO, 1974）。在此論述下，跨文化教育與多元文化教育則與全球教育和國際教育，在概念上不謀而合（陳怡如，2011）。例如學者（Hill, 2007）認爲國際教育的「國際」意味著「國與國之間」，故應著眼國家間的跨文化理解。另有學者將國際教育定義爲跨文化的溝通互動，意即將個體置於不同文化當中，從互動中察覺文化間的差異。因此，國際教育可被視爲是一種跨文化能力，而學校有責任增加學生這方面的能力（Pasternak, 2008）。

教育部《中小學國際教育白皮書 2.0》之「接軌國際、鏈結全球」，係建立在「培育全球公民」、「促進教育國際化」及「拓展全球交流」三個目標的實現上（教育部，2020）。「培育全球公民」係指中小學培育之人才必須具備國際化及全球化時代所需的知識、技能及態度，才能在未來全球環境下順利學習，勝任工作。

而課程發展與教學課程是國際教育實踐的核心主軸。《中小學國際教育融入課程資源手冊》（教育部，2013，頁 18）針對各項能力指標進行更詳細的補充說明，並將課程議題發展出以「全球議題」、「文化學習」與「國際關聯」三方面之主題軸如圖 1。

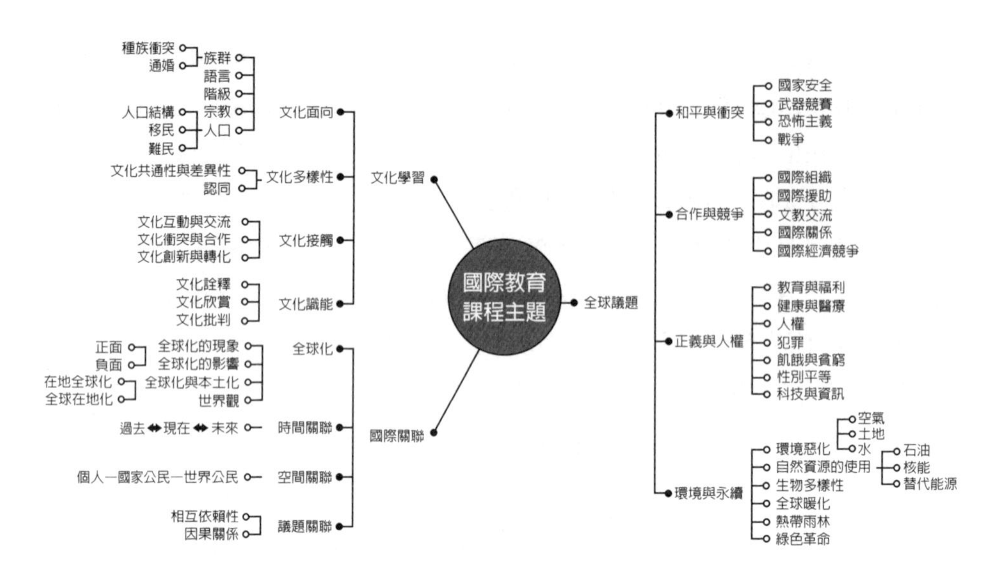

圖 1　中小學國際教育課程主題架構圖

資料來源：教育部（2013）。

綜上，國際教育之意涵在於發展學生對於公平正義、和平衝突、全球化與相互依存性、永續發展與多樣性的理解，培養同理心、自我認同與自尊、批判性思考、合作以及跨文化溝通互動之能力，並鼓勵學生採取行動改變現狀。

二　探究與實作

十二年國教總綱中指出普通型高級中等學校課程規劃在部定必修課程上，各領域可研訂跨科之統整型、探究型或實作型等主題的課程內容，提升學生通識與綜合應用之能力，強化學生知能整合與生活應用之能力（教育部國民及學前教育署，2022），鼓勵學校進行探究教學的理念與實務於課程規劃上。

由於傳統教育最重視的能力在工作應用上已日漸不足，全球競爭化的世代來臨，各國爲了提升國家人民之競爭能力，紛紛提出 21 世紀公民所應具備之 21 世紀能力，如探究與問題解決等能力。美國

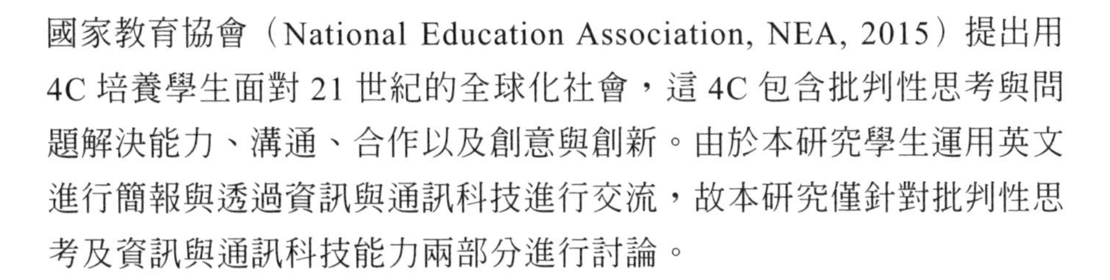
國家教育協會（National Education Association, NEA, 2015）提出用 4C 培養學生面對 21 世紀的全球化社會，這 4C 包含批判性思考與問題解決能力、溝通、合作以及創意與創新。由於本研究學生運用英文進行簡報與透過資訊與通訊科技進行交流，故本研究僅針對批判性思考及資訊與通訊科技能力兩部分進行討論。

(一) 批判性思考

批判性思考係指學習者須從觀察、經驗、反思、推理或溝通中，應用、分析、綜合與評估一個概念，以內化爲信念和行動的準則（Scriven & Paul, 2007）。探究也涉及後設認知能力（Tempelaar, 2006），與思考思維（thinking about thinking）的歷程（Flavell, 1979）。有探究能力的學生能有效地解決問題，只擁有知識或訊息並已不足以做出有效的決定，能探究思考才能夠解決問題。

因此培養批判性思考的教學，應能要求學生分析、綜合和評價訊息以做出解決問題與決定的思考，而非僅是要求學生重複記憶與提取訊息（Snyder & Snyder, 2008）。此點說明了探究過程中，批判性思考是學生進行後設認知的一種心理習慣，探究與反思不可分割，思考如何優化的改進過程，即爲學生使用高層次思考技巧之機會。

(二) 資訊與通訊科技能力

網際網路的發達使得資訊與通訊科技（information and communication technologies, ICT）對人們生活、工作與學習產生重大影響，也影響教育生態。應用 ICT 知能以改善學習成效、提升職場競爭力已是學生須具備的關鍵能力（Rahimi & Yadollahi, 2011）。透過 ICT 學習，學習者可以獲得或提供隨時更新的資料，也能快速且簡便的獲得大量資訊（Ghasemi, Hashemi, & Barani, 2011）。

ICT 教學主要是指將資訊科技運用於教學中，使其成爲教學、學習、問題解決與傳遞訊息的工具。運用 ICT 教學能使學生從被動的接受者，變成主動的參與者。ICT 由於其特性，可以應用於不同學科領域，包含：(1) 能激發學習動機與吸引學生注意力；(2) 教材容易更新；(3) 有效支援新的教學法；以及 (4) 易於整合教學資源，提升教師的教學能力（Roblyer, 2005）。因此 ICT 非常適合作爲教師整合教材、提供教學資源，以及作爲輔助學生學習的工具。

綜上所述，有效的運用 ICT 輔助教學，可支持建構主義之學習方式，提高學生的動機，促進學習者的自主權，ICT 同時亦是學生不可或缺的能力。本研究的 ICT 使用包含文書與簡報編輯軟體、視訊會議、電子郵件、電子布告欄，以及其他的影音媒介，並透過支援專案式學習的國際教育資源網與合作夥伴互動。

三　專案式學習

(一) 專案式學習和探究與實作之關聯

專案式學習或專案式教學，兼含教與學兩者。透過專題的運作，可提升學習者對探究事件的文本知識、智能、社交能力與技巧，增進對事物觀察的洞察力，以及對團體產生參與感（Diehl, Grobe, Lopez, & Cabral, 1999）。專案式學習是複雜的任務，基於具有挑戰性的問題，讓學生參與設計、解決問題、決策或調查活動，讓學生有機會在長時間內自主工作，而累積出眞實的產品或簡報呈現（Jones, Rasmussen, & Moffitt, 1997; Thomas, Mergendoller, & Michaelson, 1999）。Moursund（1999）認爲專案式學習要有明確的教育目標、眞實的內容與眞實的評量。

專案式學習中，師生角色有別於傳統之教學，教師角色應爲促進者而非指導者（Moursund, 1999）。專案式學習中不可少的即是合作學習、不斷的反思，並且建議在目標設計時即考量納入各種未來職場上會運用到的技能（Diehl, Grobe, Lopez, & Cabral, 1999）。因此，專案式學習須引導學生進入所探究議題的情境脈絡中，教師利用事先設計好的學習任務來引導學生，採用小組合作方式，並利用科技工具及科學方法來進行問題解決，用以改善傳統教學與學習策略的不足（Krajcik & Blumenfeld, 2006）。專案式學習是重情境與脈絡的，教師以學生的眞實經驗爲基礎，提供情境與待解決的問題作爲學習任務（Jones, Rasmussen, & Moffitt, 1997）。學生經由與同儕合作、相互溝通，共同謀求問題解決之道，是一種以學生爲中心、自我導向的學習策略。專案式學習能翻轉學習，ICT 的應用，使得專案式學習者能充分運用數位資源，進行學習的輸入與輸出，充實學習（Grant & Branch, 2005）。綜上，專案式學習的定義，爲運用一個眞實的問題作爲探詢的基礎，並廣泛使用科技的認知工具的一種學習模式（Krajcik, Blumenfeld, Marx, & Soloway, 1994）。

專案式學習可以視爲一個探究的旅程，探究之教學法來自於建構的學習理論，注重課堂間學習者主動的參與。在探究式教學中，學習者與環境的互動，爲學習者提供最大化的學習。首先，學習者利用先備知識，嘗試統整出新的知識（Blumenfeld, 1992）。再者，教師在學習過程中創建同儕互動機會，使學習者透過與同儕進行社會化的溝通，進而從中學習（Savery & Duffy, 2001）。由於同儕中可能有相近的理解程度，使得同儕溝通能有效促進學習。第三，學習目標設定、教學計畫擬定，和設計自我調節的學習自我監控歷程，是探究學習的重要機制。最後，教師需要設計有意義的任務，以產生可遷移的學習，以運用至未來之情境（Loyens, Rikers, & Schmidt, 2007）。

Thomas（2000）提出了三個影響探究式學習的因素：第一，專案式學習自探索式學習而來，此兩種學習皆強調合作、反思，並與教室外的眞實世界產生連結；第二，專案式學習受到問題導向學習的影響，以解決眞實的問題來培養學生假設演繹的思考能力，學生在結構與半結構的探究歷程中，得以習得學科的知識、能力與態度；第三，專案式學習關注學習動機、技能、脈絡與科技等四個方面的鷹架，此四者相互關聯，並能提升學習者之學習與理解（Ames, 1992）。

專案式學習能提高內容的熟練度，因爲專案式學習圍繞著合作、眞實性和由學生所驅動的探究（Thomas, 2000）。專案式學習的教學設計和實施，必須兼顧挑戰性、眞實性，以及以學生爲中心等目標，以增加學生參與度（Blumenfeld et al., 1991）。在探究式教學的研究中發現，要能讓新手的探究者成功培養出專家探究者解決問題的習慣，必須將其置於豐厚可供探究的內容與環境中，一如專家所處的脈絡（Blumenfeld et al., 1991）。透過情境認知，學生在脈絡中或是類似於現實生活的環境中，能產生更有效的學習（Brown, Collins, & Duguid, 1989）。綜上探討可知，環境建置是探究教學的關鍵，能使學生以解決問題的形式，應用他們學到的知識，有助於知識的保留，產生更好的學習遷移。

(二) 國際教育專案融入英語課程設計

本研究參考教育部（2013）轉化之 Fogarty 的課程統整方法，以最不影響課程原有結構，採取窠巢式融入，在原有課程主題適切之處，納入國際教育相關元素，以深化或加廣原有之課程主題。

儘管專案式學習在教育上可帶來諸多利益，實踐上可能會遇到的挑戰如：(1) 資訊的價值：學生進行專題學習，常會利用網路進行資訊蒐集，任何人皆可在網路上提供與分享資訊，因而學生要自行判斷所獲得的資訊價值；(2) 提供學生學習的鷹架：教師在提供鷹架時，如何做到不干預學生學習的主導權是個考驗；(3) 協調學生的工作：教師需要有一些方法來支援學生在專題進行時的工作分派，並共同合作完成專題任務；(4) 支援合作學習：要有一個流暢的網路平台，讓參與學生可以呈現分享訊息與溝通的環境來促進學生們合作學習（尹玫君，2004），都是實施專案式教學中，教師須先詳加注意之處。

綜上所述，專案式學習若能嚴謹地與學業內容連結在一起，能培養學生的 21 世紀技能，包含批判性思考、協同合作、溝通、創造力和創新、自我指導、與全球連結、與地方的社區連結，以及運用

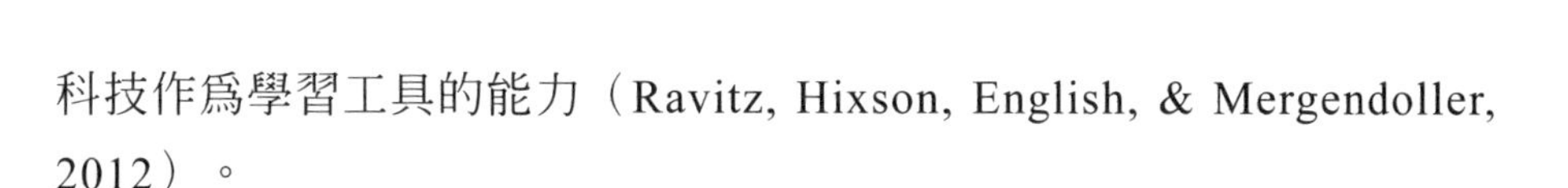

科技作爲學習工具的能力（Ravitz, Hixson, English, & Mergendoller, 2012）。

四 全球觀

本研究爲了解學生在透過國際教育專案的探究歷程中其國際觀之發展情況，由於研究進行時國際觀的評量工具尚爲有限，故選擇以全球觀量表進行評量。以下分述此量表對於全球觀之定義與其評量向度。

(一) 全球觀的定義

全球觀（global mindedness）亦被譯作全球意識、全球思維或全球情懷，在國際教育或全球公民的探討中，全球觀是一個受到廣泛使用的概念，但是少有概念或操作型定義。雖然有學者針對全球觀進行辯論（Parekh, 2003），討論全球觀在高等教育中如何被濫用等議題（Zemach-Bersin & Lewin, 2009），諸多學者仍認爲全球觀與責任、意識和參與三方面有關（Schattle, 2009）。

全球觀和跨文化理解也有重疊的概念。跨文化理解的目標在於學生發展及展現出意識、理解刻板印象或推論的能力（Schulz, 2007）。跨文化理解的發展能展現出跨文化理解之意識，了解脈絡化的變項如角色期望與權力，或社會變項如年齡、性別、社會地位、宗教、種族、居住區域等，皆會影響並形塑語言或非語言之溝通互動之行爲（Schulz, 2007）。全球觀的培養須掌握跨文化溝通，了解每個語言和文化都有其文化條件所產生的印象，其文字、片語、箴言、俚語、手勢皆有其特定文化的脈絡中意義以及了解有其原因，若跳脫出脈絡來理解該文化，會導致誤解。而學生須了解關於自己的和正在學習的文化，並能以實質的證據來評價文化，才能減少刻板印象及錯誤推論的產生（Schattle, 2009）。

(二) 全球觀量表

全球觀是指一種個體將自己視爲世界中的一分子之觀點，如此意識將反映在個體態度、信念和行爲上（Hett, 1993）。一個具有高度全球觀的人對於多元差異會有強烈的感受，使他們關懷這世界上其他地方，並認爲自己有道德責任要去改善這個世界。擁有全球觀的人須掌握創新、探究、問題解決與批判性思考等 21 世紀能力。他們也必須對於資訊與通訊科技有所了解，會合作與協作，也在跨文化的場域中能有方向感並保有彈性。全球觀分爲責任感、文化多樣性、效能感、全球中心、全球連結等五個面向，表 1 說明全球觀面向與其定義。

表 1　全球觀面向

全球觀面向	定義
責任感	對於世界上的人們的一種深層的關懷，有著想要改進他們的生活條件的一種道德責任感。
文化多樣性	一種對於世界上文化多樣性的理解，並認同每個文化都有其價值。
效能	相信自己的行為能帶來改變，也體認到國家的、國際的議題是重要的。
全球中心	以全球一家為思考，不只是思考自己國家的利益。以全球的利益去評判，非以種族的利益去評判。
連結	一種全球歸屬與聯繫的大家庭感，一種全世界的人與國家緊緊相連之感。

資料來源：Hett, E. J. (1993).

全球觀量表（The Global-Mindedness Scale, GMS）（Hett, 1993）測量學生在學習其他國家時的全球思維，以及測驗學生的態度、假設與行爲。GMS 量表爲五等量表，共有 30 題。每一個題項從「非常不同意」到「非常同意」，總計五個等級，從「非常不同意」爲 1 分依次遞增到「非常同意」爲 5 分。每一份量表合計總分從 30

分到 150 分，分數越高者代表該向度之全球觀較高（Hett, 1993）。雖然評估全球觀的工具非常有限，Hett（1993）的全球觀量表評量責任感、文化多樣性（cultural pluralism）、效能感、全球中心（global centrism）與全球連結（interconnectedness）等五個面向，較接近本研究希望透過國際教育專案英語課程培養學生之能力。根據《國際教育融入國定課程實作手冊》（教育部，2021），茲將國際教育核心素養面向能力指標與全球觀量表之五個面向進行對照，如表 2。

由表 2 比較，可知全球觀的內涵與我國國際教育提出的國際素養、全球競合力與全球責任感等面向都高度相近，課程設計依國際教育能力指標進行學習目標設計，並運用全球觀進行國際觀發展之評量，故本研究使用全球觀來作爲學生能力發展之評量工具。

表 2　國際教育專案英語課程中全球觀與國際教育核心素養面向比較

全球觀面向	定義	核心素養面向	核心素養說明
責任感	對於世界上的人們的一種深層的關懷，有著想要改進他們的生活條件的一種道德責任感。	彰顯國家價值	能了解自己國家在世界源流脈絡中的特色、曾經做出何種貢獻、國際競爭實力所在，以及國際表現評價，從而養成對自己文化的自尊與自信。
文化多樣性	一種對於世界上文化多樣性的理解，並認同每個文化都有其價值。	尊重多元文化與國際理解	能體認國際文化的多樣性，從了解、尊重到欣賞世界不同文化的價值，並能進一步將支持世界和平的理念付諸實際行動。
效能	相信自己的行為能帶來改變，也體認到國家的、國際的議題是重要的。	強化國際移動力	能體認國際能力養成的重要性，特別是外語能力、探究及批判能力、運用資訊科技能力及跨文化溝通能力，從而能付諸行動，致力於終身學習。

全球觀面向	定義	核心素養面向	核心素養說明
全球中心	以全球一家為思考，不只是思考自己國家的利益。以全球的利益去評判，非以種族的利益去評判。	善盡全球公民責任	認識並尊重世界基本人權與道德責任，體會國際弱勢者的現象與處境，了解全球永續發展之理念，並能落實於日常生活之中。
連結	一種全球歸屬與聯繫的大家庭感，一種全世界的人與國家緊緊相連之感。		

資料來源：研究者自行比較。

參 研究方法

本研究採行動研究法，以研究者爲教師進行教學，採觀察、訪談、文件分析等方法蒐集資料，並以「全球觀量表」測驗學生全球觀發展的情形。爲顧及研究倫理，本研究之參與者包含學生、協同研究者、研究場域等名稱，皆經過化名處理。研究對象爲新北市全球中學八年級學生一班共 48 名，包含 30 名男生與 16 名女生。研究者邀請該班導師擔任協同研究者，在兩階段中各入班觀課一次。課程第一階段進行 6 節課、第二階段進行 8 節課。場地爲該班班級教室，教室中備有電子講桌、電視、單槍投影機與網路。視訊時，須另外架設通訊設備。

課程目標方面，由於本研究融入國際教育專案於正式課程中，先梳理國際教育與英語課程目標之共通性，發展出本研究之課程目標，依據《中小學國際教育白皮書》所揭示之四大教育目標（教育部，2013，頁 16），轉化出認知、情意與行動面向之國際教育課程目標。根據《國際教育融入國定課程實作手冊》（教育部，2021），本研究課程設計涉及之國際教育議題核心素養，以及國際教育議題學習主題與實質內涵，與全球觀量表之五個面向進行對照，如表 3。

表 3 國際教育專案英語課程中全球觀與國際教育能力指標比較

全球觀面向	國際教育議題核心素養	國際教育議題學習主題與實質內涵
責任感	彰顯國家價值	國 U2 肯認自己對國家的責任
文化多樣性	尊重多元文化與國際理解	國 E4 了解國際文化的多樣性。
效能	強化國際移動力	國 J7 了解跨語言與探究學習的重要內涵
全球中心	善盡全球公民責任	4-3-3 發展解決全球議題方案與評價行動的能力
連結	善盡全球公民責任	國 U11 體認全球生命共同體相互依存的重要性

資料來源：研究者自行比較。

在國際教育專案平台常見的選擇有 Schools online、GlobalSchoolNet、Flat Classroom Project、ePals、TakingITGlobal 與 iEARN 等平台。其中因國際教育資源網（International Education & Resource Network, iEARN）會員數與專案數較多，臺灣亦有分支機構，故本研究選擇自 iEARN 平台上之合適專案。專案主軸分語文與藝術創作、人文及社會科學，以及自然科學、科學及數學等三個類別。根據文獻探討梳理出之原則，國際觀之培養宜從學生自我文化的認識開始，並從脈絡中開展出對於其他文化的認識與欣賞，故本研究第一個專案選擇語文與藝術創作類別中之「全球食物展示說明會」（Global Food Show and Tell）專案，專案任務爲介紹代表性的菜式，並連結國家的自然資源，探討飲食與在地習俗祭儀之間的關聯。結合課本第二課（All the food looks delicious），內容爲點餐與外國人在臺體驗夜市小吃，進行課程深化。

第二個階段選擇自然科學、科學及數學類別中的「全球青少年高峰會議」（YouthCan）爲專案主題，鼓勵學生以網路活動從事在地或全球的環境生態工作，針對環境問題進行交流。該專案探討主題廣泛，例如水和森林的生態環境、資源的回收與利用、瀕臨滅絕物種與能源使用，課堂活動可包含生態環境調查、林木調查、天氣觀測與能源和資源的利用等。結合討論風災天災的第六課（I Saw the Wind Blow Down Several Trees），引導學生探討因全球關聯所產生的在地氣候問題，找出解決辦法，並以三次線上會議進行發表及意見交換。

課程方案方面，國際教育專案英語課程運用歷程與總結性評量，例如學習單、專案簡報、評量指標等方式，評估專案學習成效。本研究透過資料蒐集方法，包含問卷、訪談、文件分析，與研究者、協同研究者、學生之間之三角檢核，有系統的進行資料的蒐集與分析。

研究者根據觀察、反思、與研究諍友討論及資料蒐集，進行反思與調整。在國際教育專案英語課程兩階段課程中，研究者反思與調整如下：

1. 開放性探究學生英語運用須差異化協助，應適時導入科技輔助與同儕學習的策略

學生在專案中進行開放式的探究與實作，自主題挑選與專案架構皆由學生主導，問題沒有一定的答案，也沒有固定的方法。在專案設計上，在探討文化的主題上，部分學生探討文化與食物之間的意涵，其他則進行與節氣之間順天應時的連結；在環境議題的探究上，有些學生進行太陽能煮食的實驗，有些學生檢驗學校廁所各種出水裝置是否達到有效能用水，不過多或過少；也有同學進行對於瀕臨絕種的原生種動物之倡議。學生最後以簡報呈現探究的成果，以大量英語生難字詞與運用多面向英語能力，對於學生而言是相當大的挑戰。在英語使用方面，在兩個專案中同學大量利用許多課內外字詞，部分字詞困難，簡報時同學發音錯誤。在互評中就有同學提到準備的重要性，學生已經了解以英語報告時的成功要素，例如練習準備，肢體表現，和單字讀音。第二階段教學者調整，須根據學生在探究過程中所遇到的英語生難字詞進行差異化協助，提供個人化討論、教導學生運用線上

字典等工具，以及兩人互相幫忙確認寫作、口說練習等的機制。

2. 全球觀構築應逐步架構，自文化到行動，以行動培養全球觀

第一個專案與單一國家合作，雖然透過多元的方式進行互動交流，研究者的學生對於文化的理解仍居於片面的理解，學生的全球觀仍像觀光客一樣，僅限於對於單一國家事實的理解。例如在第一次視訊會議中學生聽到不同想法時，表現仍停留在訝異、不解等最初階的文化衝擊。而後在積極的社交軟體互動中，已逐步開展出文化認識與欣賞，例如在臺灣穿制服是平權的展現，但在阿根廷卻是權力與階級的象徵。自文化探究到問題解決，第二階段調整以議題融入、問題解決的行動方案中，學生即開始表現出責任感、效能感，或以全球爲中心的思考。

3. 自結構至開放、自同質至異質分組的探究能力培養，探究在地文化到全球議題行動方案

第一階段學生反饋，研究者發現學生已開始思考資料篩選與傳達的有效方法，與組織與表達之間的關係。第二階段更加強學生在專案的主題選擇、分工、計畫、時間管理等方面之掌握及主導，教師的角色爲促進者，針對學生完成的進度提問。分組也自同質性分組調整成異質性分組，加大同學貢獻程度。第二階段在學生分組討論時，教師平均至各組別與學生討論，並檢視該組之學習單，了解該組進度與遇到的困難，適時予以協助。

肆 研究結果與討論

本研究以質量並重之方式，了解國際教育專案在國中英語課程探究與實作之實踐，在全球觀、英語能力與專案探究的發展歷程。全球觀量表得到之前、後測結果如表 4。

表 4　GMS 前後測平均數、標準差與成對樣本 t 考驗結果

面向	前測	後測	平均數	標準差	t值
責任感	3.07	3.57	3.32	.66	4.74*
文化多樣性	3.87	4.16	4.02	.59	2.78*
效能	3.25	3.46	3.36	.62	2.00*
全球中心	3.33	3.11	3.22	.58	-1.99
連結	3.15	3.49	3.32	.53	2.56*
總量表	3.33	3.56	3.34	0.59	2.02*

*P<.05

學生在 GMS 前測部分，以文化多樣性面向最為優異（3.87），在責任感上得分最弱（3.07）；在 GMS 後測部分，一樣以文化多樣性面向最為優異（4.16），而在全球中心方面則得分最弱（3.11）。而分析質性資料，本研究發現：

1. 課程方案開創結合英語、國際教育與專題學習之探究教學模式

本研究以議題為核心，強調英語、國際教育與專題探究之結合。研究結果發現學生對於專案式學習成正面反應，能有效提升學生的學習興趣，培養學生覺察不同氣候下飲食教育中所謂飲食均衡的假設，敏覺文化偏見及刻板印象。學生了解自身行為能對地球帶來改變，以實際行動做出改變，培養學生富行動之全球觀。最後使用合作學習模式，小組透過多元的思考，培養跨文化溝通的知識與技巧。課程方案開創了結合英語、國際教育與專題學習之探究教學模式。

2. 課程發展過程為改變師生角色與互動模式的歷程

本研究課程發展為師生共構之動態歷程，兼含教與學的取徑，在歷程中師生角色與互動模式轉變。教學時，教師定位在於引導學生探究眞實情境脈絡中的問題，對國際教育議題產生認知與行動；在歷程中，敏覺學生學習需求，擔任協助者幫助學生獲取成功專案經驗；在學習上，注重學習者主動參與且由學生驅動的探究，促進學生透過與

同儕溝通合作而學習，同時導入科技工具輔助問題解決、完成簡報以及零時差的協作。教師以促進者的角色，視學生需求調整引導方式並適時給予學生協助，導入工具與資源，讓學生感受到關懷與支持，強調適性的教學。師生在共構的課程中運用後設認知技巧為下一步反思做出最佳指引。

3. 課程方案培養學生的探究與實作能力

國際教育專案英語課程連結在地與全球、認知與行動。學生發展問題分析、主題選擇、資料蒐集、訊息篩選、訊息組織等探究能力。在專案過程中培養學生合作的能力，例如練習積極參與、有效溝通、團隊合作等帶得走的能力，使得國際教育專案英語課程符合目前素養導向教學的趨勢。不過，學生對於此行動能產生之影響仍稍嫌薄弱，故在全球中心面向上測試分數較低，未來國際教育活動應加強全球中心之理解與行動力。

4. 課程方案培養學生的全球觀

在全球觀方面，學生理解並認同文化多樣性的特色，有效的培養學生以在地關懷的全球觀，理解全球的相互依存性。透過兩階段課程實施，探討食物與環境議題，培養學生國際視野與本土文化認同，增進學生對於本國與外國文化習俗的認識，並尊重文化差異，與欣賞不同文化及跨文化溝通與反思的能力。第二階段的行動專案，則發展了學生的自我效能感與全球責任感。

伍 結論與建議

根據此研究，國際教育專案係以專案式學習，能培養學生探究與實作之能力，發展問題解決、溝通技巧與時間管理等技巧。專案式學習透過線上會議方式進行，能增進學生跨文化理解，並提高學習動機。國際教育專案融入現有國中課程，利用專案創造素養導向學習，皆為國際教育融入教學時之益處。

然而本研究在國際教育執行上發現實際層面的問題，亦值得欲實施國際教育專案之教師注意。首先，國際專案採行專案式學習，教師身兼教學設計者、實施者和專案管理者。教師須具備資訊科技能力，能找到合作的同儕夥伴，並與國外合作教師保持聯繫，共同討論課程內容。學校資訊設備與資訊支援、視訊時間能否搭配課程安排、家長支持與進度壓力等，都是本課程進行中曾克服之情況。條件俱足的國際專案教學環境並不容易出現，一般教師面對的教學現場普遍限制較多，專案實施難度也較高。此種教學模式和一般課堂教學差異較大，教師須調整教學方式，教學負擔更重，可能形成教師實施國際專案的困難與壓力。教師須在國際專案教學過程中，適度調整教學設計，主動尋求協助，或透過跨校合作，方能有效實施國際專案。因此，推展國際教育除了由上而下的政策實施外，亦須同時著力於學校體制內的文化改變，推展翻轉的、以學生爲中心的、建構的課程觀，才能提供更多元的、由下而上的教育改革。

國際教育非正式課程，如何融入正式課程中需要更多教師實徵的行動研究投入，國際教育實施的深度也端看教師的國際教育知能以及教學轉化（陳劍涵，2004）。教師對於國際教育的理解以及面對對立概念的引導，時常囿限於諸多因素，包含部頒標準、不談政治宗教等敏感性議題的原則，以及欠缺教導爭議性問題的自信。國際教育議題並非不涉價值之純粹命題，而是富含多元文化、國家競合、全球議題等富爭議性的主題，存在著多種利害關係人的視角，教師必須成爲轉化型的知識分子，促使學校成爲國際觀培養之所在。第一線教師亦可能對於國際教育的理解或課程取向不同，影響其課程詮釋與實踐。而學生面臨國際教育議題亦必須重新檢視自我經驗，在文化多樣性中同理，重新審視價值觀如何影響自己的態度與行爲，此時教師對於國際教育的理解與引導，至關重要。目前臺灣國際教育尚未成爲正式課程，教師對於國際教育課程實施的接觸僅限於知能研習，可能對國際教育的理解停留在片面而直觀的層次。建議教育單位應舉辦在職教師之回流研習，建議增設論壇討論最新國內外重要消息，以培養教師對於國際情勢之關注與理解，幫助現職教師突破語文能力與臺灣相對封閉的新聞媒體的侷限，聚焦於文化學習、全球議題與國際關聯等敏感議題之探討，以促進教師解構本身既有的價值觀。

參考文獻

尹玫君（2004）。融入資訊科技的另一種教與學的形式：專題學習。載於國民中小學九年一貫課程理論基礎（頁 466-488）。臺北：教育部。

國家發展委員會（2022）。雙語政策與國家語言並重，給下一代更好的未來。國家發展委員會。https://www.ndc.gov.tw/nc_27_35859?fbclid=IwAR2__-Rwm0ypiv29L8COhuCM3hKxfdtQupSNMRNhs_FKutliF2uKuaZAzBw

教育部（2013）。中小學國際教育融入課程資源手冊（國中版）。臺北：教育部。

教育部（2014）。十二年國民基本教育課程綱要總綱。臺北：教育部。

教育部（2020）。中小學國際教育白皮書 **2.0**。臺北：教育部。

教育部（2021）。**SIEP** 國際教育融入國定課程實作手冊。臺北：教育部。

教育部國民及學前教育署（2022）。探究與實作。教育部國民及學前教育署。https://ghresource.mt.ntnu.edu.tw/nss/p/BiologyApproach06

陳怡如（2011）。我國中等學校國際教育實施現況與未來發展。教育資料集刊，**50**。1-26。

陳劍涵（2004）。文化學習在國中英語教學之行動研究——以一項全球教育合作方案爲例。淡江大學教育科技學系碩士論文。臺北。未出版。

Ames, C. (1992). Classrooms: Goals, structures, and student motivation. *Journal of Educational Psychology*, *84*(3), 261.

Blumenfeld, P. C. (1992). Classroom learning and motivation: Clarifying and expanding goal theory. *Journal of Educational Psychology*, *84*(3), 272.

Blumenfeld, P. C., Soloway, E., Marx, R. W., Krajcik, J. S., Guzdial, M., & Palincsar, A. (1991). Motivating project-based learning: Sustaining the doing, supporting the learning. *Educational Psychologist*, *26*(3-4), 369-398.

Brown, J. S., Collins, A., & Duguid, P. (1989). Situated cognition and the culture of learning. *Educational Researcher*, *18*(1), 32-42.

Diehl, W., Grobe, T., Lopez, H., & Cabral, C. (1999). *Project-based learning: A strategy for teaching and learning*. Boston, MA: Center for Youth Development and Education, Corporation for Business, Work, and Learning.

Fisher, S., & Hicks, D. (1985). *World studies 8-13: A Teacher's handbook*. Edinburgh: Oliver & Boyd.

Flavell, J. H. (1979). Metacognition and cognitive monitoring: A new area of cognitive-developmental inquiry. *American Psychologist*, *34*(10), 906.

Ghasemi, B., Hashemi, M., & Bardine, S. (2011). The capabilities of computers for language learning. *Procedia-Social and Behavioral Sciences*, *58*, 28-52.

Grant, M. M., & Branch, R. M. (2005). Project-based learning in a middle school: Tracing abilities through the artifacts of learning. *Journal of Research on Technology in Education*, *38*(1), 65-98.

Hayden, M. (2006). *Introduction to international education*. London: Sage Publications.

Hett, E. J. (1993). *The development of an instrument to measure global mindedness*. Unpublished doctoral dissertation. University of San Diego.

Hicks, D. (2003). Thirty years of global education: A reminder of key principles and precedents. *Educational Review, 55*(3), 265-275.

Hill, I. (2007). Multicultural and international education: Never the Taiwan shall meet? *International Review of Education, 53*, 245-264.

Jones, B. F., Rasmussen, C. M., & Moffitt, M. C. (1997). *Real-life problem solving: A collaborative approach to interdisciplinary learning*. American Psychological Association.

Krajcik, J. S., Blumenfeld, P. C., Marx, R. W., & Soloway, E. (1994). A collaborative model for helping middle grade science teachers learn project-based instruction. *The Elementary School Journal*, *94*(5), 483-497.

Krajcik, J. S., & Blumenfeld, P. C. (2006). Project-based learning. In R, Keith Sawyer (ed)., *The Cambridge Handbook of the Learning Sciences* (pp. 317-34). Cambridge University Press.

Loyens, S. M., Rikers, R. M., & Schmidt, H. G. (2007). Students' conceptions of distinct constructivist assumptions. *European Journal of Psychology of Education*, *22*(2), 179-199.

Moursund, D. G. (1999). *Project-based learning using information technology* (p. 158). Eugene, OR: International Society for Technology in Education.

National Education Association. (2015). *Preparing 21st century students for a global society: An educator's guide to the "Four Cs"*. Retrieved from http://www.nea.org/assets/docs/A-Guide-to-Four-Cs.pdf

Parekh, B. (2003). Cosmopolitanism and global citizenship. *Review of International Studies*, *29*(1), 3-17.

Pasternak, M. (2008). Is international education a pipe dream? A question of values. In M. Hayden & J. Thompson (Eds.), *International education principles and practice,* (pp. 253-275). London, UK: Taylor & Francis.

Rahimi, M., & Yadollahi, S. (2011). ICT use in EFL classes: A focus on EFL teachers' characteristics. *World Journal of English Language*, *1*(2), 17.

Ravitz, J., Hixson, N., English, M., & Mergendoller, J. (2012, April). *Using project based learning to teach 21st century skills: Findings from a statewide initiative*. Paper presented at Annual Meetings of the American Educational Research Association. Vancouver, BC. Retrieved from http://www. bie. org/research/study/PBL_21CS_WV.

Richardson, R. (1976). *Learning for change in world society: Reflections, activities and resources*. London: World Studies Project.

Roblyer, M. D. (2005). Educational technology research that makes a difference: Series introduction. *Contemporary Issues in Technology and Teacher Education*, *5*(2), 192-201.

Savery, J. R., & Duffy, T. M. (2001). *Problem based learning: An instructional model and its constructivist framework* (CRLT Technical report No. 16-01). Bloomington, IN: Indiana University from http://java. cs. vt. edu/public/classes/communities/readings/Savery-Duffy-ConstructivePBL. pdf.

Schattle, H. (2009, April). *Beyond Interdependence: The European Union, the United States, and the Idea of an External Constituent*. In EUSA Biennial Conference, Los

Angeles.

Schulz, R. A. (2007). The challenge of assessing cultural understanding in the context of foreign language instruction. *Foreign Language Annals*, *40*(1), 9-26.

Scriven, M., & Paul, R. (2007). Defining critical thinking. The critical thinking community: Foundation for critical thinking. *Retrieved Maret*, *25*, 2019.

Snyder, L. G., & Snyder, M. J. (2008). Teaching critical thinking and problem solving skills. *The Journal of Research in Business Education*, *50*(2), 90.

Tempelaar, D. T. (2006). The role of metacognition in business education. *Industry and Higher Education*, *20*(5), 291-297.

Thomas, K. W. (2000). *Intrinsic motivation at work: Building energy & commitment*. Berrett-Koehler Publishers.

Thomas, J. W., Mergendoller, J. R., & Michaelson, A. (1999). *Project based learning: A handbook for middle and high school teachers*. Buck Institute for Education.

UNESCO (1974). *Recommendation concerning Education for International Understanding, Co-operation and Peace and Education relating to Human Rights and Fundamental Freedoms.* Retrieved from http://portal.unesco.org/en/ev.php-URL_ID=13088&URL_DO=DO_TOPIC&URL_SECTION=201.html

Zemach-Bersin, T., & Lewin, R. (2009). *The Handbook of practice and research in study abroad: Higher education and the quest for global citizenship*. New York: Routledge.

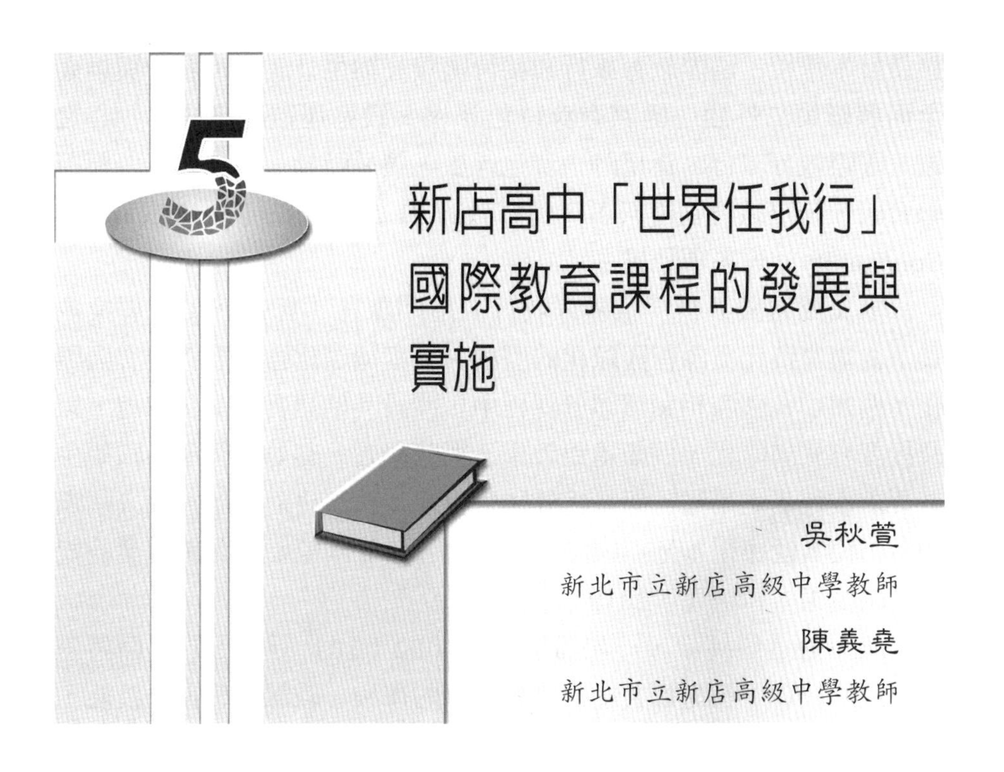

新店高中「世界任我行」國際教育課程的發展與實施

吳秋萱
新北市立新店高級中學教師
陳義堯
新北市立新店高級中學教師

壹 前言

新店高中102學年度以前的國際教育，主要是在國際交流的部分，每年接待2所日本學校，辦理1-2次國際教育旅行，並與扶輪社合作接待3-5位國際交換學生。自103學年度開始，國際教育慢慢成為學校重要的發展主軸之一，經過數次針對學生圖像與學校願景的探討後，培育具備國際移動力、網路執行力、時事洞察力、文化理解力、世界公民責任實踐力的「世界之子」，成為學校國際教育推動的主要方向。依據培育「世界之子」的主軸，在課程發展與教學、國際交流、教師專業發展及學校國際化四軌發展目標下，除原本的接待日本學校、國際教育旅行和接待國際交換生外，分別設計與推動全面選修第二外語、國際教育特色課程、教室連結網絡社群、心之旅—國際教育旅行、新足跡—背包行旅、讓愛轉動—泰北志工、模擬聯合國、國際教育初階研習、寰宇教師 PLC（Professional Learning Community）等多項計畫。

本文闡述與分析「世界任我行」這門課在「寰宇 PLC」專業成長下從講座轉化爲課程國際化的歷程。課程國際化含括課程內容國際化，例如加入國際相關議題於課程中、開設其他語言與文化課程，以及授課方式國際化，例如遠距教學、網路學習。其並非教導外國學生或要求本地學生出國，而是爲外國學生或本國學生而設計，融入國際內容，使其能應用本地與國際材料，提升其於國際脈絡應用專業的能力（洪雯柔、賴信元，2019）。

而面對這個挑戰，一如潘慧玲（2002：10）所指出的「面對急遽變遷的社會，身處權力結構變動甚鉅的學校，教師須學習新技能，改變舊觀念。」在目前轉型的學校中，教師也要學習領導者的角色，例如擔任小組召集人、委員會主席、師傅教師等，除了這些正式角色外，尙有一些非正式的領導者角色，例如指導他人使用器材、安排慶生會等。R. DuFour 與 D. Reeves（2016）卻提醒，學校雖然都有目的地發展專業學習社群，但是並未將眞實專業學習社群的推動策略運用於實務中（轉引自丁一顧、陳佳琳，2019，頁 1）。E. Wenger（1998）主張社群參與者乃透過實作來學習。**實踐社群概念的提出，強調學習須發生在實務環境，是與社會互動、社會文化交織的**（黃冠達、張純、幸曼玲，2019）。以下的社群發展便藉由此歷程，促動課程國際化的落實。

「世界任我行」多元選修課程是建立在原本的新店高中國際教育基礎上，集合寰宇 PLC 教師專業社群多位教師的智慧與經驗，經由國立暨南國際大學洪雯柔教授的指導下，所研發出來的國際教育特色課程。由於新店高中幾項國際教育特色活動是「世界任我行」課程的重要元素，本文首先將介紹這幾項活動。研發課程的寰宇 PLC 是如何組成及運作，是本文的第二個部分。本文第三個部分是分享經過許多嘗試和調整的課程研發歷程。目前的「世界任我行」課程架構及內容，以及學生學習成果和回饋，將在本文的最後呈現。

貳 學校國際教育特色活動

一 新足跡—背包行旅

新足跡—背包行旅是一個自我挑戰與夢想實現的活動。策劃活動的王威凱老師在擔任行政工作的時候，辦理過多次的接待日本學校以及日本國際教育旅行，從學生的回饋中發現日本國際教育旅行中的農家體驗和城市探索活動帶給學生的感受最爲深刻，學習成長也最多。於是想著，如果有一個旅行完全由自己規劃行程，或許會是很不一樣的體驗。最初的設計是類似自由行的方式，在發想和討論期間，王老師在旅行業工作的朋友建議試試看貧窮的旅行，相信會帶給師生更爲深刻的旅行經驗。考量到安全性與交通便利等因素，旅行的地點就選定在日本，於是，帶著學生以背包客方式旅行日本的構想就形成了。預定出發的日期是在暑假期間，招生對象鎖定在高一同學，旅行時間正好是高一升高二期間，比較不會有升學考試方面的顧慮。

這樣的構想是不是能讓學校行政端接受？導師們是否認同？會有家長和學生支持嗎？畢竟是從未辦理過的旅行方式，所要擔負的責任和風險也比以往的教育旅行更大，在日本旅行 19 天（如果日程不夠長，挑戰的意義也就無法達成），費用也會比較高。王老師分別向校長與高一班級導師說明構思後，獲得許多正面的支持，招生宣傳單發送後，竟有 30 多位同學報名，考量到團體行動的機動性以及房間分配等因素，最後甄選出 12 位女同學及 4 位男同學。王老師本身是男性，團隊中的同學多爲女同學，因此邀約了另外兩位女老師，全團

19 人就確定了。

籌備工作從 3 月份開始展開，學校提供了一個閒置的空間，雖然裡面什麼設備都沒有，全團悉心打掃整理後，也就有了一個屬於團隊的基地，方便各項課程和籌備工作的進行。

想做一件讓自己覺得很了不起的事情，完成一個很棒的夢想，是全團一致的信念，因此旅行的路線就希望從南到北，目標是能深刻體驗當地的風土民情及人文景觀等，旅程完全由學生自己規劃，以背包客方式，從九州一路到北海道。

團隊先分成幾組，每組負責一個區域，每一位同學負責其中一天的規劃。爲協助同學了解日本各區域間的位置及道路規劃，先以分割列印方式拼接了一張 4 平方公尺左右的日本大地圖。同學雖然懷抱熱情、興致沖沖，但是由自己規劃路線，到底應該選擇什麼樣的地點才是恰當的？是不是大家會喜歡的？是不是有其意義存在？大家去到這個點是不是有收穫？怎樣的地點才不會流於只是購物或是玩樂？這對高一同學來說是很大的挑戰，是有壓力的。網路上能找到的資料多爲景點介紹，較爲零散，於是王老師帶著同學去購置相關的旅遊書籍，挑選一些由旅遊作家所撰寫的書目，這些書的內容會呈現作家是帶著怎樣的心情去看待旅遊這件事，包含著較多的人文內涵，最重要是希望同學可以藉由閱讀省思自己對旅行的想法。同學們經過幾週的閱讀和分享後，逐漸找到規劃的方向，行程也終於一一成形，也更能夠掌握行程報告和討論時的重點和主軸。

爲了讓旅行更具深刻度，王老師聯絡了秋田縣協助安排農家體驗，也聯絡本校經常接待的千葉縣立國分高校（該校後來和本校簽訂爲姊妹學校），希望能協助安排 Homestay。雖然是在日本高校的暑假期間，國分高校還是熱心地安排了歡迎會和接待家庭，同學們也親手製作了禮物作爲紀念和感謝。

由於所參考的書籍中有許多本的作者都是 Milly，王老師就大膽地邀請 Milly 擔任講座，分享她對旅行的想法，以及如何找資料、如何訂飯店等，提供了非常多實務上的協助。Milly 後來還在她個人臉書上很高興地分享了這場爲高中背包客進行的活動，以及同學送她的卡片及小禮物。

爲了增強團隊的向心力，大家一起設計了隊名、隊服、隊歌，旅行手冊是大家一起用手繪的方式集體創作出來，用學校的影印機列印裝訂的，木製的行李吊牌也是每一個人親手刻上自己的名字。其中選擇隊歌是最有趣的一件事，大家想了很久都找不到適合的歌，有一天一位畢業生來找王老師，聽到背包客這個旅行計畫，其實他並不知道大家正愁找不到隊歌，回家後主動告訴王老師，這個活動讓他想到了一首歌——「手紙～拜啟給十五歲的你」，隊歌就這樣找到了！

出發之前開始進行各種體能訓練，包括騎腳踏車、爬山、負重以及闖關活動等。另一件還需要解決的事情就是背包，團隊中沒有人知道背包應該怎麼用，所以王老師就去問、去找背包，背包店的老闆娘很好奇是要辦什麼活動需要這麼多背包？了解活動後，老闆娘很熱心地幫忙找過季的或有一些小瑕疵的背包，就這樣讓大家買到還不錯的便宜背包。

團隊 2014 年 7 月 18 日正式出發，當時網路不像現在這麼普遍和方便使用，所有的資料都要在出發前設計好、準備好。一行 19 人穿著隊服背著背包抵達日本時，惹來許多好奇的眼光，日本記者還特別前來採訪。所有行程並不是完全如規劃般順利進行，由於日本門牌編列方式和臺灣很不一樣，每天晚上找住宿地點時幾乎都會迷路，尤其在第 4 個晚上尋找宮島的背包客棧時，客棧位在巷弄之間，負責第 4 天行程的隊員一直找不到正確的路。遇到問題時，大家都能體諒作爲導遊是非常困難的，完全沒有責備或生氣，反而是發揮團隊精神一起解決問題，經過大家的努力問路終於在凌晨 1 點鐘抵達客棧。這個波折加深隊員間的互助和體諒，強化了隊員的勇氣，也將大家的情感連結得更緊密。

這群學生的爸爸媽媽很感謝教師，很佩服教師有勇氣帶著 16 位學生去進行冒險的教育，讓孩子從沒有體驗過的活動中獲得成長。王威凱老師認爲，從起心動念到完成這一趟挑戰勇氣和實現夢想的背包旅行，除了團隊的合作、用心和努力外，還得到許多人的幫助。正如《牧羊少年奇幻之旅》書本上所說的：當你眞心渴望某種東西時，整個宇宙都會聯合起來幫助你完成。

二　讓愛轉動—泰北志工

從 2015 年開始連續 5 年，本校發展出結合志工與背包旅行的國際教育交流活動。這個活動是和「讓愛無國界」國際救援組織鍾逢達先生合作，由一群充滿智慧、膽識與國際人道關懷的師長── 周秀英、龍瑩瑩、陳義堯等多位教師，帶著懷抱理想與勇氣的學生們，以志工背包旅行及團隊合作的方式，於暑期前進泰北偏遠山區學校，爲美好的青少年時期留下最珍貴的成長記憶。

帶著新店高中的學生前往泰北做志工服務，先從宣傳、招募、甄選學員、舉辦家長說明會開始。通過甄選的學生並不只要有熱誠即可，行前還需要做心理的內化與轉化，透過一整學期的培訓，爲暑期的志工背包旅行做好各種準備。

學生從設計團服、製作團服開始凝聚向心力。團服的設計完全由同學負責，也讓同學自行與廠商接洽訂製，師長對於設計只要求圖案要有含意，例如第幾屆的志工服務學習、圖案中可以看得出新店高中與泰北的連結等。同學的設計經常令人驚豔，例如有一屆在團服背面設計了一張中南半島地圖，臺灣和泰國之間畫出一條連結線，底部寫上 volunteer，一看便知穿著團服的一群人正在做什麼。還有第 5 屆在團服正面設計雙手合十，一隻手掌清晰可見，另一隻若隱若現，清晰的手掌代表了第 5 屆，而雙手合十代表了泰國的文化，設計稿完成時全部的學員都驚豔了。

志工服務的學習訓練包含讓學生自行規劃淨灘或淨溪活動。例如選擇了淨溪活動，行前作業包括：選擇哪一條溪？安全度如何？到達目的地的交通規劃是什麼？事先需要與哪些單位聯繫？淨溪工具要準備哪些？出發當天天象如何？有無雨天備案？解散時如何建立報平安機制？淨灘後的垃圾要如何處理？當同學進行實際活動的規劃和執行時，教師在一旁觀察陪伴，縱使發現可能會有的小錯誤，也不急著指導和糾正，而是觀察同學們在出現錯誤時如何應變和調整。這個訓練除了包含對環境的愛護和認知外，也培養同學的規劃力、執行力與團隊合作能力。

與華山基金會合作的獨居老人探訪活動，培養學生如何與人互動，如何傳達關懷。學校健護教師會來指導學生如何使用血壓計，也會指導同學在進行志工服務後對於離別情緒的心理調適。探訪獨居老人活動包含端午節送蛋糕、春節送年菜、生日當天當一日孫子、和長輩互動聊天等。學生藉由這樣的服務學習，感受人與人之間的善意與連結，學習如何傾聽與如何表達，也學習離別時應有的態度與心理調適。

募集二手物資時與學生一起討論，什麼樣的物資是泰北居民生活中可以用到的，讓學生用真誠與同理心去體會對方的需要，以及如何讓服務發揮最大的價值。例如學生們想要募集玩具，也想到不能是需要電池的玩具，於是想到每年 12 月底學校有個「飢餓十二讓愛轉動」活動會在學校大草坪上插上手作風車，於是在寒假回收風車後檢視一下，將材料零件還原，帶去泰北和低年級學生一起重做。當泰北的學童一拿到折好的風車時，用盡全力對著風車吹氣，或拿著風車在草地上奔跑，當風車一轉動，他們的臉上洋溢的是興奮和單純的快樂。學生也蒐集到每年地方政府在元宵節發放的摺紙小燈籠，小燈籠有生肖圖案顯現我國元宵節文化，而且可以和當地兒童一起手作，完成時小手提著燈籠，眼睛望著，那是多美的畫面。有一年，學生透過鍾先生的臉書知道其學生利用引（河）水工程剩下的水管製作所謂的笛子，於是學生們討論後得出：音樂是最沒有隔閡、沒有障礙的，但是選擇哪一種樂器性價比最高？可以上手學習快、可自得其樂又小巧方便攜帶？討論的結果是陶笛。教師們加上一點建議，不要用完全製作好的陶笛，用素胚的陶笛，商請學校美術教師指導如何彩繪並上色上釉。美術教師教導學生想想彩繪的圖案和對方可以有什麼樣的連結？結果陶笛彩繪圖案有臺灣黑熊、101 大樓、風車、愛心圖案等。所募得的部分物資（如衣、帽、服飾等）會在出發前幾週先裝箱打包郵寄至泰國，部分物資（如罐頭、文具等）則分別裝入團員的背包中，隨身帶往泰北。

學生自行設計簡易的中文或英文教學活動，設計教案、討論、找資料、模擬教學等，不斷地嘗試、回饋及反思，期望屆時在泰北的教學活動能更流暢，能達到最好的效果。指導教師在一旁陪伴，適時指導讓學生從做中學，而教師也從學生方面學到不同的教學方法，眞是教學相長的最佳寫照。

泰北志工背包旅行行程不只有泰北志工服務，還會規劃 2-3 天的泰國城市探索及參訪活動，同學分成幾組進行相關資料的蒐集和討論，爲豐富旅程做準備。

爲了讓同學先體驗在泰北的生活狀況，出發前會選擇一天在學校露營，同學要學習如何架設帳篷，如何在沒有浴室的環境中沐浴（女同學要學習如何圍著紗龍），如何野炊烹飪餐食（只有蔬食）等。

泰北服務學習第一天的行程是將近 10 小時的交通，夜晚抵達住宿地點時，立馬分配工作，諸如打掃環境、架設帳篷、準備晚餐、準備第二天的課程等。第二天一早便前往位於偏遠山區的學校，相見歡活動後開始進行各項互動學習。中午 12 點結束第一階段交流，學生好奇地問：老師，他們中午吃什麼？學生餐廳在哪裡？陳義堯老師對學生說：他們一天只有二頓飯，早餐和晚餐。學生突然就都安靜下來了，陳老師觀察到新店高中的學生拿著午餐（土司夾海苔），蹲著身子，躲在不到半個人高的矮牆默默地吃著，不敢讓對方學生看見。

學校在下午 3 點多就放學，新店的學生一開始很羨慕，想著自己每天要上到第 8 節，有時還要補習，好累。跟著校長參觀學校的開心農場時才發現，原來當地學生都在田裡工作，為自己的三餐菜餚努力生產。晚餐時特別讓新店同學和當地學生一起用餐，用餐前教師一再提醒，打菜同學打了多少飯菜通通要吃完，不可以有廚餘。用餐後學生問剛剛飯裡加的是什麼菜（只有一項蔬菜），教師回答：是野菜，同學異口同聲：難怪！苦死了！纖維粗得像在吃橡皮筋……學生親身觀察到當地的生活後，都會在一瞬間轉變，會懂得知福、惜福。看似在服務，事實上自身的收穫更多。從服務中學習到尊重，從付出中得到快樂。泰北志工服務學習之行，總能明顯看見學生的改變，教師們確信這些改變對學生一生的影響是很大的，也期望未來有更多師生參與，將此有意義的服務學習活動繼續傳承下去。

三　心之旅—日本國際教育旅行

新店高中的日本教育旅行有幾項特點：從機場直接搭乘地鐵進入市區、城市探索、一日高校生以及農家體驗。

日本都會區的鐵路運輸相當便利，從機場可以搭乘地鐵或巴士直達市區。為了培養學生的國際移動力，學校不安排學生從機場搭乘遊覽車展開旅行，而是讓學生學習如何從機場搭乘大眾交通運輸工具進入市區，住宿的飯店也選擇在地鐵站附近。學生親自體驗如何購票、如何搭車之後，每一位同學將來都有能力自己或帶著親友進行自由行。

城市探索活動，培養同學規劃、執行與合作的能力。出發前在學校就先將同學依照興趣和喜好分好組別，分別依組員的意願規劃一天的城市探索路線及完成目標，例如參訪水族館、參訪著名景點、體驗知名點心等。要如何轉車、如何購買車票、如何使用自動販賣機、如何用點餐機等，都是很有趣的體驗和學習。每一隊有一位隨隊師長，師長只陪同，不做任何決定和引導。這樣的行程讓同學觀察到不同城市的樣態，也滿足小小的探索和冒險精神。

新店高中在日本有兩所姊妹校，分別是關東地區的千葉縣立國分高校，以及關西地區的滋賀縣立米原高校。教育旅行的行程基本上是隔年拜訪，今年如果走關東路線就拜訪國分高校，來年就規劃關西路線，拜訪米原高校。在出發前就先和姊妹校討論好參訪的日期和時間，也會依照課表讓同學分組並準備好服裝等（例如體育課的運動服裝），同學入校進行歡迎會後，就分組進入各班體驗一日日本高校生的生活。通常上午是隨班上課，下午會體驗社團課程。雖然彼此語言不一定相通，只能用著簡單的英語或日語交流，但在細心熱情的學伴協助下，同學都能很快地進入情境中，體驗日本高校生活。許多日本教師還用心地使用漢字準備教材，讓我們非常感動。

日本所安排的農家體驗通常是一天，午餐後分別接到接待家庭中，第二天上午用過早餐後就送回集合地點，彼此才剛剛認識就要道別，對於日本生活的體驗不是很深刻。有一年在青森縣，隨隊教師到接待家庭探望學生 Homestay 情形時，Home 爸提議農家體驗至少要二天才好，不然彼此才剛培養感情就要分離，非常可惜。於是，之後的農家體驗就儘量安排二天。由於相處的時間較長，學生能更加深刻地觀察到日本家庭的生活態度與家庭觀念，能參與更多日常生活中的事務，也更能理解日本人對待人、事、物的想法，這讓學生的體驗更加深刻。當然，二天的感情培養也產生出更多人與人之間的可貴情感，例如 Home 爸帶著學生們到寺廟祈福、Home 媽把自己珍藏的浴衣拿出來仔細地打扮這二天的女兒們、離別時的依依不捨……一幕幕都是眞摯的情感與動人的畫面。

參 寰宇教師PLC

早期新店高中的國際教育活動是由不同單位或人員在辦理，國際教育旅行、接待日校和國際交換生等活動，基本上都是承辦人員自己承擔相關的工作。自從 103 學年度國際教育成爲學校發展的重要方向

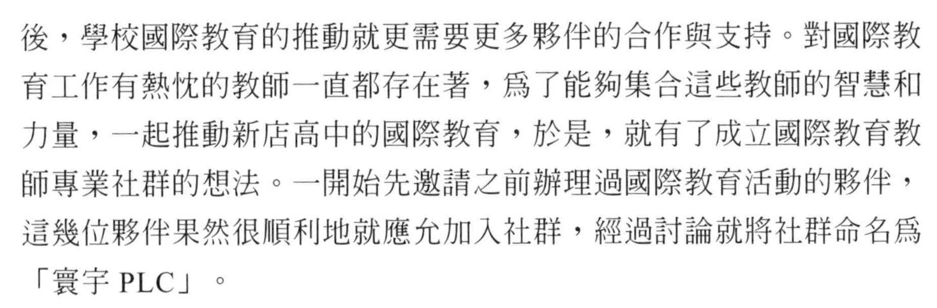

後，學校國際教育的推動就更需要更多夥伴的合作與支持。對國際教育工作有熱忱的教師一直都存在著，爲了能夠集合這些教師的智慧和力量，一起推動新店高中的國際教育，於是，就有了成立國際教育教師專業社群的想法。一開始先邀請之前辦理過國際教育活動的夥伴，這幾位夥伴果然很順利地就應允加入社群，經過討論就將社群命名爲「寰宇 PLC」。

有鑒於學校大多數教師尚未取得國際教育初階認證，如要參加他校所辦理的研習，課務方面會有一些困難，因此決定在 104 年暑期自辦國際教育初階研習。在一通一通電話邀請下，包含寰宇 PLC 的夥伴，最終有 45 位教師參加研習，其中 21 位取得初階認證。之後從取得認證的教師中，又邀請了幾位對國際教育有興趣的夥伴加入寰宇 PLC。

寰宇 PLC 的夥伴來自各學科領域，有國文、英文、數學、社會科、自然科和藝能科教師，因此，有跨領域的優點——能有不同角度的思考和討論，也有跨領域的困擾——非常難找到可以共同研習和聚會的時間。

社群的運作一開始是討論學校在國際教育四軌上可以如何推動和調整？各夥伴的國際教育活動需要其他夥伴哪些支援？「國際交流」和「學校國際化」的部分在夥伴的交流下有了更多的經驗分享和意見提供，然而在「教師專業發展」和「課程發展與教學」部分，夥伴們覺得需要更多的專業協助。非常幸運的，新店高中和國立暨南國際大學簽訂合作協議，寰宇 PLC 也邀請到洪雯柔教授前來指導，讓夥伴在國際教育增能部分得到相當大的幫助，「世界任我行」課程更是在洪教授的指導下逐漸成形並順利開課。

社群中除了領頭羊和夥伴外，還非常需要有一位能協助大家的指導教授。社群的夥伴對於學習和知能的提升是有興趣的，在進行國際教育活動以及相關課程時，也非常需要專家的提點和認可。雖然寰宇 PLC 屬於跨領域的社群，非常困難找到共同時間可以聚會、共備和實體討論，學期當中大多只能透過網路社群溝通，但因爲擁有熱心的領頭羊和夥伴們，還有專業的指導教授陪伴，寰宇 PLC 社群至今依然運作著。

肆 課程的發散與聚焦

新店高中最早的國際教育課程是「印象東協」，在就諦學堂創辦人李三財先生的協助下，推薦來自東南亞各國的師資（大多數是來臺就學的研究生）或旅遊作家前來協助，每週有不同國家的教師向學生介紹自己國家的風土文化，或由旅遊作家介紹旅行各國的所見所聞。由於全部師資來自校外，授課內容和到課的穩定度很難掌握，也覺得學校的課程完全由校外教師承擔並不是最好的狀況，於是開始邀請寰宇 PLC 的幾位教師加入課程，課程名稱也改爲「世界行腳」。實施一年後，從學生的回饋中發現，學生較有印象和較喜歡的課程是自己學校教師所負責的單元，於是和寰宇 PLC 夥伴討論是不是有可能發展出一整學期的國際教育課程，課程名稱就叫做「世界任我行」。

「世界任我行」一開始的課程安排是請夥伴們提出自己可以進行的單元主題以及授課節數，於是「新足跡－背包行旅」分享、「讓愛轉動－泰北志工」分享、「心之旅－日本國際教育旅行」分享、「虛擬實境－網路情境旅遊」體驗、「國際交換生介紹自己的國家」等課程就拼湊出一學期的教學。

在這段時間，寰宇 PLC 迎來了指導教授洪雯柔教授，除了進行一些國際教育知能研習外，也開始進行多次的「世界任我行」課程討論。2018 年 12 月 14 日，洪教授請大家將已經有的課程單元做簡報，盤點出這些課程想要培養的核心能力有：

1. 跨文化理解與溝通。
2. 問題解決。

3. 團隊合作。

4. 服務的態度。

5. 意志力與挫折忍受力。

6. 方案規劃。

7. 移動力。

8. 自我實現。

在社群研討的過程中，洪教授還觀察到每一位成員的特質，依據這些特質討論出「世界任我行」課程安排的順序和主軸：

1. 爲什麼要冒險——課程的開啟

由楊漢倩老師（具備喚起學生挑戰與冒險勇氣的特質）負責這個單元，主要內容包含：

(1) 旅行會遇到什麼問題？要如何面對？

(2) 不要害怕去冒險。

2. 旅行的意義

由寰宇 PLC 多位教師負責，內容包含：

(1) 讓學生了解這堂課的意義和目的。

(2) 讓學生認識這個世界：不同國家的介紹。

(3) 切入國際議題：包含文化認識、國際志工服務介紹、背包客介紹。

3. SWOT 分析及旅行規劃

由王威凱老師帶領同學以較有深度的方式去接近土地、觀察所在城市，在課程中安排學生進行實際的城市探索，在做城市探索之前先進行 SWOT 分析：

(1) 先分析團隊中每個同學的優缺點，每個人帶進來的優劣勢。這個團隊因爲這些成員可能會遇到什麼樣的問題？要如何解決團隊的問題？

(2) 分析團隊要去探索的點，在這趟旅程裡面團隊會有哪些優劣勢？以及怎樣運用這些資源？預估會碰到哪些問題？

(3) 先進行國內城市分析，再帶入海外城市案例讓學生思考，拋問題讓學生討論應該如何解決。之後進行行程規劃時，學生會比較知道應注意哪些事情。

(4) 在地城市探索行程的規劃，以及實際進行在地城市探索。

(5) 海外行程規劃（只進行規劃部分）。

(6) 帶入資訊工具（由資訊教師廖桂華老師協助）。

4. 任務題：在海外遇到問題時要如何解決？

用實際的或模擬的例子，帶領學生做思考。

整個國際教育課程希望能發展成爲一個模組，課程共分爲三階段：

1. 第一階段：世界任我行

所有高一學生都能選修，是後續課程的基礎。

2. 第二階段：國際議題

屬於專題式課程，探討國際情勢、國際能源、國際關懷等議題。

3. 第三階段：國際志工、背包客

(1) 國際志工：爲培訓海外志工的課程。所有將參加海外志工服務同學都必須選修此課程，但選修此課程的同學不一定要實際參與海外志工行程。

(2) 背包客：爲培訓背包客的課程。旅行的地區可以是海外也可以是國內，所有將參加背包客的同學都必須選修此課程，但選修此課程的同學不一定要實際參與背包客行程。

依據洪教授帶領寰宇 PLC 對於課程的研討結果，並配合學校課程規劃，第一階段「世界任我行」課程 107 學年度下學期開在高二選修，課程規劃如表 1。

表 1　世界任我行 107 學年度下學期開課規劃表

<table>
<tr><td>課程名稱</td><td colspan="2">世界任我行</td><td>課程類別</td><td>□校訂必修試行　■多元選修
□加深加廣選修　□補強性選修
□彈性學習　□團體活動</td></tr>
<tr><td>課程領域</td><td colspan="2">□國文　□數學　□英文
■社會　□自然　□藝術
■綜合　■科技　□健體</td><td>課程類型</td><td>■跨領域／專題　■實作探索
□職涯試探　□大學預修
□通識課程　□本土語言
□第二外語</td></tr>
<tr><td>課程說明</td><td colspan="4">培養學生運用多元符號及科技資訊的能力，提升溝通表達力與國際移動力。課程內容包含：不同意義的旅行、國際文化理解、海外志工、海外背包客、城市觀察與探索、旅行的規劃、情境模擬等。</td></tr>
<tr><td>授課對象</td><td colspan="2">高二</td><td>師資結構</td><td>■教師社群　□個別教師
□外聘教師　■協同教學</td></tr>
<tr><td>任課教師</td><td colspan="2">吳秋萱、楊漢倩、周秀英、龍瑩瑩、王威凱、陳義堯、廖桂華（依開課順序排列）</td><td>課程時數</td><td>每週 1 節，共 1 學分</td></tr>
<tr><td>開課年級</td><td colspan="2">□一年級　■二年級
□三年級</td><td>每班修課人數</td><td>15-30 人</td></tr>
<tr><td>學習目標（預期成果）</td><td colspan="4">1. 學生具備探索世界、勇於冒險的精神。
2. 學生能理解並尊重多元文化。
3. 從海外志工經驗分享中喚醒學生對國際的關懷。
4. 從海外背包客行程分享與背包體驗課程中，理解旅行的意義。
5. 學生具備貼近城市與觀察城市的能力。
6. 學生能運用雲端科技規劃海外旅程。
7. 學生面對海外突發狀況時，能具備解決問題的能力。</td></tr>
<tr><td rowspan="7">與十二年國教課綱對應之核心素養</td><td>核心三面向</td><td colspan="2">核心九素養</td><td>對應校本學生能力指標（草案）</td></tr>
<tr><td rowspan="3">■ A 自主行動</td><td colspan="2">□ A1. 身心健康與自我精進</td><td rowspan="6">■學習與思考力
■多元的表達力
□創造與鑑賞力
□實踐的品德力
■國際的移動力</td></tr>
<tr><td colspan="2">■ A2. 系統思考與問題解決</td></tr>
<tr><td colspan="2">■ A3. 規劃執行與創新應變</td></tr>
<tr><td rowspan="3">■ B 溝通互動</td><td colspan="2">■ B1. 符號運用與溝通表達</td></tr>
<tr><td colspan="2">■ B2. 科技資訊與媒體素養</td></tr>
<tr><td colspan="2">□ B3. 藝術涵養與生活美學</td></tr>
</table>

<table>
<tr><td rowspan="3"></td><td rowspan="3">■C 社會參與</td><td>□C1. 道德實踐與公民責任</td><td rowspan="3"></td></tr>
<tr><td>■C2. 人際關係與團隊合作</td></tr>
<tr><td>■C3. 多元文化與國際理解</td></tr>
<tr><td>課程架構</td><td colspan="3"> 世界任我行
國際文化理解
國際關懷
海外志工與背包客
運用資訊科技規劃旅程
海外突發狀況模擬與問題解決</td></tr>
<tr><td>與大學學群之對應</td><td colspan="3">■資訊學群 □工程學群 □數理化學群
□醫藥衛生學群 □生命科學學群 □生物資源學群
□地球與環境學群 □建築與設計學群 □藝術學群
■社會與心理學群 ■大眾傳播學群 ■外語學群
■文史哲學群 □教育學群 □法政學群
□管理學群 □財經學群 ■遊憩與運動學群</td></tr>
<tr><td rowspan="2">與其他課程內涵聯繫</td><td>縱向（整合知識）</td><td colspan="2">□部定必修：＿＿＿＿；□部定加深加廣選修＿＿＿＿
□校訂必修試行：國際教育；■多元選修：初階（例如：初級到進階）</td></tr>
<tr><td>橫向（其他學科關聯）</td><td colspan="2">□國文 □數學 □英文 ■社會 □自然 □藝術
■綜合 ■科技 □健體</td></tr>
<tr><td>教學方法或策略</td><td>多媒體教學、提問與討論、模擬與實作、分組研討</td><td>教材來源</td><td>自編教材：寰宇教師 PLC 共備與研發</td></tr>
<tr><td>學習評量方式</td><td colspan="3">個人及小組作業 50%、課堂表現及出缺席 50%</td></tr>
</table>

<table>
<tr><td rowspan="1">學習評量檢核指標</td><td colspan="4">1. 學生能具備探索世界、勇於冒險的精神。
2. 學生能理解並尊重多元文化。
3. 學生能關懷有關國際的議題。
4. 學生能對於旅行的意義提出見解。
5. 學生能分享對於某一城市的觀察與分析。
6. 學生能運用雲端科技完成一份海外修學或海外背包客的企劃。
7. 學生能在海外突發狀況模擬時，提出解決問題的方法。</td></tr>
<tr><td rowspan="18">規劃內容</td><td>週次</td><td>負責教師</td><td>單元主題</td><td>單元學習內容</td></tr>
<tr><td>01</td><td>吳秋萱</td><td>課程介紹</td><td>學期課程內容、評量方式說明</td></tr>
<tr><td>02</td><td>楊漢倩</td><td>為什麼要冒險</td><td>旅行可能會遇到的問題</td></tr>
<tr><td>03</td><td>楊漢倩</td><td>為什麼要冒險</td><td>勇敢地展開國際旅行</td></tr>
<tr><td>05</td><td>吳秋萱</td><td>不同意義的旅行</td><td>世界任我行課程宗旨與目標</td></tr>
<tr><td>06</td><td>周秀英</td><td>異國的文化</td><td>不同國家文化的觀察與理解</td></tr>
<tr><td>07</td><td>龍瑩瑩</td><td>異國的文化</td><td>不同國家文化的觀察與理解</td></tr>
<tr><td>08</td><td>吳秋萱</td><td>異國的文化</td><td>不同國家文化的觀察與理解</td></tr>
<tr><td>09</td><td>陳義堯</td><td>海外志工停看聽</td><td>國際志工課程介紹</td></tr>
<tr><td>10</td><td>陳義堯</td><td>海外志工停看聽</td><td>泰北志工分享</td></tr>
<tr><td>11</td><td>王威凱</td><td>背包行旅</td><td>新足跡—背包客旅程的成長與意義</td></tr>
<tr><td>12</td><td>王威凱</td><td>背包行旅</td><td>背包體驗課程</td></tr>
<tr><td>13</td><td>王威凱</td><td>城市放大鏡</td><td>城市的探索與考察</td></tr>
<tr><td>14</td><td>王威凱</td><td>城市放大鏡</td><td>城市的探索與觀察</td></tr>
<tr><td>15</td><td>廖桂華</td><td>遨遊在雲端</td><td>運用資訊科技規劃海外旅程</td></tr>
<tr><td>16</td><td>廖桂華</td><td>遨遊在雲端</td><td>運用資訊科技規劃海外旅程</td></tr>
<tr><td>17</td><td>楊漢倩</td><td>海外突發狀況模擬與問題解決</td><td>海外狀況模擬與問題解決</td></tr>
<tr><td>18</td><td>楊漢倩</td><td>海外突發狀況模擬與問題解決</td><td>海外狀況模擬與問題解決</td></tr>
<tr><td>環境與教學設備需求</td><td colspan="4">GPS、電腦、網路、影音設備</td></tr>
</table>

由於課程盤點後，寰宇 PLC 夥伴們實在找不到共備和深入討論的機會，課程中有關「SWOT 分析」及「海外突發狀況模擬與問題解決」的部分，負責的教師們還無法掌握實施的要領，加上 108 學年度下學期開始疫情攪亂了一切的計畫，增能研習活動不得不暫時停止，第三階段的國際志工與背包客課程也因爲疫情暫時不開設。爲使課程能運作得更爲順暢，「世界任我行」課程慢慢以夥伴們較容易掌握的方式做調整，並把原來設定在第二階段的國際議題部分放入第一階段課程中。108 學年度開始「世界任我行」課程爭取到開設在高一，節數從每週 1 節改爲每週 2 節。108 學年度呂明澤老師加入社群，109 學年度徐君蘭老師也進來社群，有了新夥伴，課程自然也就增加了新的元素。表 2 爲 111 學年度世界任我行課程規劃表，可以看見課程調整的方向。

表 2　世界任我行 111 學年度開課規劃表

課程名稱	中文名稱：世界任我行	
	英文名稱：	
授課年段	高一	學分總數：2
課程屬性	通識性課程	
任課教師	吳秋萱、楊漢倩、呂明澤、周秀英、王威凱、徐君蘭、陳義堯、廖桂華（依開課順序排列）	
課綱核心素養：	A 自主行動：A2. 系統思考與問題解決、A3. 規劃執行與創新應變	
	B 溝通互動：B1. 符號運用與溝通表達、B2. 科技資訊與媒體素養	
	C 社會參與：C2. 人際關係與團隊合作、C3. 多元文化與國際理解	
學生圖像	國際力、思考力、表達力	
學習目標	1. 具備探索世界、勇於冒險的精神。 2. 理解並尊重多元文化。 3. 關懷國際的各項議題。 4. 具備貼近城市與觀察城市的能力。 5. 運用雲端科技與溝通協調能力，完成海外旅程企劃。 6. 面對突發事件時，能具備解決問題的能力。	

<table>
<tr><td rowspan="19">教學大綱</td><td>週次</td><td>單元／主題</td><td>內容綱要</td></tr>
<tr><td>第 1 週</td><td>認識世界任我行</td><td>課程介紹：內容、分組、評量</td></tr>
<tr><td>第 2 週</td><td>為什麼要冒險</td><td>勇敢地展開國際旅行</td></tr>
<tr><td>第 3 週</td><td>不同意義的旅行</td><td>設計屬於自己的旅行風格</td></tr>
<tr><td>第 4 週</td><td>不同意義的旅行</td><td>心之旅—日本國際教育旅行</td></tr>
<tr><td>第 5 週</td><td>不同意義的旅行</td><td>新足跡—背包客旅程的成長與意義</td></tr>
<tr><td>第 6 週</td><td>不同意義的旅行</td><td>泰北志工—讓愛轉動</td></tr>
<tr><td>第 7 週</td><td>異國的文化</td><td>國際交換生分享</td></tr>
<tr><td>第 8 週</td><td>異國的文化</td><td>觀想印度</td></tr>
<tr><td>第 9 週</td><td>異國的文化</td><td>中南美洲停、看、聽</td></tr>
<tr><td>第 10 週</td><td>國際議題探討</td><td>國際局勢（一）</td></tr>
<tr><td>第 11 週</td><td>國際議題探討</td><td>國際局勢（二）</td></tr>
<tr><td>第 12 週</td><td>國際議題探討</td><td>國際關懷與國際救援</td></tr>
<tr><td>第 13 週</td><td>遨遊在雲端</td><td>資訊科技的運用</td></tr>
<tr><td>第 14 週</td><td>分組製作</td><td>分組討論</td></tr>
<tr><td>第 15 週</td><td>分組製作</td><td>旅遊企劃案撰寫</td></tr>
<tr><td>第 16 週</td><td>分組製作</td><td>旅遊簡報檔（PPT）製作</td></tr>
<tr><td>第 17 週</td><td>分組製作</td><td>旅遊企劃案與簡報檔（PPT）整理</td></tr>
<tr><td>第 18 週</td><td>成果發表</td><td>分組報告</td></tr>
<tr><td>學習評量</td><td colspan="3">1. 評分比例
(1) 學習參與及出席率 50%。
(2) 個人及小組作業 50%。
2. 觀察重點
(1) 學生能具備探索世界、勇於冒險的精神。
(2) 學生能理解並尊重多元文化。
(3) 學生會主動關懷國際的各項議題。
(4) 學生能提升貼近城市與觀察城市的能力。
(5) 學生能運用雲端科技與溝通協調能力，完成海外旅程企劃及簡報檔案。
(6) 學生能具備解決問題的能力。</td></tr>
<tr><td>對應學群</td><td colspan="3">社會心理、文史哲、資訊、大眾傳播、外語、遊憩運動</td></tr>
<tr><td>備註</td><td colspan="3">設備需求：電腦、網路、影音設備、群組桌椅</td></tr>
</table>

伍 世界任我行課程內容簡介

目前「世界任我行」課程主要由吳秋萱老師、楊漢倩老師、呂明澤老師、周秀英老師、王威凱老師、徐君蘭老師、陳義堯老師、廖桂華老師等 8 位教師負責，以下簡介各單元實施內容。

1. 認識世界任我行

第一週的課程由吳秋萱老師負責。首先是向所有選修同學說明國際教育的意義，以及簡介世界任我行課程的學習目標、教學大綱與評量方式等。另一個重點是將學生分組。最初的分組方式是由同學自己找夥伴，原則上 3-4 人一組，由於選修課同學來自不同班級，分組時很自然的會選擇和自己原班級的同學一組，而同一組的同學對於旅行的想法往往不太一致，在進行分組討論和最後的成果呈現時，會出現一些問題。於是利用網路上的小測驗，像是「找到你的旅行風格」及「最適合你的旅行目的地」等，將結果相同的同學分在同一組，座位也依照組別安排，經過這樣的調整後，進行各項分組活動確實順利很多，同學在進行討論時表現得更投入，更能找到共識。

2. 為什麼要冒險：勇敢地展開國際旅行

充滿活力與正能量的楊漢倩老師，以自身的經驗分享旅行的意義是什麼？為什麼要旅行？對楊老師來說旅行是一種夢想的實現，而要實踐夢想必須先了解自己並且要讓自己具備相關的能力。最後讓學生們一一寫下自己的夢想，也讓所有同學一起為每一個夢想祝福。

3. 不同意義的旅行：設計屬於自己的旅行風格

同樣是出國旅行，如何使自己的旅行從規劃開始就與眾不同，擁有屬於自己的特色？呂明澤老師分享自己是如何準備旅遊行程，如何讓每 趟的旅程都有特別的主題，要深入了解當地事先做了哪些準備，又是如何增加每一次旅行的回憶，還有如何在社群媒體上分享並創造有迴響的照片等，內容豐富精彩。

4. 不同意義的旅行：心之旅－日本國際教育旅行

這個單元主要是介紹新店高中的日本國際教育旅行，讓同學透過相片、影片等，一同感受在日本國際教育旅行中的每一個感動。負責講述本單元課程的是曾經多次辦理國際教育旅行的吳秋萱老師及陳義堯老師。

5. 不同意義的旅行：新足跡－背包客旅程的成長與意義

單元一開始，王威凱老師會先和同學探討背包客的概念以及如何學習當一個背包客，先請同學分組討論一些有關背包客的議題，之後介紹新足跡－背包行旅，最後還設計了體驗背包的闖關活動。

6. 不同意義的旅行：泰北志工－讓愛轉動

由周秀英老師（泰北志工活動的主要負責教師）和陳義堯老師介紹整個泰北志工活動從籌備、訓練到實際服務的點點滴滴。

7. 異國的文化：國際交換生分享

新店高中與扶輪社合作，每年接待 3-5 位國際交換學生，也會邀請外籍同學到課堂中進行交流和分享。109 和 110 學年度因為疫情關係暫停接待國際交換生，111 學年度又迎接了 5 位分別來自美國（2 位）、法國、西班牙和丹麥的外籍生，因此，特別安排在世界任我行課程中向同學介紹他們自己的國家，也和同學進行交流。

8. 異國的文化：觀想印度

王威凱老師以背包客方式兩次旅行北印度，將在印度的所見所聞與同學分享，也帶領同學一同觀察及思考印度風情與人文的特色。

9. 異國的文化：中南美洲停、看、聽

周秀英老師多次旅遊中美洲及南美洲，到過瓜地馬拉、薩爾瓦多、尼加拉瓜、哥斯大黎加、巴拿馬、祕魯、玻利維亞、智利等多個國家，因此特別邀請周老師分享在旅行中觀察到的中、南美洲社會人文風情及政治經濟現況等。

10. 國際議題探討：國際局勢

由於世界這幾年陸陸續續有戰亂發生，有必要讓同學更了解國際局勢。徐君蘭老師分兩週進行本單元，第一週先引發同學對國際事務的關心，了解我們國家在國際上的處境，第二週則由同學分組針對相關新聞事件進行討論和報告，最後和同學分享有哪些方法可以獲得國際新聞相關訊息。

11. 國際議題探討：國際關懷與國際救援

世界上有許多脆弱國家需要我們的關懷，陳義堯老師帶著同學一同了解脆弱國家的定義是什麼，一同討論對於這些處境艱難的人們，我們可以做些什麼，同時也介紹新店高中每年所推動的相關國際捐助活動，例如飢餓十二、舊鞋救命、二手物資募集等。

12. 遨遊在雲端：資訊科技的運用

資訊組長廖桂華老師指導學生如何利用資訊協助旅行，像是：Google Maps 的聰明使用方法、Google 翻譯的擴充與即時翻譯、虛擬實境介紹與體驗、心智圖與甘特圖的運用等。

最後指導各小組完成兩項任務，要以計畫書以及簡報檔呈現任務成果，並在最後一堂課進行簡報。兩項任務分別是：

(1) 任選一個國家（城市或地區），規劃五日遊行程，並利用 Google Maps 製作我的地圖。

(2) 每組利用 Google 簡報共同創作，內容包括：

①預計何時成行？預計和誰一同前往？

②選擇該國家（地區）的理由、規劃的理念、行程特色、行程內容、交通方式、景點介紹、預算編列、風險管理、議題討論（當地特別的或需要關注的議題）等。

13. 分組製作及成果發表

各小組同學進行分組討論，完成旅遊計畫書及簡報檔。學期最後節課邀請寰宇 PLC 所有教師到場聆聽同學的簡報，並進行評量。同學所製作的旅遊計畫書及簡報檔都可以作為個人的學習歷程檔案。

陸 學生學習成果與回饋

學生學習後的心得和回饋對所有任課教師來說是相當重要的資訊，教務處在 110 學年度針對所有課程進行學生評鑑，滿分爲 5 分，「世界任我行」在所有評鑑項目中都得到不錯的成績，如表3所呈現。

表 3　世界任我行課程評鑑結果

評鑑題目	評鑑成績
01. 我總是於期限內完成教師規定的所有作業和練習	4.3
02. 我很認真投入本課程的課堂學習和練習	4.1
03. 任課教師於學期初有說明授課大綱、教學進度及評分依據	4.4
04. 任課教師使用的教材適合學生的程度與需要	4.2
05. 任課教師的課堂時間運用適當、掌控良好	4.3
06. 任課教師會適當地運用輔助工具如多媒體等幫助教學	4.4
07. 任課教師會嘗試引起學生學習的動機與興趣	4.2
08. 任課教師教材準備充分且組織完善	4.4
09. 任課教師的上課內容符合學生的程度	4.3
10. 任課教師重視學生反應，願意隨時修正教學方式	4.3
11. 任課教師指派符合課程內容的作業給學生完成	4.4
12. 任課教師採取適當且多元的方式進行評量	4.4
13. 整體而言，我在這門課程裡獲益良多	4.3
14. 整體而言，我對於教師的教學表現相當滿意	4.4

除了評鑑分數外，學生的回饋意見也帶給所有任課教師很大的鼓勵，以下列出供大家參考：

1. 學到很多新的知識，不管是特別的旅遊方式，還是在旅遊時遇到問題要怎麼處理。還認識到國際局勢，好慶幸自己選到這堂課，每節課都很期待，也都有學到東西。

2. 在課堂的學習中我慢慢變得更關心世界各處所發生的事，收穫很多。

3. 謝謝各個教導我們世界任我行的教師，使我們學生能夠認識世界上不同的國家與議題。

4. 我學到了各國文化風情。每位教師都很用心地分享自己過往旅遊的經驗，還有些是出國幫助其他人的，我覺得這堂課使我對出國旅行又有不同的想法，不是只是吃喝玩樂，而是做更多有意義的事。

5. 以前我總是畏懼出國，覺得規劃很困難，但經過這學期的課程後才發現國外情勢與我們息息相關，讓我開始關注國際事務。

6. 我覺得這堂課滿有趣的，教師們所分享的經驗都讓我嘆爲觀止，原來這世界上還有這麼美的風景，在世界任我行這堂課中我獲益良多。

7. 這堂課程中，我對世界各國有了更深入的了解，還有各國的文化及時事議題，覺得很有趣也很多元。

8. 我學習到如何規劃旅遊行程，從課堂中認識了解了各國的文化，對於從未離開過臺灣的我，吸收到了許多知識。

9. 這堂課對我來講眞的蠻有幫助的，不只知道很多國家的景點，還知道很多出國需要注意的事項，雖然現在不便出國，未來一定還有機會。

10. 我覺得這門課程很有趣，可以透過各個教師的經驗分享，了解國外的一些風情跟狀況，會讓我更想到世界各地探索，同時也可以了解國際的時事，收穫很多。

11. 吸收到比較多的知識，讓沒有出國過的我，認識了各國文化與特色。

12. 旅行是一場和自己內心對話的過程，找到自己的內心所在。

13. 環遊世界不是夢想，而是要靠自己實現。

14. 學習到了如何當個背包客，學會關懷弱勢的族群。

15. 讓我學到很多世界的知識，增加我的世界觀。

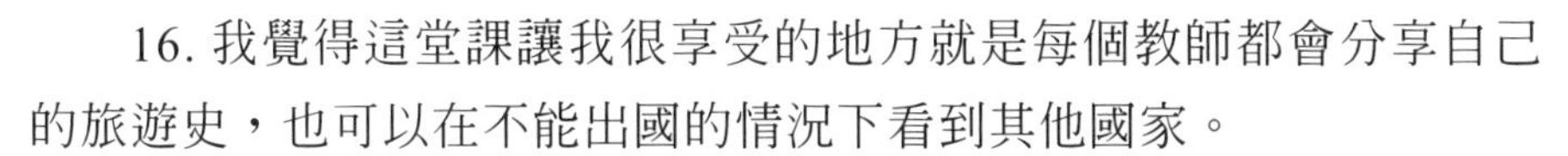

16. 我覺得這堂課讓我很享受的地方就是每個教師都會分享自己的旅遊史，也可以在不能出國的情況下看到其他國家。

17. 靠自己去旅行，有夢想就去實踐，不要被自己所在的環境影響。也許現在的經濟條件或是現況不允許，但不代表以後的你也辦不到，所以放開雙手，勇敢追夢吧！

18. 在現今疫情嚴重的環境下，能夠聽到不同教師的旅行經驗分享，我覺得經驗難得、收穫良多；且每個教師看事情的角度不同，就算教師們是一同去旅行，我們也還是能聽到不同的旅行經驗分享，能讓我們看事情的面向更廣闊。

柒 結語

「世界任我行」是由寰宇 PLC 的夥伴共同努力，並在洪雯柔教授指導下所發展出來的跨領域國際教育課程，每學期寰宇 PLC 的夥伴都會根據學生反應及回饋意見繼續不斷地精進教材內容及教學方法，在疫情之下，帶領著學生繼續探索世界，關懷著地球村的人、事、物。期望在疫情趨緩後，寰宇 PLC 夥伴能有更多機會共同備課、一同研習、一同精進國際教育知能，未來能繼續研發並成功開設國際教育進階課程，讓新店高中國際教育特色活動在初階及進階課程支持下，不斷地延續及發展。

參考文獻

丁一顧、陳佳琳（2019）。善用教師專業學習社群提升教師專業資本。臺灣教育評論月刊，**8**(3)，1-8。

洪雯柔、賴信元（2019）。高等教育國際化之開展與省思。教育研究月刊，**305**，

19-36。

黃冠達、張純、幸曼玲（2019）。實踐取向社群運作規劃與教師專業成長。國家教育研究院教育脈動電子期刊，**17**，1-8。

潘慧玲（2002）。學校革新經驗的回顧與展望。論文發表於教育研究學會2002年「全球化：教育變革新領域國際研討會」，香港。http://mail.tku.edu.tw/panhlw/doc/changereivew.pdf

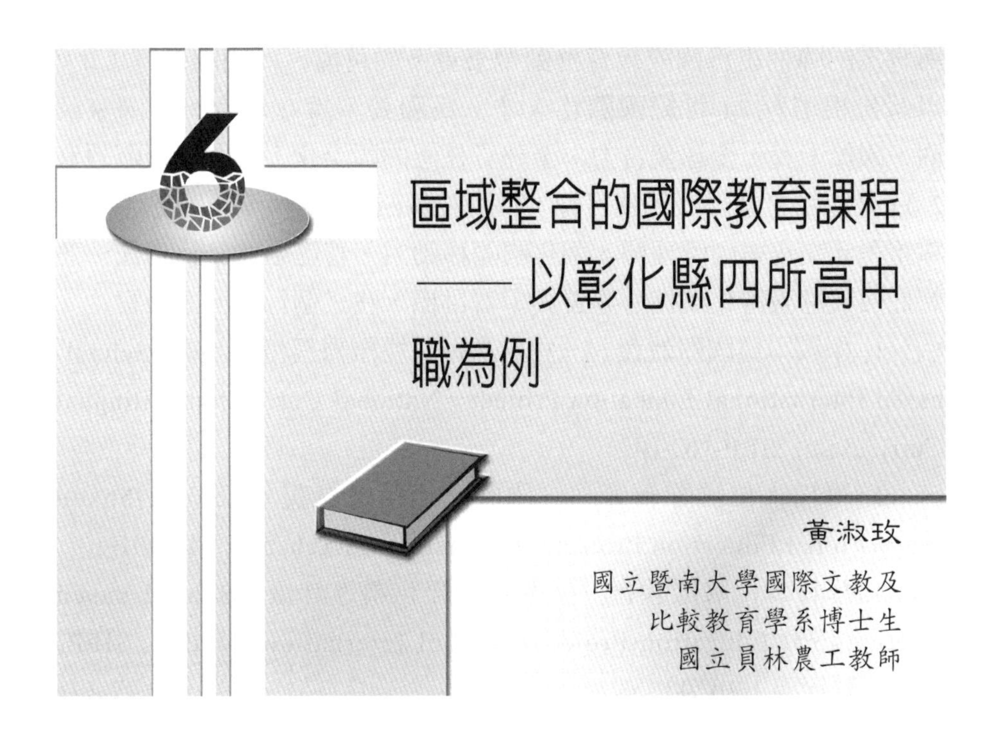

區域整合的國際教育課程——以彰化縣四所高中職為例

黃淑玫

國立暨南大學國際文教及
比較教育學系博士生
國立員林農工教師

壹 前言

教育部 2011 年 4 月 20 日公布了《中小學國際教育白皮書》，可謂我國教育史上劃時代的重大工程。教育部並自次年度（2012）起，補助全國中小學申辦學校本位國際教育計畫，從「課程發展與教學」、「國際交流」、「教師專業發展」、「學校國際化」等四軌推動。10 年後，爲了配合新課綱培養學生「多元文化與國際理解」的核心素養，檢討國際教育 1.0 過去的執行成效，以及檢視當前中小學國際化的環境，教育部復於 2020 年提出國際教育 2.0 版，揭示培育全球公民、促進教育國際化、拓展全球交流等三項目標。2019 年起啟動的新課綱對國際教育 2.0 在課程實施上雖然帶來挑戰，其變革與實施的彈性也為國際教育推動帶來更多的可能。「國際教育 1.0」以「扎根培育 21 世紀國際化人才」為願景，旨在培育具備國家認同、國際素養、全球競合力、全球責任感的國際化人才。「國際教育 2.0」則以培育全球公民為目標，特別強調四個意涵：彰顯國家價值、尊重多元文化與國際理解、強化國際移動力、善盡全球公民責任，並將此四大意涵轉化為核心素養與學習目標，在三個行動方案落實：

1. 學校本位國際教育——國定課程／雙語課程精進計畫（School-based International Education Project－National Curriculum/Bilingual Curriculum, SIEP-NC/BC）

2. 學校本位國際教育——國際交流精進計畫（School-based International Education Project－International Exchange, SIEP-IE）

3. 學校本位國際教育——學校國際化精進計畫（School-based International Education Project－School Internationalization, SIEP-SI）（教育部，2020）。

雖然自 2011 年 4 月《中小學國際教育白皮書》公布至今已逾 10 年，然而在高中教育現場對「學校本位國際教育計畫」（SIEP）仍不了解或存在疑惑，尤其是技術型高中申請該計畫之比例相對較低。筆者自 2007 年起申請教育部「增進高中職學校國際視野方案」（SSEI），一直到 2020 年 SIEP1.0 第一期程結束止，持續於服務學校推動學校本位國際教育，申辦國際教育融入課程及國際交流計畫。為促進區域合作，共享資源，提升技術型高中推動意願，使彰化縣高中階段的國際教育往前邁進，乃號召彰化縣境東、西、南、北四所技術型高中及綜合型高中一起從融入國定課程開始，以區域共備整合資源方式，提出 SIEP 計畫申請，以課程建立各校推動學校本位國際教育計畫的基礎，並全數獲得審查通過。

本研究先以國際教育及「十二年國民基本教育課程綱要總綱」（以下稱 108 課綱）的脈絡介紹推動本計畫之計畫緣起，繼之探討推動過程的問題與對策，使讀者了解跨域、跨校整合所面臨的困難及解

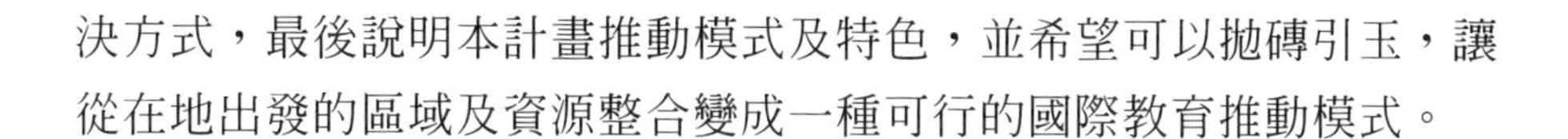

決方式，最後說明本計畫推動模式及特色，並希望可以拋磚引玉，讓從在地出發的區域及資源整合變成一種可行的國際教育推動模式。

貳 計畫緣起

國際教育是以全球一體的概念，了解與認識各種文化、全球議題與關係，期能實踐包容、多元與尊重的世界公民（洪雯柔、郭喬雯，2012）。在一個全球化的世界中，要具備國際視野、多元文化溝通能力，要能理解與尊重不同民族與文化，要能與世界合作，同時關懷世界，才能成爲全球化的世界公民。全球化的最初來自國際移動，而國際移動也最能直接影響學生對全球化的認識，但有能力進行國際移動的學生並不多，因此透過在地由時間和空間交錯形成的「在地國際化」現象與軌跡建立課程推動教學，是大多數沒有國際移動經驗的學生認識全球化最快速的方式。王湘月（2019）認爲在地國際化的原始目的是爲了使學生追求更多學習，但不離開自己居住的城市情形下，而仍能培育出跨文化與國際能力。在地國際化是對這個時代僅有少數學生進行國際移動的回應，而要發展在地國際化，文化連結與課程國際化是兩個重要因素。

教育部自 2012 年開始推動 SIEP 經費補助，每年申請件數約 300 餘件，平均僅 8.82% 的學校提出申請，但 2011 至 2018 年在國際教育融入課程、國際交流、教師專業成長及學校國際化四軌中，課程發展與教學計畫件數總計 529，爲四軌中排名第一。國際教育融入課程、ICT、外語及文化課程辦理校數與全國總校數比率從 2011 年的 42.82% 逐漸提升到 2018 年的 50.05%，顯示中小學將國際教育融入課程的規模正逐年擴大。21 世紀 20 年代的今日，國際組織與各國政府持續引領中小學國際教育之發展，教導學生以不同國家文化視角去了解世界，因此，國際教育 2.0 未來努力方向有二點：(1) 深化推展國際教育融入課程：鼓勵學校將國際教育融入各領域學科，或設計國際教育課程模組，提升外語、全球議題、文化課程學習及資訊科技運用能力等，進行課程國際化的深度實踐；(2) 擴大國際交流對象與交流模式，鼓勵學校建立國際夥伴關係及實施多元國際交流模式，包括實體及網路的國際交流，讓學生透過體驗學習，認識不同國家及文化，提升其國際視野與競爭力（教育部，2020）。可見從 SIEP1.0 到 SIEP2.0，課程仍是我國國際教育推動的主軸。

除國際教育之外，108 課綱的實施也是彰化縣四所學校攜手推動國際教育計畫的契機。爲了因應全球化潮流影響世界各國的經濟、社會、文化和教育的發展，教育部推動的「十二年國民基本教育課程綱要總綱」納入 19 項教育議題，藉以使學生統整各領域所學之知識、能力和態度，培養具跨領域統整思考與問題解決能力，有助於核心素養的養成。新課綱強調適性揚才，成就每一位孩子，主張自發、互動、共好的理念，並整合不同教育階段之學科課程、領域課程發展。在此學習歷程中學校須提供多元的學習活動讓學生可以試探、選擇、學習，並在過程中學會彼此互相合作、溝通互動、社會參與，落實新課綱三面九項核心素養中「多元文化與國際理解」，使其成爲具備國際素養的優秀公民，由此可見十二年國教新課綱也呼應國際教育政策。總綱納入的議題達 19 項，爲求專精，學校可結合教師興趣與專業背景來組成研習團隊，如此做法除可減少教師負擔之外，更可運用教師專業分工與合作，精進研習內涵。學校可制定鼓勵辦法，積極發展課程發展與實施之討論環境，確保團隊運作與研討之品質，此辦法亦可併入學校相關規章。具體做法建議如下：激勵自我成長、尋求團隊成員、進行有效分工、鼓勵自組團隊（國家教育研究院，2020）。十二年國教課程綱要總綱中亦提及：「教師專業發展實施內涵……教師可自發組成的校內、跨校或跨領域的專業學習社群，進行共同備課、教學觀察與回饋、研發課程與教材、參加工作坊、安排專題講座、實地參訪、線上學習、行動研究、課堂教學研究、公開分享與交流等多元專業發展活動方式，以不斷提升自身專業知能與學生學習成效。」

國際教育 2.0 爲人才培育帶來新的視野與期許，108 課綱的彈性課程、多元選修、自主學習等變革，讓學校及教師課程規劃及實施有更多的空間，加上鼓勵透過教師社群跨域對話，整合資源，上述有利條件讓國際教育 2.0 的推動變得更爲可能。然在升學主義篩選機制之下，技術型高中學生比起一般高中，在一般科目的課程比例上相對仍低，將近半數的專業課程，除實習之外仍有證照考試的壓力，僅剩的一般性課程則因須顧及學生升學考試之故，難以讓教師有時間在課程中推動國際教育。此外在國際教育白皮書公布之前，甚至是公布初期，教育現場多數仍認爲國際教育等於英文教育，而技術型高中學生英文學習資源相對是劣勢，更有些錯誤認知認爲技術型高中將來在國際職場就業機率不高，這些都使人懷疑國際教育在技術型高中推動的必要及成效。經筆者訪談，彰化縣高級中學行政人員對推動「學校本位國際教育」的問題與上述情形相符，主要原因依序爲：(1) 行政人力短缺，難以再負荷新的教育任務，國際教育以教育旅行辦理即可；(2) 了解「學校本位國際教育」全面且深化推動國際教育的重要，但不得其門而入；(3) 現有課程架構及升學、檢定、各項技能培訓壓縮可實施時間；(4) 對「國際教育」認識不足，仍停留在國際教育是交流與英文教育的迷思；(5) 技術型高中學生與國際教育相關度不大。

全球化的現象其實已經深入每一個人生活中，教育的重要任務之一即是培養學生具備未來進入全球社會所需各項能力，因此，學校課程自不可不讓學生認識全球化現象，學習全球公民該具備的各項能力。對於英文學習成果及課程比例均不利技術型高中學生養成全球公民的劣勢的情勢之下，筆者以東彰化員林農工（技術型高中）SSEI 及 SIEP1.0 的推動經驗，邀請北彰化鹿港高中（綜合型高中）、西彰化二林工商（技術型高中）、南彰化文興高中（綜合型高中）進行跨域對話及資源整合，四所學校類科除普通科之外，共有農業群、建築土木群、機械群、電機與電子群、動力機械群、食品群、商業群、家政群、水產群、設計群、藝術群、外語群計 12 個群科，課程資源豐沛，且四校規模相近、學生入學成績相仿，有利於課程設計與實施。以下敘述筆者透過哪些策略解決上述問題，以及本計畫之執行與特色。

 區域整合課程架構及歷程

筆者選擇以融入國定課程為「彰化縣高中職國際教育攜手計畫」之計畫方向，原因有四：第一，學校課程為國際教育推動之核心，是學校教學活動之日常，是經常性教學行為，學校辦理國際交流及學校國際化，均須建立在校本課程基礎之上。第二，可以影響的學生最多：四所學校學生多屬於學習及社經地位弱勢，交流對四所學校學生而言，普遍存在經濟與語言限制，唯有課程可以普及。第三，符合新課綱需求，在跨域及共備兩項任務較易找到共同焦點，且符合每位教師專長。第四，在高中教育現場許多教材涉及議題已與國際教育關聯，且在國際教育 2.0 階段，學校申辦國際教育計畫的三個面向：國際教育融入國定課程、國際教育融入雙語課程、國際交流、學校國際化四個項目中，根據筆者訪查，高中教師對於融入課程推動的共識較高，因國際教育議題、跨文化溝通在過去教學中點狀融入教學已行之有年，且與教學相關度更大，不須受制於教學科目及職稱的限制便可執行，因此團隊以融入國定課程為合作起點。以下說明區域整合課程架構及推動歷程。

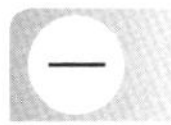 一 課程架構

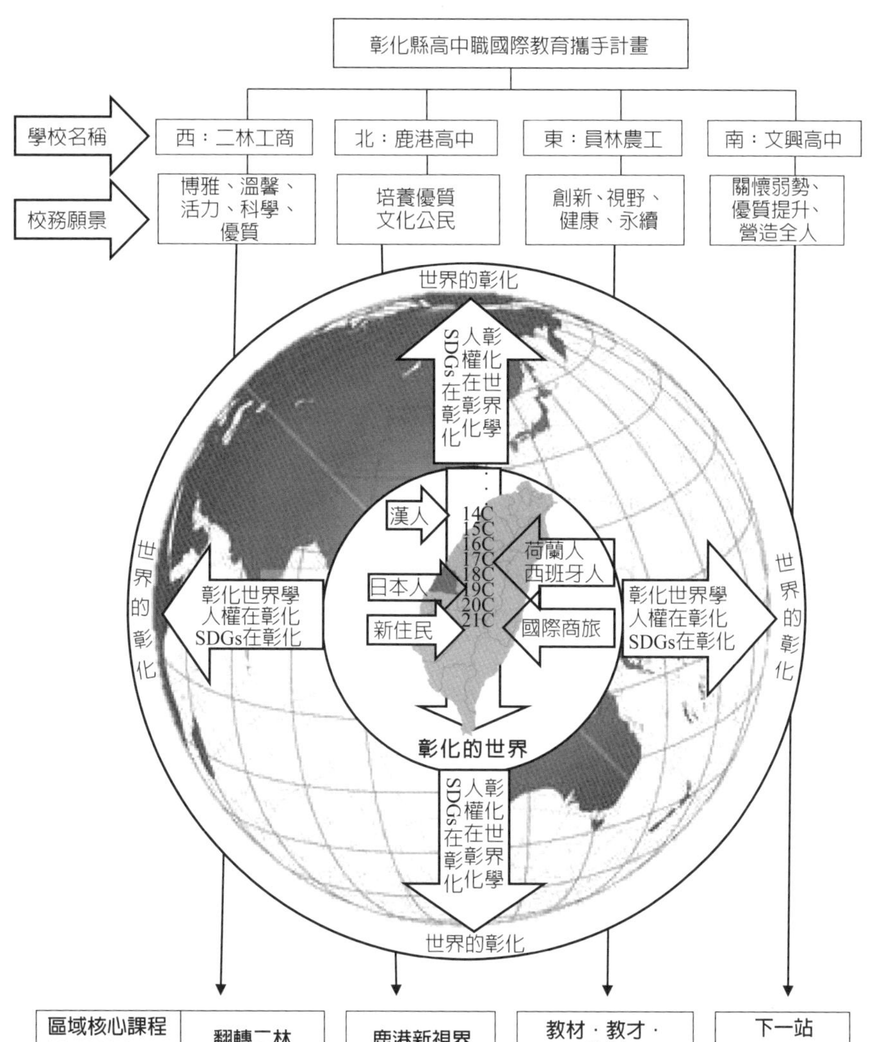

區域核心課程／各校校本課程	翻轉二林	鹿港新視界	教材．教才．教財	下一站地球村
彰化世界學	彰化世界學之二林學	彰化世界學之鹿港學	彰化世界學之員林學	彰化世界學之出中學
人權在彰化	人權在彰化之我名字是臺灣	人權在彰化之永遠的他鄉？	人權在彰化之幸福臺灣，溫暖馬拉威	人權在彰化之天主之愛
SDGs在彰化	SDGs在彰化之水源永續	SDGs在彰化之能源永續	SDGs在彰化之氣候與農業永續	SDGs之永續城鄉發展

二 課程架構說明

本教學方案定位爲「區域整合」，係以涵蓋彰化縣全境之主題爲全區域核心課程，再以各校所代表的東、西、南、北四個方位之區域特性發展爲各校校本課程。換言之，以一個共同核心概念，發展出四個校本課程，再將四個校本課程整合爲一個完整的區域課程，並透過協同教學、成果分享、展覽等，達到整合成爲彰化全境之國際教育議題學習，茲說明如下：

(一) 彰化世界學

共同以時間及空間軸探討在地全球化各項議題，並以在地文化、產業爲基礎，探討在全球化現象中，彰化在世界舞台的優勢及重要性。分別以東員林學、北鹿港學、西二林學、南田中學各自探討各區域的全球化現象，並整合爲一個彰化全境的全球化教學方案。

(二) 人權在彰化

正義與人權爲理念，以彰化全境共同之人權議題爲核心課程，並依各校所在地理區位之特質發展議題，例如彰化縣全境均有新移民及國際移工、四校亦均進行過國際援助活動，基於各校區域特性發展出以下教學方案。鹿港高中：因鄰近彰濱、福興等工業區，國際移工多，發展出「永遠的他鄉」探討國際移工議題。二林工商：因地處彰化西南隅，新住民數量爲彰化之冠，以此爲基礎發展出「我的名字叫臺灣」探討新住民相關議題。員林農工：因課程發展多年國際援助及國際人權運動，以過去課程基礎發展「幸福臺灣，溫暖馬拉威」教學方案，探討國際援助的正確觀念並提倡公民行動。文興高中：因其爲天主教學校，該校從被援助到援助者可視爲臺灣在國際人道救助的縮影，學校以此發展出「天主之愛」探討國際援助議題及學生公民運動，四個區域課程整合爲一個彰化縣全境探討公平正義的教學方案。

(三) SDGs在彰化

以環境永續發展爲全境之課程核心，並依各區域發展現況探討環境永續議題：鹿港高中地處彰濱工業區，彰濱爲臺灣離岸風力發電的重要地點，能源爲本區域探討之議題，以 SDGs 在彰化之能源永續，討論能源開發與海洋保育的衝突及解決之道。員林農工爲彰化縣唯一之農業學校，以 SDGs 在彰化之氣候永續，探討農業縣市影響最大的氣候議題。文興高中：歷史上因東螺溪到近幾年高鐵進駐，交通動線改變了城鄉樣貌，以 SDGs 在彰化之城鄉發展永續，探討城市發展過程中如何使環境永續發展。二林工商鄰近芳苑一帶，爲臺灣沿海養殖重鎮，亦是台糖在西部重要的生產地，彰化縣並無水庫，中科進駐二林之後「水」的供應變成二林農、漁、工的重要戰場，因此藉由 SDGs 在彰化之水源永續，探討因工業開發而衍生的農、漁、工之水源問題。四個教學方案爲四個區域之區域環境問題，亦爲彰化全境之環境議題，甚至全球共同之環境議題。

三 推動歷程

(一) 攜手——組成計畫團隊，並透過共同討論完成區域計畫

均優質化已推動跨域整合及教師專業社群多年，研究顯示教師社群的參與是成功的關鍵，因此建議強化教師專業社群（閻自安，2015）。甄曉蘭（2003）也指出：教師是學校課程發展與實施的執行者，教師對達成學校課程願景及專業的動力攸關課程教學改革的成敗。因此，筆者邀集四所學校教務及學務主任組成團隊，各校行政主管再組成學校團隊加入，組成共 21 人之群組，共同討論、共同學習。疫情期間，透過12次線上會議推動本計畫。12次之任務如表1。

表 1　計畫推動歷程

次數	主題	參與人員
第 1-2 次	國際教育理念說明、國際教育 2.0 介紹	四校行政主管
第 3-4 次	各校國際教育歷程、區域核心課程及課程架構討論	四校行政主管
第 5 次	教學方案撰寫說明	各校行政主管及教師
第 6 次	第一個教學方案彰化世界學共備	各校行政主管及教師
第 7 次	彰化世界學共備與修正	各校行政主管及教師
第 8 次	第三個教學方案 SDGs 在彰化共備	各校行政主管及教師
第 9 次	第三個教學方案 SDGs 在彰化共備與修正	各校行政主管及教師
第 10 次	第二個教學方案人權彰化共備	各校行政主管及教師
第 11 次	SIEP 撰寫說明	各校計畫主持人
第 12 次	SIEP 撰寫工作坊	各校計畫主持人

教師共備有許多優點：(1) 發展良好教學活動設計；(2) 提高教學品質；(3) 提高教學成效；(4) 促進教師專業發展；(5) 拓展人際關係；(6) 減少工作量（王金國，2017）。本計畫藉由共備完成各校校本課程規劃、教學方案撰寫、SIEP 計畫申請，各校之間分享撰寫經驗，互相提供意見，拓展教學視野，讓參與的教師有正向的經驗、同儕支持與回饋，減少各校入門摸索時間，提高效能，達到攜手前進、共同成長的效益。

(二) 體檢——盤點資源，分析國際教育任務，歸納推動議題

計畫之初最大的難題是整合，要進行區域合作計畫，提出適合四校共同努力的教學目標，並符合各校的學校本位課程精神，又要讓學校在課程設計上適合各校的校園生態及文化，使計畫可以推動，困難度並不低。

第一階段團隊首先檢視各校的國際教育推動歷程，並盤點學校相

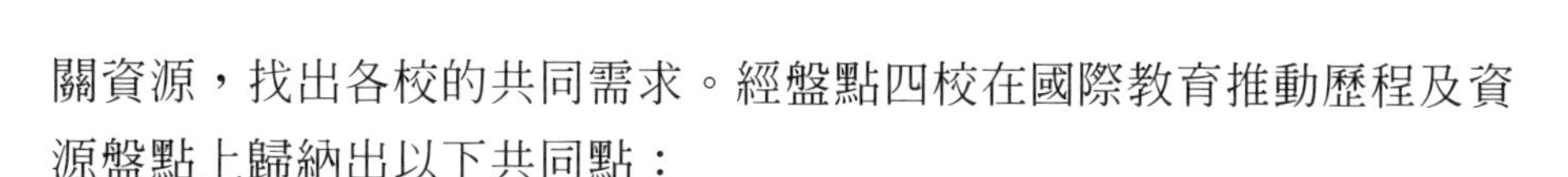

關資源，找出各校的共同需求。經盤點四校在國際教育推動歷程及資源盤點上歸納出以下共同點：

1. 學生族群的多元：各校均有新住民、原住民等族群，亦進行過國際教交流，且接待過國際學生。

2. 因應 108 課綱，設計彈性課程，均已規劃在地特色課程，並融入相關國際教育議題。

3. 有國際交流經驗：配合交流活動進行過相關課程，並與國外學校進行課程交流。

4. 周邊有大量國際教育資源：大專院校外籍生合作、周邊國際性產業、地方社團引進交流資源及文化。

第二階段以國際教育關鍵概念及 108 課綱 19 項議題探討共同推動核心議題。國際教育關鍵概念如下：

1. 文化學習：文化面向、文化多樣性、文化接觸、文化識能。

2. 全球關聯：全球化、時間關聯、空間關聯、議題關聯。

3. 全球議題：和平與衝突、合作與競爭、正義與人權、環境與永續（教育部，2022b）。

對照 108 課綱中 19 項議題與上述國際教育議題，選擇相同之議題並參酌國際教育 2.0 的任務，爲本計畫教學設計的課程內涵。

1. 第一個發展的教學方案「彰化世界學」以全球化探討爲方向

分別從時間及空間交錯形成的在地全球化現象，探討關於文化學習的文化面向、文化多元性、文化接觸；國際關聯的全球化與時間關聯；全球議題的國際經濟競爭及國際援助。18 週課程涉及議題整合如表 2。[1]

---

[1] 相關議題分類以《SIEP國際教育融入國定課程實作手冊》之國際教育概念分類爲依據。

表 2　彰化世界學之課程內涵與相關議題

學校	課程名稱	課程內涵	相關國際教育議題	108課綱議題
員林農工	彰化世界學之員林學	員林族群融合史、員林世界地圖、員林特色調查、員林在地國際化現象及成因、員林外銷地圖、產業訪談、員林行銷員	族群、認同、文化創新與轉換、文化詮釋、全球現象與影響、時間關聯、國際經濟競爭	多元文化 國際教育
鹿港高中	彰化世界學之鹿港學	鹿港七件事、百年史地看見鹿港、從普渡歌看鹿港移民、鹿港族群史、鹿港產業今昔、鹿港行銷員	族群、認同、文化創新與轉換、文化詮釋、全球現象與影響、時間關聯、國際經濟競爭	多元文化 國際教育
二林商工	彰化世界學之二林學	二林族群融合史與全球化、二林作物變動史與全球化、二林產業變動與全球化、二林行銷員	族群、認同、文化欣賞、全球化現象、時間關聯、國際經濟競爭	多元文化 國際教育
文興女中	彰化世界學之田中學	東螺溪與八堡圳的前世今生、北斗老街與田中老街、教會與田中、全球在地化的田中天主堂、在地全球化的田中、田中行銷員	族群、認同、宗教、文化創新與轉換、全球化現象、國際經濟競爭、國際援助	多元文化 國際教育 生命教育

2. 第二個發展議題「人權在彰化」探討正義與人權

2015 年 9 月 25 日聯合國成立 70 週年之際，世界領袖們齊聚聯合國紐約總部，舉行「聯合國發展高峰會」，基於千禧年發展目標未能達成的部分，發布了《翻轉我們的世界：2030 年永續發展方針》。這份方針提出了所有國家都面臨的問題，並基於積極實踐平等與人權，規劃出 17 項永續發展目標及 169 項追蹤指標，作爲未來 15 年內（2030 年以前），成員國跨國合作的指導原則。全球化時代，面臨貧富不均加劇，因此未來世界公民應能認識並尊重世界基本人權與

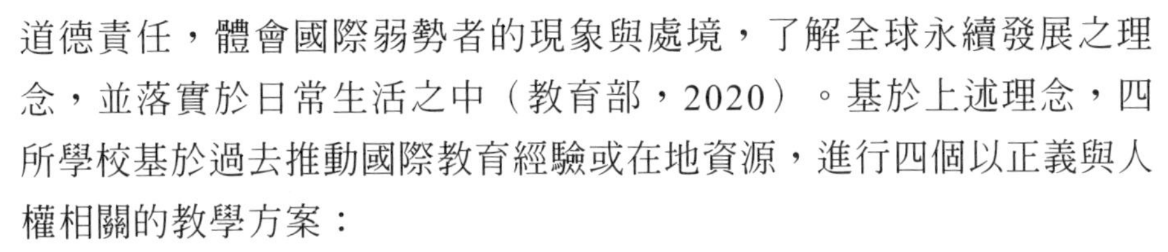

道德責任，體會國際弱勢者的現象與處境，了解全球永續發展之理念，並落實於日常生活之中（教育部，2020）。基於上述理念，四所學校基於過去推動國際教育經驗或在地資源，進行四個以正義與人權相關的教學方案：

(1) 員林農工：以SIEP1.0時代對非洲國家課程融入的基礎及國際援助、國際人權相關活動辦理的經驗，開發教學方案「人權在彰化之幸福臺灣，溫暖馬拉威」，課程內容包含：臺灣過去基於人道救援對馬拉威的農耕隊及醫療協助、臺灣人及美國企業家「授人以漁」幫助馬拉威人自立、援助與文化侵略之辯，當地童工與童婚等問題。學生公民行動包含寫信馬拉威、送愛馬拉威弱勢學童，進行關懷與資源募集。

(2) 鹿港高中：因鄰近彰濱工業區、福興工業區，大量外籍移工在鹿港附近生活，因而形成鹿港特有的生活樣貌。課程主題爲「人權在彰化之永遠的他鄉？」課程內容包含：移工地圖繪製、移工關懷、移工與臺灣人雙方印象與對話、成見還是歧視、移工與鹿港——對鹿港的正向改變、就業市場的跨國移動現象、公民行動——鹿港提點子——解決移工生活的小問題、拍攝紀錄片——鹿港有愛。

(3) 二林工商：二林工商因地處彰化西南角，新住民族群爲彰化縣最高的地區，新住民第二代比例亦居全縣之冠。課程主題爲「人權在彰化之我的名字是臺灣」，課程內容包含：全球化與跨國婚姻關係、全球化遷移女性化、新住民如何自救、從外籍新娘到新住民的演進、新住民與臺灣多元文化樣貌、新住民對臺灣的貢獻、新住民子女的國際競爭優勢、新住民宣言。

(4) 文興高中：以其天主教教會學校之特色與資源，發展課程主題「人權在彰化之天主之愛——世人皆平等」教學活動，課程內容：我的世界愛德運動、認識SDGs——消除一切形式的貧窮、臺灣貧窮嗎？送愛世界。

四個學校雖課程內容不同但互相響應活動，透過分享讓四校學生認識正義與人權的議題，以及對全球永續發展的重要性。

3. 第三個教學方案以「SDGs 在彰化」爲課程主題

國際教育 2.0 白皮書中闡明：全球化帶來一體兩面的強大衝擊，一方面各國中小學教育已逐漸朝向市場自由化及全球競爭發展；另一方面全球永續發展已成爲各國中小學教育的重要目標。全球永續發展攸關人類生存與發展，亦爲國人應關注的議題。未來全球公民必須具備全球永續發展的概念，國際教育應將 SDGs 納入學生學習與實踐的內容（教育部，2020）。基於此，課程設計以培育學生成爲能善盡全球公民責任的「全球化公民」，並且以各校地理區域及過去課程基礎來設計教學方案，如表 3 說明。

表 3　SDGs 課程與學校地域及特色結合

學校名稱	課程主題	課程動機	涉及議題
員林農工	SDGs 在彰化之氣候永續	農業學校與氣候休戚相關、延續 1.0 之課程基礎	氣候變遷的災害、氣候變遷與農業、氣候變遷的成因、資源耗竭與生質能源、糧食危機、砍伐雨林與氣候變遷、拯救地球大作戰
鹿港高中	SDGs 在彰化之能源永續	彰濱離岸風力發電、中華白海豚棲地	綠能產業、生態保育與經濟發展、永續海洋
二林工商	SDGs 在彰化之水源永續	二林中科開發、沿海地區水源匱乏	水源與地區發展、工業用水與民生用水、水資源戰爭
文興高中	SDGs 在彰化之永續城鄉發展	高鐵進駐，耕地消失	交通與城市發展、文化保存

四　扎根——從在地出發，培養核心素養

國際教育 1.0 要培育具備國家認同、國際素養、全球競合力、全球責任感的「國際化人才」；國際教育 2.0 將國家認同進一步闡述爲

「彰顯國家價值」。學生要彰顯國家價值，首先須先認識自己、認同自己。108 課綱在高級中等學校階段的核心素養項目爲：在堅定自我文化價值的同時，又能尊重欣賞多元文化，具備國際化視野，並主動關心全球議題或國際情勢，具備國際移動力。而「核心素養」是跨領域的能力，更是思考、批判、討論與問題解決等能力，因此，要培養核心素養，就必須從眞實生活情境中開始，才能眞正落實。基於上述原因，本計畫課程最重要的核心設計在觀察、檢視、討論與思辨學生所生長的地方——彰化地區，也就是說我們所著重的是從認識腳下的土地，理解「越在地越國際」的理念，認同在這塊土地上所有族群所共同發展出來的文化、現象、議題、困難與挑戰，從而探索全球化對自己生活的影響，而能更進一步願意爲彰顯國家價值而努力。表 4 說明區域課程核心概念設計之理念與培育之國教教育核心素養。

表 4　從在地出發，達成國際教育的核心素養之說明

單元名稱	四校校本課程	區域核心概念設計理念	培育之國際教育核心素養
彰化世界學	A. 員林學 B. 鹿港學 C. 二林學 D. 田中學	從自己家鄉的全球化歷程出發，探討全球化對家鄉及自己的影響，其中包含在地文化、多元族群、在地產業的過去與未來、在地認同與行銷。	堅定自我文化價值、尊重欣賞多元文化、具備國際化視野、主動關心全球議題或國際情勢、具備國際移動力。
人權在彰化	A. 幸福臺灣，溫暖馬拉威 B. 永遠的他鄉 C. 我的名字叫臺灣 D. 天主之愛	以彰化因工業區、農村、漁村而大量移入的新住民及移工為題材，加上學校曾推動之正義與人權相關活動，學生以生活觀察為出發點，理解因全球化的國際移動帶來的正義與人權議題。	堅定自我文化價值、尊重欣賞多元文化、具備國際化視野、主動關心全球議題或國際情勢、具備國際移動力。

單元名稱	四校校本課程	區域核心概念設計理念	培育之國際教育核心素養
SDGs 在彰化	A.SDGs 在彰化之氣候永續 B.SDGs 在彰化之能源永續 C.SDGs 在彰化之水源永續 D.SDGs 在彰化之永續城鄉發展	以在地的環境議題為課程切入主軸：以農校與農業縣市的影響最大的氣候議題、彰濱的離岸風力出發的能源議題、彰化西南地層下陷地區中科進駐的水資源議題、高鐵開發使農地消失的城鄉永續議題。	堅定自我文化價值、尊重欣賞多元文化、具備國際化視野、主動關心全球議題或國際情勢、具備國際移動力

爲了讓彰化學生更全面認識彰化的在地全球化現象及其未來的發展優勢，課程採東、西、南、北彰化四校協同教學或分享方式，每一個課程主題都能讓其他三所學校學生認識，以擴大學習效益並加深學生國際教育核心素養之養成。

五　拓展——從跨科到跨域合作

(一) 從校內開始的跨域對話

配合 108 課綱推動，展開跨科對話，每一套課程均是跨領域教學，更進一步以課程分享或協同教學方式，展開校際對話，四所學校類科各有其屬性及課程目標，透過協同教學及共享，學生從生活鄉鎮將視角跨出至彰化全境，甚至是臺灣，最後藉著課程培養全球視野。

(二) 四所學校國際教育目標的跨域合作

本計畫在發展之初即與各校現有資源與任務展開對話，因此發展歷程與學校校務發展願景論述歷程相同，故本計畫之撰寫與各校校務發展計畫、學校願景之論述一致，說明如表 5。

表 5　各校國際教育校本課程與校務願景說明

學校名稱	國際教育校本課程	課程核心理念	校務願景
員林農工	教材、教才、教財	A. 21 公頃自然資源＋農業工業職業學校＝國際教育任務：以國際教育教材，教導學生成為在國際經貿市場有競合力的人才（教財），以及地球村中具有國際責任感的世界公民（教才）。 B. 從員林出發，以空間為經，時間為緯，認識在地的全球化歷程，以創新的課程規劃，培養具有國際視野的地球村人才，發展農業學校推動健康生活的任務，以全球永續發展為教育目標。	創新視野健康永續
鹿港高中	鹿港新「視」界	A. 以文化歷史古都鹿港豐富的文化為核心，期望透過鹿港今昔變遷的探討，培養學生成為具有在地精神的優質世界文化公民。 B. 從鹿港出發，以空間為經，時間為緯，認識在地的全球化歷程，以族群融合史、港口城市特質、彰濱工業區發展、海洋議題等，讓學生能站在鹿港文化巨人肩膀上，進一步成為具有新視界的國際公民。	培養優質文化公民
二林工商	翻轉二林	A. 彰化穀倉＋巴布薩族＋中科進駐：二林融合歷史、農業、高科技工業，從農業社會漸漸走向國際舞台，透過國際教育，配合產業轉型相關議題，翻轉二林。 B. 從二林出發，以空間為經，時間為緯，認識在地的全球化歷程，並透過產業轉型的課程探討，培養更具活力及科學精神的全球公民，並藉由人文與人權教育達到具有博雅視野、溫馨關懷的優質國際公民。	博雅溫馨活力科學優質
文興高中	下一站，地球村	A. 以天主教學校「敬天愛人」教育精神，培養具有國際關懷、積極參與國際事務、學習必要的國際溝通互動能力，並隨國際化腳步與時俱進持續自主學習的地球村公民。 B. 從田中出發，以空間為經，時間為緯，認識在地的全球化歷程，並以交通動線的變遷：從東螺溪開港到高鐵開發，探討交通動線改變對在地與世界連結的影響，並探討城鄉開發與永續發展的重要，期望具有國際視野的學生下一站在地球村下車。	關懷弱勢、優質提升、營造全人

學校校務願景代表學校發展的藍圖，不同學校均依其自身條件、學校文化、歷史、社會期望……等設定學校校務發展願景，透過學校跨域合作共備課程、協同教學、資源分享，無異於拓展學校教學任務與目標，使不同性質學校展開另一種跨域合作。

肆 困境與對策

一 以區域合作解決學校本位國際教育計畫之迷思與困難

教育部自 2012 年開始推動各校申辦「學校本位國際教育計畫」（SIEP），截至 2018 年爲止每年高中教育階段申請之校數均在 500 校左右，以學校本位國際教育計畫之融入課程一軌來看，從 2012 年起至 2018 年止，申請國際教育融入課程、ICT、外語及文化課程辦理校數與全國總校數比例提升 16.9%；國際教育教材及教案研發校數與全國總校數比例提升 69%；外語及文化課程學習國際教育辦理校數與全國總校數比例提升 45.2%，其中普通型高中申辦比例較技術型高中爲高（教育部，2020）。而彰化縣除筆者服務學校之外，僅有零星學校申請過國際交流一軌，計畫審查通過順利執行校數更是屈指可數。相對於多數學校經常性辦理申請程序相對簡易，執行期程及困難度相對較低的海外教育旅行，學校本位國際教育的申辦，顯然較不受重視。除上述因素之外，國際教育之推動亦存在城鄉差距。過去 10 年，彰化縣申辦之高中職僅三所，明顯較都會地區爲低，除筆者服務學校持續辦理之外，其餘學校均未能經常性申請辦理。

根據李臻妍（2021）針對地方政府推動國際教育政策分析顯示：當前中小學國際教育問題以教師專業知能欠缺、教師專業研習規劃不周全、對國際教育之推動存有迷思最爲迫切。楊怡婷（2015）也表示，計畫撰寫難度高，取得國際教育認證資格，仍覺得撰寫困難。劉美慧（2020）也認爲，依教育部國民及學前教育署 2020 年推動中小學國際教育課程教材資訊網中學校本位國際教育專案計畫結案報告來看，國際教育 1.0 的推動，已使中小學普遍關注並落實國際教育的推動。惟在課程發展教學現場實踐與計畫課程期待有落差，其原因有三：爲了議題融入而融入、學習深度待加強、課程缺乏跨域的融合。針對上述困難，學者也提出解決方法：陳錫珍（2021）指出教育主管機關未來宜整合區域資源，考量在地特性，讓各區域內的中小學能形成國際教育策略聯盟，讓教師專業發展及課程資源都能有效地形成縱向及橫向的連結。劉美慧（2020）因此提出 2.0 的課程深化方向：善用彈性學習課程統整國際教育課程、強調概念爲本的深度課程設計、注重探究與行動的學習評量（因此行動取向課程的總結性評量設計，必須源於眞實生活情境中的問題發現與探究，並在此歷程中綜合不同構面的能力）、全校參與取徑（whole school approach）的學校國際化（全員參與、共構學校願景、重視教師的自主與責任、整合學校內外部人力與地方資源、強調教師、學生需求及環境之間的互動與溝通等）。

整合區域四所學校首先須面對如何降低行政人員申請計畫的壓力，以及對學校本位國際教育計畫的認識及申請之意願。筆者提出由員林農工以發展 10 餘年國際教育經驗，與彰化縣境東、西、南、北四所學校攜手並進，發展學校本位國際教育。適逢疫情期間，故以線上方式進行，由各校學務主任、教務主任帶領課程發展教師參加，共計 12 次，將筆者對國際教育的認識、學校本位課程架構的建立、課程設計、跨域整合、計畫撰寫、計畫執行等經驗藉由研習及實作，讓各校接續在校內團隊發展校本課程，降低各校入門的難度，願意提出計畫，以課程爲本開始申請學校本位國際教育計畫。

二　透過教師專業發展加強行政及教師對國際教育認識之不足

學校課程影響學生未來能否具備全球公民應有的素養，不只關乎學生個人生涯發展，更決定國家的競爭能力。如前文所述，在國際教育白皮書發布之前，多數教師對其有錯誤的認知：認爲國際教育是英文教師的事、高中階段的國際教育就是國際教育旅行、認爲非都會區技職學生將來不會出國、國際教育對學生不重要。但全球化現象並不進行區域及學制的篩選，因此沒有學生不需要國際教育。但進行國際移動和語言能力屬於比較菁英、特定的族群，能否進行國際移動關乎學生的社經背景，因此，要落實全球公民教育，便要避免社會經濟篩選，將世界帶進教室，讓走不出去的學生有機會拓展全球視野，以課程與教材讓學生與世界連結便成爲最佳媒介與工具，而成功的關鍵卻是教師。

面對全球化現象下，越來越重要的國家定位、國際理解與國際合作，課程與教材迫切需要產生創新和變革，教師在此變革的教育現場中扮演重要的關鍵角色。教師應打破過去線性思考的教學設計，前瞻時局變化，才能爲學生學習提供新視野與新方向。然而，教師的教學面臨「片斷化」的問題。教師的工作片斷化導因於課程組織的方式、科層的時程表，以及擾亂教學流暢的複雜學校生活，學科分成課程，課程又分爲章節單元，單元又變爲一些目標。而各學科領域之內，也是片斷化的，學生研讀歷史和藝術，卻從來沒想過這些科目之間彼此相關，課程安排讓教師沒有時間聚在一起籌畫教學活動。除了「片斷化」，另一個難題是教師的「孤立」：教師與其他行業不同，在工作時幾乎完全和其他成員隔絕，下課時卻要忙於監督的工作，即使有空閒也要忙於學校的工作及和同事相處，這些都是凝聚力、觀念分享和集體組織的障礙。教師對自己教學的檢討，是透過自省而深化，加上學校是一個半科層組織，成員參與校務的方式以及多重的權利與控制執行方式，也與其他組織不同（Margaret & Kathleen, 2009）。因此，學校端很難強制要求教師積極配合所謂的課程改革與教學革新。而教育變革需要學校和教師打開教室，並在教學過程中互相學習與改變。教育改革過程中需要兼顧全球化、本地化和個別化等三重化過程（triplizations），在此過程中，學校教育需要各方協作及支持，提

供多方的教學資源來源，共同攜手建立支持網絡等。學校課程之運作發展模式，可以透過教師課程協作開始，發展出課程協作模組，降低教師之工作量，提升教師協作之意願，促進教師在教學過程中夥伴關係的建立（鄭燕祥，2004）。

佐藤學主張的「學習共同體」，可視爲對上述問題的回應。共同學習體的推動，可以達到以下效果：(1) 帶動學校轉型，成爲學習型學校；(2) 觸動教師改變，成爲專業共學的同儕；(3) 引動學生學習，成爲共同學習的夥伴；(4) 精進教師專業提升學生學習成果。教師能透過學習社群，進行反思對話、分享教學實踐、研究課堂教學，不僅扮演一個教育專家，也是一個學習專家（潘慧玲等，2012）。透過與模範的前輩學習、與同僚相互學習，教師專業發展不再是單打獨鬥，而是所學習到的教職專業，就是其所歸屬之專家共同體的文化。近年來因應 108 課綱之施行，教育部國民及學前教育署以學校申請之均、優質化推動教師專業學習社群。教師專業學習社群之定義爲：「教師專業學習社群乃是一個專業的學習團體，在此學習團體當中，具有共同願景與目標的教師，爲提升教師教學專業及學生學習，合作且持續地進行對話、探究、實踐與學習，藉以解決教學問題或創新教學。」（丁一顧、江媗姬，2020）。

如前文所述，對教育現場之行政人員及教師而言，推動學校本位國際教育計畫必須面對教師推動意願的問題。而教師意願爲課程改革的關鍵因素。1983 年課程學者 Stenhouse 就提出：課程發展就是教師發展，沒有教師的專業發展就沒有課程發展（歐用生，2019）。因此爲協助參與計畫學校教師能認識我國推動國際教育的迫切需要與國家推動國際教育的機制，並能重新檢視自己對國際教育的認知，同時回應 108 課綱對教師須跨域與對話的專業成長的期待，本計畫的跨校合作以教師專業成長爲主要理念。筆者以參加「中小學國際教育資源手冊 I 、II」課程撰寫、擔任相關講座，推動多年國際教育校本課程的經驗，分享團隊成員關於國際教育白皮書內涵、校本課程規劃與實作、課程設計與實作，與四校共同產出每校三套跨領域之教案。

三 透過課程彈性活化時間運用，打破推動之限制

高等教育的擴張，讓技術型高中學生大量進入高等教育，以教育部統計處公告資料來看，自 105 至 109 學年度，高級中等學校畢業生繼續升學比例由 82.8% 上升至 86.2%，就業人口及未就業人口和從 16.6% 下降至 13.2%（教育部，2022a），顯見推動教改多年，高中畢業後繼續升學仍爲多數家長及學生生涯規劃首選。因爲少子化及高等技專院校的擴張，並未降低升學壓力，就技術型高中而言，學生除了透過學業成績參加繁星推薦及甄選入學、分發入學之外，還能透過特殊表現取得「特殊選材」的入學管道，也可以透過技術能力成就的「技優甄選」，以及爲提升特定領域人才培育設立的「公費專班」，更有許多產學合作專班。在社會普遍仍有傳統職業階級觀念的前提下，技術型高中在少子化浪潮中莫不以升學績效來提高能見度，以求學校永續發展。看似多元的入學管道，卻開啟學校升學績效的戰國時代，理論、實務均與升學相關，因此，多數學校一天排滿八節課、技能檢定、全國技藝競賽、全國技能競賽……，更不用說爲了學習歷程須展現的其他多元學習表現。學校課程發展委員會淪爲各科搶課的戰場，各科目間的橫向統整僅止於口號，所謂的「校本課程」多是拼湊出來，未能眞正整合出學校資源凝聚共識。即便課綱通過之後正式施行，課程時數難以應付升學需要，教師研發教材之意願和能力無法滿足學生學習需求，加上新課綱推動之後教師因應教材變動須增加備課的時間、學生學習歷程檔案輔導、教師專業社群的共同備課、公開觀課以及議課等工作，再加上新課綱須融入之議題高達 19 項，上述原因均讓現場教師對推動國際教育裹足不前。

爲解決教學現場教學實務上因課程結構及學校生態與文化對推動國際教育的不利，筆者和團隊採取以下的策略，試圖打破僵局。

(一) 活化課程進行方式

有別於過去課綱在課程設計以學期爲單位，新課綱以彈性課程跳脫傳統分科，可由單一教師主導課程，或將幾個相關領域納入的協同教學或以微課程組合進行。本計畫之國際教育課程教學方案設計，以此概念爲基礎，每校三套校本課程均爲同一議題不同領域的課程組合，加上與夥伴學校教學方案的協同教學，課程有更多的組合空間。學校可以運用彈性課程完整將整套教案以協同教學或微課程方式進行，亦可將不同單元課程於該相關領域類科的課程中融入，期末再以學生學習成果發表方式綜整呈現。表 6 以員林農工第一個教案爲例。

表 6　課程領域規劃方式

學校名稱	教學方案	課程單元	相關學科領域
國立員林農工	彰化世界學之員林學	單元一：員林的前世今生、畫我員林、員林的世界	歷史、地理、彈性課程、學生自主學習
		單元二：世界的員林——產業調查、社區踏查、員林產業的世界地圖	彈性課程、各專業類科、學生自主學習
		單元三：畫（話）我員林——員林行銷大使、世界舞台的我。	彈性課程、國文、英文、學生自主學習
		課程總結：影片、海報、PPT、綜合活動分享	

教學方案共計 18 週，每 6 週爲一個單元。第一教學單元涉及員林地區族群變遷史、全球化形成歷程、員林地區田野踏查、族群訪談、全球化現象分析，由彈性課程開課教師授課，教師於課堂中引導學生進行資料蒐集、論證及訪查大綱擬定，並於課餘時間分組完成並產出結果，再協同歷史、地理教師進行學生成果之分析與釐清。亦可讓教師於歷史及地理課程中融入教學，再由學生產出學習成果分享。

第二單元爲員林地區周邊國際性產業之調查：透過訪談、資料分析等，整理其產業聚落成因及全球化產業鏈結、對周邊社區的影響及其世界銷售地圖，可由彈性課程教師執行，亦可由各類科教師於相關專業課程中融入，並產出成果。第三單元爲話我員林，學生在第一單元及第二單元課程的成果基礎之上，制定中、英文員林行銷策略，介紹員林在地特色及由時間、空間形塑而成在文化、建築、美食、宗教……等領域的多元樣貌與全球化現象，並介紹員林地區花卉、織襪、五金、食品加工、輪胎、腳踏車等國際性產業，並實際向外籍友人進行介紹，且於課後完成「世界舞台的我」寫作，說明全球化與自己的關聯，以及如何讓自己成爲具備國際移動力的全球公民。課程可由彈性課程教師進行，並以國文、英文教師協同教學，或融入國文及英文課中進行，再綜整成學習成果。爲活化課程進行方式，每單元學生之學習成果均辦理成果展出，使任一階段課程無論是由彈性課程延續進行，或階段性融入各類科課程均可銜接。爲擴大學生學習成效，達成區域整合課程目標，四校之間並以協同教學、學生成果分享讓學生擴大學習成效，以本區域計畫第一個教學方案彰化世界學爲例，透過圖 1 模式，讓學生全面認識彰化縣在地全球化全貌與彰化縣的國際競爭力。

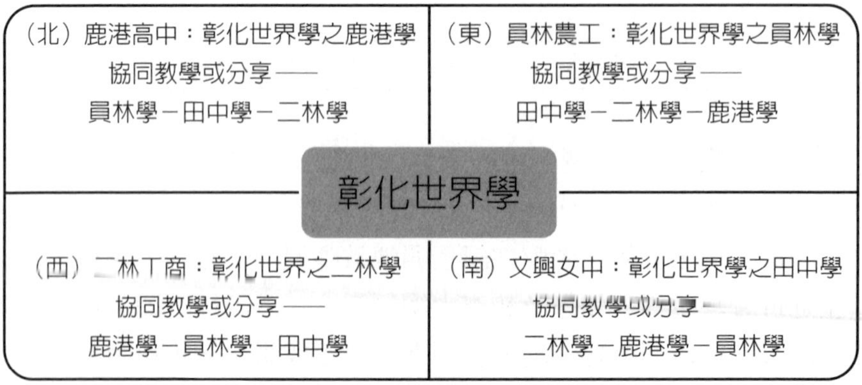

(北) 鹿港高中：彰化世界學之鹿港學
協同教學或分享——
員林學－田中學－二林學

(東) 員林農工：彰化世界學之員林學
協同教學或分享——
田中學－二林學－鹿港學

彰化世界學

(西) 二林工商：彰化世界之二林學
協同教學或分享——
鹿港學－員林學－田中學

(南) 文興女中：彰化世界學之田中學
協同教學或分享——
二林學－鹿港學－員林學

圖 1　跨校課程合作模式

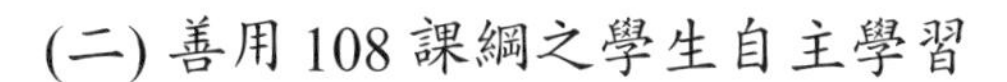

(二) 善用 108 課綱之學生自主學習

新課綱期待「教師是專業工作者，須持續專業發展以支持學生學習。」教師角色從「課程主導者」轉變成學生「自主學習的支持者」。108 課綱實行之後，彈性課程提供了跨科整合時段，如上述以微課程或協同教學方式進行，是最容易直接打破學生科系界線的跨域整合的方式。惟各校因現實考量，難以增加更多彈性課程時數，也無法全面以彈性課程擴及全部學生，因此以單元式教學方案設計，將各類科教學單元融入課程，配合學生自主學習的方式完成，在有限的教學時數後，學生能完成教師設計的學習任務。近年來盛行的幾個教學法：翻轉教學法、學思達教學法、探究教學……等均可與學生自主學習結合，加上網路、雲端、行動載具等數位化學習媒材均提供大量學生學習資源，教師若善用活潑自由的學習方式設計課程，便能使學生從生活中發現在地全球化之素材，理解「生活」與整個「全球化」關係。

爲了讓課程在有限的教學時間內能推動，本計畫課程設計大量運用團體學習和學生自主學習，在課程中，教師大多只是「設計」和「引導」者，爲考量四校學生均爲技術型高中學生，且考量國際素養的城鄉差距，因此課程均採「分組共同學習」，學生依教師引導共同完成任務及發表，透過討論、辯證、分享及教師引導等方式達成課程目標。表 7 以二林工商世界彰化學之二林學爲例說明學生學習方式。

表 7　課程設計學生學習模式

教學單元與內容大要	學生學習方式
課前活動：二林地區大調查 二林族群融合史與全球化 二林農作物變動史與全球化 二林產業變動史與全球化	學生依教師設計之學習單分組訪問或蒐集資料完成
第一單元：二林飲食大富翁——從飲食版圖看二林全球化之歷程	學生分組蒐集資料、踏查並討論完成學習單、發表

教學單元與內容大要	學生學習方式
第二單元：二林米糧的美麗與哀愁——農作物背後的全球化現象	學生分組蒐集資料、踏查並討論完成學習單、發表
第三單元：二林與葡萄——二林葡萄酒產業史及特色、世界各國葡萄酒文化、如何提高二林葡萄酒競爭力。	學生分組討論、實驗、設計與發表
第四單元：二林的甘蔗——二林蔗農事件歷史與經濟原理、國際貿易運作機制、臺灣蔗糖產業消長與國際大事：進入工商業社會、石油危機、巴西酒精能源計畫、加入 WTO……	學生分組討論、踏查、辯證、發表
第五單元：中科來了——土地與經濟及台糖土地利用——從蔗田到中部科學園區、二林與世界的距離	學生分組討論、蒐集資料、完成學習單
穿梭在「蔗」裡——參訪、踏查，完成影片剪輯	學生分組完成

(三) 跨議題整合，降低教師工作負荷

面對 108 課綱，教學現場教師另一個任務爲須融入 19 項議題，如前文所述，新課綱實施以後賦予教師的任務與期待使教師應接不暇，若教學活動設計可以讓教師事半功倍，了解達成融入議題無須花費更多的時間，則較易提高教師意願。108 課綱之課程涵蓋議題共 19 項，包含性別平等、人權、環境、海洋、品德、生命、法治、科技、資訊、能源、安全、防災、家庭教育、生涯規劃、多元文化、閱讀素養、戶外教育、國際教育、原住民族教育等議題。其中性別平等、人權、環境、海洋、科技、資訊、能源、防災、多元文化等均爲國際教育關鍵概念的範圍，而生命教育、安全教育、家庭教育、生涯規劃、戶外教育等雖非直接屬於國際教育關鍵概念領域的議題，亦可結合其他國家現況進行比較及討論，帶給學生不同視野，而閱讀素養更可直

接與國際教育結合，因此 19 項議題幾乎都可以是國際教育課程設計的內涵，若課程設計可以同時完成多個議題融入，則可協助教師在執行課程時同時達到課綱對議題融入的要求。表 8 以員林農工「人權在彰化之幸福臺灣，溫暖馬拉威」爲例。

表 8　課程跨領域整合模式

課程單元	可再融入之議題
一、建置活動網站	多元文化
二、馬拉威影像	生命教育、多元文化教育、人權教育
三、臺灣與馬拉威	生命教育、環境教育、人權教育
四、閱讀馬拉威	多元文化、閱讀素養、性平教育
五、寫信馬拉威	
六、送愛馬拉威	人權教育
七、議題探討：馬拉威的童工與童婚、學生公民行動	人權教育、性平教育

伍　結論

全球化的知識不斷在擴張，人類會面對越來越緊密的全球關係與隨之而來的複雜問題。但創造可以讓知識無限延伸，合作可以讓知識無限擴張，教學專業分工也許精細，但卻讓學生看見片斷化的世界，如果學生看世界的眼光不完整，他學習的世界也未經整合，無法以更寬廣的視野來看待世界，那我們教導的學生終究無法眞正認識、關心這個世界。所以，如何跳脫思考運作的框架，教導學生認識全球化的學習並思辨全球永續發展的重要，回應國際教育 2.0「接軌國際，鏈結全球」的願景，便是教育界重要的命題。本計畫推動模式縱向結合校務願景及學校資源，橫向攜手校內不同類科、校際不同區域，都是期望可以延伸更多的知識，讓教師教學跨科合作、校與校之教育目標跨校對話。第一次嘗試以從在地出發的核心議題整合四校課程，執行上仍有部分困難須克服，例如彈性課程之間四校未一致、跨校移動不易、跨校協同教學排課困難等，雖尚在克服，但希望拋磚引玉，讓跨校跨域合作的推動模式成爲可能。

參考文獻

丁一顧、江嫆姬（2020年6月30日）。臺灣教師專業學習社群實徵研究之分析。教育研究與發展期刊，**16**(2)，135-162。

王金國（2017）。談共備與有效共備之建議。臺灣教育評論月刊，**6**(11)，92-95。

王湘月（2019）。臺灣高等教育國際化與在地國際化之初探。南臺人文社會學報，**20**，31-68。

李臻妍（2021）。地方政府教育政策分析：以國際教育政策為例。國立暨南大學教育政策與行政學系碩士論文。

洪雯柔、郭喬雯（2012）。建構國際教育融入課程的教師專業成長團體規劃模式：三所偏鄉學校策略聯盟的經驗。課程研究，**7**(2)，55-83。

國家教育研究院（2020）。十二年國民基本教育課程綱要議題融入說明手冊。擷取自國家教育研究院：https://www.naer.edu.tw/upload/1/16/doc/2027/%E8%AD%B0%E9%A1%8C%E8%9E%8D%E5%85%A5%E8%AA%AA%E6%98%8E%E6%89%8B%E5%86%8A(%E5%AE%9A%E7%A8%BF%E7%89%88).pdf

教育部（2020）。中小學國際教育白皮書2.0。臺北：教育部

教育部（2022a）。高級中等學校應屆畢業生升學就業概況調查結果提要分析。Research Portal 教育部統計處。https://depart.moe.edu.tw/ED4500/News.aspx?n=3CFFB63DE6F5EEEF&sms=25B9C981DA040F7F

教育部（2022b）。**SIEP** 國際教育融入國定課程實作手冊。Research Portal 中小學國際教育資訊網。file:///C:/Users/rose/OneDrive/%E6%A1%8C%E9%9D%A2/%E5%9C%8B%E9%9A%9B%E6%95%99%E8%82%B2%E5%B0%88%E6%9B%B

8%E6%96%87%E7%AB%A0/SIEP-NC%E5%AF%A6%E4%BD%9C%E6%89%8B%E5%86%8A11102%E7%89%88.pdf

陳錫珍（2021）。從「國際教育2.0」探討對我國中小學國際教育未來發展的期許。臺灣教育評論月刊，**10**(2)，1-4。

楊怡婷（2015）。學校本位國際教育計畫推動之現況與省思。臺灣教育評論月刊，**4**(1)，157-160。

甄曉蘭（2003）。教師的課程意識與教學實踐。教育研究集刊，**49**(1)，63-94。

劉美慧（2020）。從國際教育 1.0 到 2.0——學校本位國際教育課程與教學的發展與變革。中等教育，**71**(2)，6-16。

歐用生（2019）。課程語錄。臺北：五南。

潘慧玲、李麗君、黃淑馨、余霖、薛雅慈（2012）。學習領導下的學習共同體手冊 **1.0**。學習領導與學習共同體計畫辦公室。

鄭燕祥（2004）。教育領導與改革：新範式。臺北：高等教育。

闕自安（2015）。高中職均優質化方案之課程發展功能的整合：區域課程發展中心的應用。臺灣教育評論月刊，**4**(11)，57-63。

Margaret D. LeCompte, & Kathleen P. Bennett（2009）。教育的社會學分析——學校教育之道。臺北：學富。（原著出版於 1999 年）

國際教育在非山非市完全中學的推動歷程之研究——以臺中市新社高中為例

歐靜瑜
臺中市立新社高級中學校長
林伯翰
臺中市立新社高級中學教師
兼圖書館主任

壹 前言

隨著國際貿易、全球移動與網絡的普及，全球化已無差別地影響著所有人的生活，將全球競合力、國際視野與公民意識融入學校課程，已成爲當代各國教育的重要目標（楊正誠，2018）。而教育部也於 2011 年 4 月頒布《中小學國際教育白皮書》（以下簡稱國際教育 1.0），期待從基礎教育奠基，培育具國際素養與視野之人才以厚植國家實力（教育部，2011）。

臺中市立新社高級中學（以下簡稱新社高中）屬教育部認定之「非山非市」學校。新社高中在環境限制、教育資源不足與學生弱勢比例高的背景下，期待透過國際教育的推動讓學生從認識在地特色肯認自我價值，並藉由多元課程與活動體驗增進學生國際視野，擁有更多選擇權進而翻轉人生。且新社高中爲了提供山城區學生更多就學的選擇，因此學校同時設有普通高中、體育班、職業類科與國中多個學部，複雜的學制在教育政策推動與人力也有著更多的挑戰。

新社高中自 2010 年起便積極結合「高中優質化輔助方案」等計畫的申請辦理國際交流活動、開發國際課程與師生分享增能講座……等。也藉由新課綱與《中小學國際教育白皮書 2.0》（以下簡稱國際教育 2.0）的契機系統化重建國際教育架構。在課程核心小組討論學校願景與學生圖像後，透過大學教授引導「國際教育推動委員會」盤整內外部資源、課程架構與既有活動後，訂定學校本位的「國際發展六年計畫」。計畫以系統化思考爲核心，在地環境與學生特質爲基礎，課程素養化與活動課程化爲原則，規劃出學校本位的國際教育基礎共通課程與進階分流活動，培養具國際視野與全球意識的「優質新中人」。

本文將以新社高中國際教育發展歷程爲例，蒐集從 2010 年迄今校內各項校務發展會議、申請教育主管機關計畫、民間組織的合作，以及曾經辦理之相關之課程與活動，從內容分析中提出學校如何在面對困境與限制下，讓原本各自獨立分化發展的活動與課程，透過行政組織、外部資源、教師社群的合作下，發展出具統整與系統性長期計畫的歷程，以作爲未來學制、規模、環境與學生條件類似之學校發展國際教育之參考。

貳 國際教育的探討

一 全球化下的國際移動與教育現況

兩千年前絲路串起歐、亞、非大陸間文明的交流，航海技術宣告全球化時代的到來，空中運輸讓地球成為一日生活圈，而電子通訊與數位網路更打破時空限制。如今全球化不再只是一種概念，而是直接地影響著我們的生活。不同於過去全球化主要關注國際間物流與貿易，邁入全球化 4.0 的今日，國際間的人力資源流動與跨國服務體系是當前的新挑戰（Baldwin, 2018）。尤其是本身土地與天然資源有限、高度依賴進口的臺灣，更需要發展國際教育厚植人才、強化競爭優勢以立足國際。

全球化下人力的流動正逐年擴大中。根據聯合國移民署 2019 年的統計，全球共有約 2 億 7 千多萬的國際移民（含 2 千 500 萬的難民），也就是有 3.5% 的人口居住在出生國家或領土以外，而這個數字較 2000 年成長約 40%。在臺灣，根據主計處（2019）統計，未受 COVD-19 疫情影響的 2018 年，國人赴海外工作的人數為 73.7 萬人，占了我國就業人數之 6.4%。而據勞動部統計，國內產業及社福引進的移工人數由 2011 年的 41.5 萬人大幅成長到 2019 年的 71.8 萬人，另外 2021 年外國專業人員聘僱人次也成長至新高的 4 萬 5,300 人。

從教育方面來看，根據聯合國教科文組織（United Nations Educational, Scientific and Cultural Organization，以下簡稱 UNESCD）的數據，1975 至 2010 年間全球赴海外讀書人數增長了約 5 倍，近 10 年人數仍繼續以每年 2% 成長中。在臺灣，根據國際與兩岸教育司統計（2022），學生赴主要留學國家留學的簽證人數從 2012 年的 2 萬 8,798 人增加到 2019 年的 4 萬 1,559 人。同時大專院校招收的境外學生（含非學位學生）人數也由 100 學年度的 5.7 萬人到108學年度翻倍成長至12.8萬人（國發會，n.d.）。

從上述可見國際人力流動是全球化下不可逆的趨勢，未來學生不可避免地在基本生活、求學與就業方面都要面對更多的挑戰。

二　國際教育的重要性

在高度全球化下，未來學生不只是要具備語言溝通、生活文化適應能力，更重要的是要擁有國際視野、掌握與全球趨勢與發展以獲得更好的機會。因此全球主要國家也紛紛提出以國家整體發展為核心的國際教育政策（教育部，2011）。國際貨幣基金組織（International Monetary Fund, IMF）指出，教育的力量提供弱勢與低收入家庭在科技與全球化時代下翻轉機會的可能，同樣的如果教育資源不均也會加劇弱勢的擴大（Jaumotte et al., 2007）。

國內學者吳清山（2011）進一步提出，全球化為人類帶來了便利，也衍生出貧富差距、文化消失、恐怖活動……等問題，而要減低全球化所帶來的衝擊，國際教育便扮演重要角色。國際教育應該幫助學生認識自我與世界的關係、了解全球議題脈動、尊重與包容文化多樣性、成為一個擁有觀察與省思能力及有國際觀的全球公民，才得以在這個存在高度依賴卻也充滿衝突的世界立足（陳意尹 、蔡清華，2014）。

綜觀以上探討，國際教育可說是因應全球化而生。國際間在文明進展、教育普及國家間的競合過程中，意識到人權、公平以及環境永續等議題的重要性，進而發展出跨越國家族群區別強調互依互存的「全球一體」概念。因此國際教育不應僅關注於未來產業發展所需如科技與資訊能力、獨立與跨領域學習、批判與創意思考，以及語言溝通能力的一般性能力（洪雯柔、文義豪，2020），更應培養兩個關鍵性能力，一是建立跨國文化的理解與合作共好的關係，二是因應時代建構永續發展的模式（洪雯柔，2021b）。

三 臺灣的國際教育政策

臺灣爲東亞大陸進出太平洋的門戶，因地理位置在全球化的舞台中也曾占有一席之地。而現今面對國際間的高度競爭，缺乏市場與資源的臺灣，也逐漸從過去製造、加工、代工爲主的產業形式，轉型爲發展高科技與跨國商務服務的出口模式。政府爲了因應全球化趨勢，於 1995 年開始推動相關國際教育政策以因應國家發展需求，其歷程如表 1。

表 1　我國推動國際教育歷程

教育政策	年分	主要內容
《中華民國教育報告書：邁向二十一世紀的教育遠景》	1995	推動國民小學英語教學及資訊化電腦多媒體輔助教學。
《九年一貫課程綱要》	2000	將「文化學習與國際了解」納入能力指標中。
「推動高中職國際教育旅行計畫」	2001	提供高中國際交流計畫規劃的指導以及經費補助之申請。
「教育部補助增進高級中等學校學生國際視野要點」	2009	提供高中國際交流計畫規劃的指導以及經費補助之申請。

資料來源：整理自劉素珠、林念臻、蔡金田（2018）。我國國際教育政策之比較分析。**教育行政論壇**，**10**(2)，33-58。

爲全面性推動國際教育，教育部於 2011 年提出《中小學國際教育白皮書》，強調從中小學教育出發，以培育具備國家認同、國際素養、全球競合力及全球責任感的人才爲目標，透過中小學「學校本位國際教育計畫」（School-based International Education Project，以下簡稱 SIEP），鼓勵學校從「課程發展與教學」、「國際交流」、「教師專業發展」、「學校國際化」四個方向發展，以在地資源與學生特質爲基礎，發展一校一特色的校本國際教育（教育部，2011）。

而後教育部爲推動新課綱「自發、互動、共好」的理念，培養學生「多元文化與國際理解」的核心素養，於 2019 年成立「中小學教育國際化專案辦公室」（Primary and Secondary Education Internationalization Office, PSEIO），全面檢討已發展 8 年的國際教育 1.0 整體執行狀況與成果，並就現今中小學國際化內外環境重新檢視。針對國際教育 1.0 的檢討後發現的幾個問題，例如國際交流的深度與成效、受益對象的比例、各學習階段的需求差異、教育國際化的鬆綁、人力資源的不足、國際資源連結的提供，以及主管機關的縱橫向支援，以作爲下一階段國際教育的發展依據（中小學教育國際化專案辦公室，2020）。教育部也依檢討報告於 2020 年正式發布國際教育 2.0，以「接軌國際、鏈結全球」爲願景，拓展全球交流、培育全球公民、促進教育國際化三項目標，精進學校本位國際教育、打造友善國際化環境、建立國際架接機制三個策略（中小學教育國際化專案辦公室，2020）。

學者洪雯柔（2021a）也透過整理近 15 年研究後，分析國際教育發展趨勢並提出相關建議：

1. 推動《中小學國際教育白皮書》成功將中小學校教育從原本以全球教育爲主軸，引導至課程融入與交流結合的國際教育。
2. 學校發展應以考量在地環境的資源與能量進行規劃。
3. 偏鄉與弱勢地區在機會上的不均等。
4. 普通型與技術型高中的相關研究較少。
5. 深度與長期性研究不足。
6. 國際教育評鑑、規準與工具待精緻化。
7. 國際教育內涵與範疇應再深化。

上述研究結果也與「中小學教育國際化專案辦公室」檢討國際教育 1.0 的內容呈現高度相關，亦爲新社高中推動學校本位國際教育的重要參考。

四　偏鄉學校的教育問題

吳雅萍（2020）整理出偏鄉教育機會不均等的因素，主要來自於城鄉差距、教學資源、家庭背景與學生個人四個面向。學校一方面要面對資源不足、師資結構與人力缺乏等問題；一方面又要面對社區與家長社經地位弱勢，造成學生在文化不利下缺乏機會與自信的問題，以及不同族群與新住民子女的文化差異（丘愛玲、何青蓉，2008），如此內外部多重挑戰也讓偏鄉教育人員常面臨心有餘而力不足的窘境。

新課綱強調培養核心素養，以幫助學生獲得適應現在生活及面對未來挑戰，所應具備的知識、能力與態度（教育部，2014）。但處在相對弱勢的偏鄉學生沒有良好教育條件，面對學習資源不均，從升學到就業面臨生涯選擇的限制，而且文化不利的背景也阻礙價值觀與自我概念形成，難以支持尋求高層次自我實現。因此政府也須從教育公平與社會流動的角度，提供積極性的差別對待以促進社會流動的可能（王如哲等，2014）。

從上述四點的探討中，可看到全球化下的人才流動在個人與國家發展的影響力，而各主要國家也紛紛從政策面訂定發展策略以維持國際競爭力。臺灣近年也跟上其他重要國家的腳步，從中小學階段鼓勵學校推動與發展國際教育。但偏鄉弱勢的限制增加了新社高中推動國際教育的困難，反之也凸顯翻轉學生未來的重要性。

參　新社高中國際教育發展歷程

一　學校簡介

新社高中位於臺中市郊的山城地區，是國教署核定屬於「非山非市」類別的一所直轄市立高中。日治時期在新社地區成立了「蔗苗養成所」，即今日「行政院農業委員會種苗改良繁殖場」。當時為了培育農業人才，於1925年成立「新社公學校附設農業補習學校」，即為新社高中的前身。可以說新社高中成立之初就具備跨文化與在地特色的背景。時至今日，新社高中亦以其發展的歷史作為推展國際教育的基礎，系統性地整合學校與地方資源，發展有故事的國際教育。

(一) 學校歷史沿革

新社高中的校名與在設立的90餘年間經歷了數次更迭，也見證了臺灣近百年來教育的演進史。最早於1925年成立「新社公學校附設農業補習學校」，爾後三次改制易名為「東勢街二莊組合立東勢農林國民學校」、「台中州立東勢農林國民學校」、「台中州立實踐農業學校大地館」。在臺灣光復初期先後改制為「臺中縣立新社初級農業職業學校」、「臺中縣立新社農業學校」，1968年因全面實施九年義務教育改制為「臺中縣立新綜國民中學」，1979年與一牆之隔的「臺中縣立新社國民中學」合併為「臺中縣立新社國民中學」。1998年改制為完全中學更名為「臺中縣立新社中學」，2000年因增設綜高改名為「臺中縣立新社高級中學」，2010年因臺中縣、市合併改名為「臺中市立新社高級中學」至今。

(二) 學校現況

為滿足山城地區學子就學需求，新社高中學制為普通型高級中等學校附設職業類科，目前高中部每年級有普通科4班、體育班1班及職業類4科4班（商業群設有商業經營科與資料處理科；農業群設有農場經營科與園藝科）共計27班，另有國中部18班，資源班1班，總計全校46班學生約1,250人。

新社高中為地區型高中（職）與國中，全校近半數學生來自山城地區家庭。由於山城區的產業結構與發展，全校弱勢學生比例偏高。

根據 111 學年度學生資料統計，新社高中學生家庭低收或中低收人數爲 106 人，占總學生數的 8.4%，高於全臺中市低收入及中低收入戶數 3.28%（臺中市政府主計處，2021）。另家長身分爲外籍的學生有 120 人，占總學生數的 9.4%，也高於全臺中市新住民子女占學生比例的 6.2%（教育部，2021a）。

(三)「完全中學」與「非山非市」學校之挑戰

從上述兩點可以看到新社高中相較於其他學校，在先天上就面對的諸多挑戰，一是「完全中學」與多元學制的挑戰，二是「非山非市」地利不便、環境資源缺乏與弱勢家庭比例高的限制。

新社高中除了要面對「完全中學」國、高中階段因招生方式不同，課程銜接難以實現六年一貫的問題（徐諶，1996）；單在高中階段就面臨普通及技術型高中、體育班三種不同學分與課程結構的複雜，難以在國際教育規劃上找到一體適用的模式。而且學校行政需要處理多種學制的課程與業務，但卻只有一所學校的人員編制，負擔與壓力明顯大於一般學校。此外各學制的班級數少，在整體師資安排上部分教師需要配課或跨學部授課，在新課綱實施後甚至有教師需要負責 7 門以上的課程，造成教師投入課程研發與精進上的阻礙。

新社高中所屬「非山非市」類型學校係指「非偏遠地區學校，而經教育部核定教育資源需要協助之公立高級中等以下學校」，這類學校雖然在地理位置上與都會區相去不遠，但很容易被忽略其弱勢的條件（教育部，2021b）。以位於臺中市緣台地上的新社高中爲例，國中部招生均來自鄰近學區，而高中部招生受到交通與位置影響，學生有半數亦來自鄰近的山城地區，也造成家庭條件不佳與文化刺激不足的學生比例較高，在國際教育推動上需要尋求更多外部資源與計畫支持，也讓原本就吃緊的行政人力遇到更多挑戰。

二　新社高中國際教育發展

新社高中作爲山城區的教育中心，著眼學生從逆勢中翻轉，自教育部 2011 年 4 月公布《中小學國際白皮書》後，校長就率領學務團隊積極參加教育部舉辦之多項國際教育專業知能研習，並於校內辦理多元講座。而申請教育部「高中優質化輔助方案」時，訂定學校發展的三大主軸爲「健康樂活 FUN 新中」、「主動積極 WIN 自我」、「永續關懷 EYE 世界」。學校也藉由計畫的支持陸續辦理日本、馬來西亞、韓國……等跨國文化交流活動、開發在地認同與國際議題之課程、提供英、日、韓、東南亞等語言的學習機會、參與民間組織計畫……等多元內容。在國際教育推動的數量與種類上，相較於都會區學校也絲毫不遜色。2015 年教育部頒布《十二年國民基本教育課程綱要總綱》後，學校透過課綱工作小組討論、整合學校師生意見後，確定以「新中境好，幸福學習」爲目標，「解決力、團隊力、關懷力、健美力」爲校本核心素養，並依七項子計畫演繹出校內特色活動與課程，積極協助教師的專業成長，培育學生多元試探與生涯發展，同時也經由多元國際教育的推動，讓新中學子胸懷在地，放眼天下，成爲具有國際視野的優質新中人

在開始規劃國際教育之初，新社高中就以「學校本位」概念出發，從帶領學生探索及認識在地元素，與國際間的交流比較中產生出新的視野，以螺旋式建構學生理解世界的方式（洪雯柔，2020）。內容中圍繞融入新社在地豐富的歷史人文與產業特色，像是日治時期建設的種苗場、白冷圳等歷史建築、有神無廟的九庄媽的文化底蘊。另外除了新社聞名全臺的菇類、水果、花卉等產業，近年蓬勃發展的觀光農業也都是重要的素材。而選定以日本、馬來西亞作爲跨國校際交流的開端，是因爲日本與學校歷史及在地發展脈絡關係密切，另因學校有兩位馬來西亞留臺服務的同仁，且考量校內東南亞新住民學生比例高的背景。

新社高中國際教育以務實漸進的概念出發，「從在地到全球」是從認識在地特色爲起點，並從跨文化的比較中學習理解與尊重；「從基礎到進階」是從國際素養基礎共通課程後，鼓勵學生在進階交流中獲得體驗與實踐；「從個人到群體」是從個人能力的培養延伸，建立全球公民的意識與責任感。期待國際教育的引導，學生能意識到環境對自身的影響，具備主動蒐集並評估資訊的能力，擁有合作互動的態度與國際視野，以創造更多未來的選擇權（游淑靜、范熾文，2020）。

學校願景	新中境好　幸福學習　i-WE FUN				
圖像	教師圖像	學生圖像			
願景slogan	善教培力i課程	求真創新Win自我		傳善興社Eye世界	臻美樂活FUN新中
願景意涵	自省、互聯	穩定、超越		著眼、關愛	樂活、健康
教師自發進程/總綱核心三面向	內省 intraperson 人際 interperson 參與 involvement	自我學習 溝通互動 社會參與			
能力向度		A 解決力	B 團隊力	C 關懷力	D 健美力
指標	教學內省	A-1 探索體驗	B-1 自我悅納	C-1 品德修養	D-1 身心健康
	社群合作	A-2 閱讀理解	B-2 溝通合作	C-2 在地認同	D-1 藝文涵養
	共榮參與	A-3 分析思辨	B-3 規劃執行	C-3 全球視野	
		A-4 學用合一		C-4 公民責任	
社群支持	課綱小組/教師社群	學科社群/跨領域社群			

圖 1　臺中市立新社高中校本核心素養

表 2 爲新社高中過去 10 年間推動國際教育項目，依「教師專業成長」、「學校國際化」、「國際交流」、「融入課程」四軌分列：

表 2　臺中市立新社高中推動國際教育方案

教師專業成長	學校國際化
國際教育種子人員培訓	校園文件電子化
國際教育社群增能研習	推動課室英語
學校本位課程 SIEP 研習	建置雙語廣播系統
國際教育 2.0 培力研習	建置英語情境教室
跨校國際教育社群	建置國際視訊交流教室
國際教育推行委員會	締結國際姊妹校

國際交流			
活動名稱	時間	學部	課程連結
臺中市姊妹校國際交流	2000-2019*	高中	無
# 飢餓 30 活動	2008-2016	國、高中	無
新加坡書香種子交流	2012、2013	國中	有
日本、韓國青棒交流	2012-2014	高中	無
# 資助兒童計畫	2012-2023	國、高中	無
紐西蘭遊學活動	2013	國中	無
韓國青少年交流	2013、2014	高中	無
臺馬教育文化交流	2013-2019*	國、高中	有
泰北華語志工	2014	高中	無
日本高校海外見學交流	2016、2019	高中	無
日本伊予農校交流	2017-2019*	高中	無
越南華語志工	2020-2023	高中	有
偏鄉小學國際教育服務	2022-2023	高中	有
# 舊鞋救命活動	2023	國、高中	無
# 寫信馬拉松	2023	國、高中	無
融入課程			
課程名稱	參加對象	課程類別	學部
英語寫作、英語口說	高中	多元選修	高三
在地與全球化	高中	多元選修	高一
新社花路米	高中	多元選修	高一
國際教育服務設計	高中	多元選修	高一
新社在地文史	國中	彈性課程	國一
國際教育服務設計	國中	彈性課程	高一
白冷圳、種苗場踏查	國中	特色活動	國二
山岡老師紀念追思活動	國中	特色活動	國一
日、韓語社團	國、高中	社團活動	全校
東南亞語課程	國、高中	社團活動	全校

* 持續辦理因疫情暫停中；# 與民間公益組織合作活動。

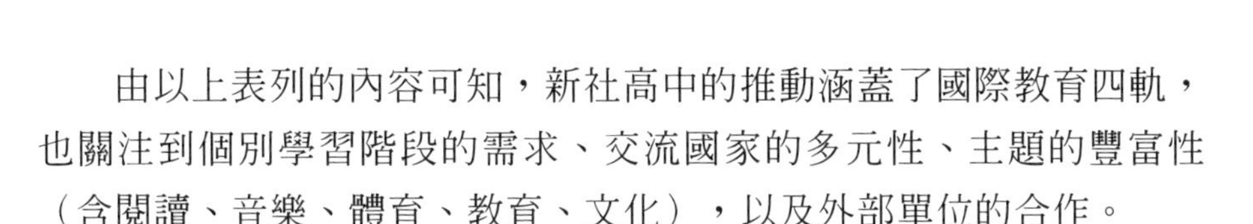

由以上表列的內容可知，新社高中的推動涵蓋了國際教育四軌，也關注到個別學習階段的需求、交流國家的多元性、主題的豐富性（含閱讀、音樂、體育、教育、文化），以及外部單位的合作。

三 國際教育推動檢討

表面上看新社高中的國際教育內容相當豐富，但細究個別內容與品質落差大，預期學生的表現與態度改變也未如預期。在活動參與方面，已發展 6、7 年的馬來西亞尚大致呈穩定狀態，但前幾年規劃日本教育旅行與臺中市辦理的國際姊妹城市交流並不踴躍；在語言學習方面，近年學校透過校內、外計畫辦理的線上英語、英檢班與課後日語社團報名人數都不理想，也反映在學生語言學習動機低與成績普遍不佳上。在新課綱加重的原已吃緊的負擔下，也讓同仁對推動國際教育產生疑問。

而在內外部環境的挑戰下也迎來了新的契機，新社高中於 107 學年度通過「十二年國民基本教育課程綱要前導學校輔導工作計畫」申請，成為高中優質化前導學校。經由前導計畫辦理的培力增能，學校開始盤整課程與活動，縱橫向思考學校發展脈絡，系統性凝聚能量以同時做到精緻化與行政工作減壓。另外國際教育 2.0 推動也協助學校重新檢視國際交流的成效、受益對象的比例、各學習階段的需求差異、內外部資源等因素。

新社高中邁向國際教育 2.0 的第一步，便是邀請國立暨南國際大學國際文教與比較教育學系洪雯柔教授入校諮詢，透過長期陪伴引導同仁認識國際教育的核心理念、活動課程化與課程素養化的設計原則，以及建立國際教育的系統觀，並帶領夥伴對過去國際教育內容進行檢討分析如下：

(一) 可持續性發展

從表 2 所整理的「國際交流」可以看出，學校雖曾辦理過許多類型活動，但部分如「紐西蘭遊學」、「韓國青少年交流」、「日本、韓國青棒交流」辦理的次數並不多，大致上都屬於教師個人意願或臨時性任務交辦，因此遇到人員異動或職務調整就無法延續。但國際活動從開始的規劃聯繫到執行準備與完成後的核銷，過程中都需要投入相當多的人力與時間。過多一次性活動除了會消耗行政與教師量能外，也會讓人對「放煙火式」的國際教育產生質疑，此外課程深化與國際夥伴關係都需要長期經營才可能讓交流品質不斷提升。

(二) 學習導向規劃

動機、課程與評量是學習導向的核心。過去新社高中辦理的許多活動，沒有經由正式課程或非學習時數外的引導，而常被認爲只是「課外活動」（宋方珺、楊振昇，2017）。學生沒有經過先備知識的建構、了解學習目標與後續的評量與反思，便難以評估其學習成效。學習導向的國際教育應重視完整學習歷程，除了上述學習目標、課程設計以及評量檢核外，學習成果的評估不應只侷限於知識層面，而要將思考、態度與實踐的向度納入，確保學生能在眞實情境下做出適當的選擇與改變（洪雯柔，2017）。

(三) 普及性與公平性

國際教育爲培養學生國際視野與面對未來的關鍵能力，實施是否普及亦爲推動成效的重要指標。一般的活動與課程都不可避免會受到人數的限制，新社高中又因複雜學制的影響，就算是在校訂必修課程也無法完整涵蓋到所有學生。而受到環境限制、家長社經地位與人數等限制下，如何照顧到弱勢學生達到機會公平性都是很大挑戰。雖然可透過邀請學生利用全校性集會發表活動成果以擴大受益對象，但在

課程的普及與積極對待學生差異的方面還有待努力。

(四) 組織分工

過去新社高中國際教育任務分散在各處室，例如馬來西亞與日本交流由學務處、圖書館、輔導處辦理，國際與雙語課程則由教務處與課程發展委員會負責，學校國際化及教師專業成長等任務也都是各自發展。雖然學校課程與活動內容看似豐富，但彼此間缺乏縱橫向的連結，可能重複做了或是都遺漏了重要目標，不但事倍功半，最後也難以評估整體成效。

(五) 系統性思考

新社高中國際教育面臨學制複雜、課程與活動分離、分工不明確、資源的排擠等狀況。加上新課綱、雙語教育、本土語、數位學習等政策推陳出新下，學校教師與行政都已忙於各種研習進修，而偏鄉地區教師需要參加的研習次數相對較爲頻繁，更容易使其產生厭倦或排斥的狀況（吳美瑤，2017）。因此，透過系統性思考找出延續性、精緻度、參與度、組織分工等問題的槓桿點（Meadows, 2008），有效整合人力與資源規劃國際教育發展策略，是同時具有「完全中學」與「非山非市」身分的新社高中發展國際教育的關鍵任務。

肆 系統性國際教育推動策略

本節就將新社高中在面對上述困境與檢討後，爲系統性推動國際教育所擬定之整體規劃與執行策略加以描述。

一 成立國際教育推動委員會及教師專業社群

新社高中國際教育過去多以單一處室的活動規劃或單一領域教師設計課程，所以多未考慮課程與活動間相應的連結，因此常會遇到時間與人力的衝突以及內容深廣度不足等問題。爲此學校於 106 學年成立跨處室「國際教育推動委員會」與跨學科「國際教育課程社群」，組織說明如下：

(一) 國際教育推動委員會

由圖書館召集與國際教育相關各處室主管及行政同仁所組成。委員會的主要任務爲討論國際教育發展整體規劃、推動策略與各年段活動課程架構，訂定學校國際教育長期發展的藍圖、滾動式修正國際教育推動計畫。並於每一年度於期初及期末召開會議，針對國際教育相關計畫的申請與年度工作的規劃、分工討論及檢討，透過跨處室討論與共識解決工作重複及缺乏溝通所造成組織效能的缺失。

(二) 國際教育課程社群

由圖書館邀請跨領域教師組成專業發展社群，主要任務爲開發學校國際教育相關課程。跨領域的教師組成能從不同的觀點與議題切入，設計出符合在地環境與學生特質的學校本位課程。目前社群教師已設計出新社高中的「國際教育基礎共通課程」九節課，並於高一新生入學暑期輔導時實施，在不受學分時數的限制下讓全體普通型與技術型高中學生都能完整接受課程。目前社群也持續針對多元選修與彈性學習時間研發國際教育加深加廣課程。

二　盤整全校國、高中相關課程與活動

學校過去辦理多樣的活動與課程累積了可觀的資源，透過「國際教育推動委員會」系統性地盤整國、高中相關的課程與活動，並對應學校願景與能力指標訂定國際教育的發展目標，系統地規劃學校各部別、各年段學習內容及彼此間縱向延續與水平協同的關聯。立體式的課程架構讓學生在有層次的引導下更清楚了解，並且能依據個別需求參與校內外的課程與活動（圖 2）。

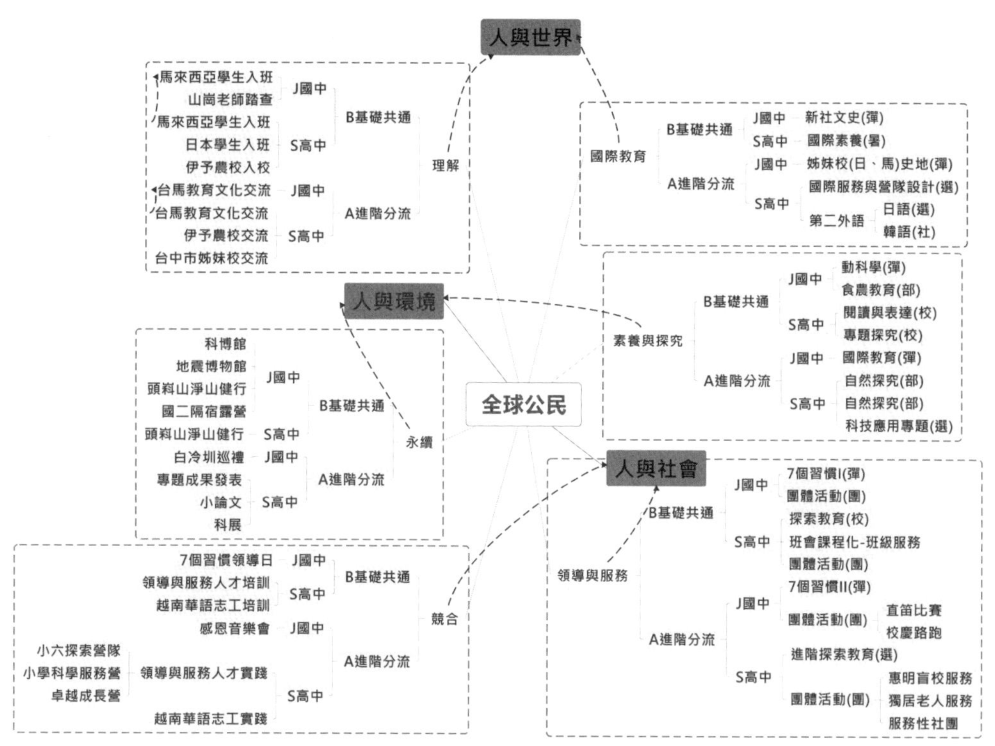

圖 2　新社高中國際教育架構草案

三　建立國際教育基礎共通與進階分流架構

「國際教育 2.0 之推動不在菁英化，而在普及化。」（中小學教育國際化專案辦公室，2020）考量如何兼顧全體學生基本國際素養，以及因應不同學習階段差異安排學習內容兩個看似衝突的問題，新社高中參考國際教育 2.0「教師及教育行政人員培力計畫」，將學校的課程與活動區分出基礎共通與進階分流兩種不同層次的規劃。

其中針對所有學生規劃的「校本國際教育基礎共通課程」包含了五個主題式課程，其中「國際教育 @ 新社」引導新生了解學校國際教育的整體規劃，「重新看世界」讓學生從認識差異中學習跨文化理解，「愈在地愈國際」從認識在地特色與認同建立學生認識世界的方法，「國際議題探討」從認識國際議題到學習以不同的觀點進行腦力激盪，最後「全球公民視野」統整建構全球公民意識與視野。藉由課程建立學生基本國際素養，並作爲未來參與各項「進階分流活動」之基礎能力。

而新社高中的「進階分流活動」主要搭配計畫申請的各項國際交流活動，例如日本與馬來西亞姊妹校交流活動、越南國際志工培訓、偏鄉小學國際教育服務營隊……等，鼓勵學生在基礎共通課程後能勇於實踐挑戰，並在實際的交流中獲得更深刻的學習與感受。

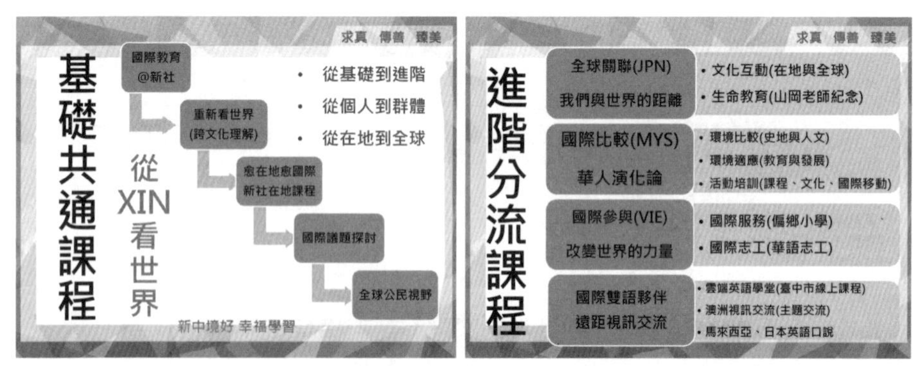

圖 3　新社高中國際教育基礎共通與進階分流課程架構

四　爭取外部資源與合作機制

偏鄉地區教育上缺乏的包含有形的經費與設備，以及無形的資源與人力。學校在計畫申請上除了非山非市補助外，也積極申請競爭型計畫，例如高中優質化與前導計畫、學校本位國際計畫 SIEP、與國外姊妹校線上教學計畫、部分雙語融入教學、引進外籍英語教師計畫……等爲學生爭取更多的機會。

在人力有限的情況下，也透過參加民間組織辦理已經相當成熟的活動，例如「世界展望會——資助兒童計畫與飢餓 30 活動」、「伯利恆倉庫——舊鞋救命」、「國際特赦組織——寫信馬拉松」，利用

已有資源經全校性的宣導與分享後，就能讓偏鄉學生也和市區學生獲得相同的機會。而過去學校也與鄰近教會合作美國與韓國的青年交流，也都是善用外部資源的良好經驗。

而與其他教育單位的夥伴交流也相當重要。例如校長帶領同仁參加「國際教育推動校長領導社群」、「優質化前導計畫國際教育社群」，在跨校社群互相分享經驗與資源。透過策略聯盟大學的合作，減輕學校在辦理國際姊妹校交流的負擔。近年也與長期經營國際服務的洪雯柔教授合作，規劃由暨南國際大學志工領導人帶領高中生進行偏鄉與國際服務的培訓與活動。上述各種夥伴合作機制不但減低了學校行政負擔，同時也提供學生更多元的學習經驗。

五 推動學校國際化

學校國際化不只是硬體設備的建置，更重要的是環境氛圍的營造。新社高中在基本的文件與標示的雙語化外，也積極營造學習情境以落實國際與雙語教育。在環境建置上設置多語視訊廣播系統、英語情境教室、國際視訊交流教室、攝影後製教室等。在學習情境上也積極推動雙語融入教學、教室英語日、午間雙語新聞與發行國際教育刊物。

教育部「國際教育 2.0」在學校國際化的推動上亦擬定了六個面向的檢核指標，學校得以透過學校國際化工具包檢索平臺提供的檢核指標來作爲推動的依據，並可申請經費逐步完成初階、進階、高階的認證。新社高中也將持續在「國際教育推動委員會」討論實施進程，配合國際教育計畫營造良好學習環境。

六 永續規劃學校國際教育的推動

在永續發展的概念下，校長帶領「國際教育推動委員會」統整政策推動、學校發展與學生需求三個面向，訂定新社高中自 2020-2026 年的「國際教育 6 年計畫」以達成以下目標：

1. 呼應全球化的教育需求，建立新社高中學生從在地到國際的國際視野。

2. 規劃新社高中國際教育之發展以符應新社高中發展之願景，並且結合學生圖像以培養優質新中人。

3. 系統性規劃新社高中國際教育推動之項目。

4. 為求國際教育推動之順利，整體性進行各項工作之盤整與處室合作。

5. 盤點目前校內國際教育推動之工作項目、相關設備等，以進行資源整合並了解需求，進而提升推動之效能。

新社高中透過成立跨處室的任務型組織，系統性地規劃短、中、長程目標，並以滿足全校與個別學生、整合跨年段與跨學部的學習、深化課程與活動，以及處室協同分工為原則，建構永續發展的新社高中國際教育。

伍 新社高中國際教育的挑戰與展望

回顧新社高中從國際教育 1.0 到 2.0 的發展歷程，一開始如瞎子摸象不斷嘗試，也在經驗累積、專家諮輔與外部資源的協助下，逐漸梳理出一條略有規模的路徑。目前新社高中已透過「國際教育 6 年計畫」規劃六年一貫與跨學部整合的架構，但執行上仍有不少困難有待克服。以下就從四個面向探討後續推動的挑戰與展望。

一 教師動能與課程內涵的深化

課程規劃的發展最大的困境在於教師的認同與投入。自新課綱實施前，教師面對課綱修改所需發展的各類型課程，教師社群的共備與課程的發展讓教師必須投入相較於過去更多的時間與精力。在發展非考試課程時，教師的意願較低且略顯疲態。因此，從計畫申請提供減課時數與行政協助，都可能增加教師在投入課程研發時的意願。

在「校本國際教育基礎共通課程」共備研發上路實施後，已階段性達到建立學生基本國際素養的目標。目前進階分流課程的部分，除了與國立暨南國際大學國際文教與比較教育學系合作的「偏鄉國際教育服務營隊」、「越南華語志工營隊」在大學端協助下已有完整的培訓課程與活動實踐，其餘的日本、馬來西亞、視訊交流等活動課程化的部分還持續發展中。另外關於全球議題、永續發展、國際移動力等進階課程，以及推動 SDGs 議題融入各領域課程，讓國際教育深化，亦是後續努力的方向。

二 外部資源與人力的引進

新社高中透過成立「國際教育推動委員會」與「國際教育課程社群」分別負責計畫推動與課程研發，但在新社高中複雜學制與人力有限的狀況下，如何在不超負荷之下持續發展與增能，除了有系統的規劃外，引進相關計畫與外部的資源、專業人力與支持體系就相當重要。

在國際教育經費上，新社高中已申請「學校本位國際教育精進計畫」、「高級中等學校與國外姊妹校推動線上教學計畫」、「高中優質化輔助方案」、「部分領域課程雙語教學實施計畫」等專案計畫，另外也透過家長會、校友會及新社區農會，挹注資源在課程發展、活動辦理以及教師專業發展上。

在人力資源部分，學校自 108 學年度開始，將國際教育整合至圖書館進行整體的運作，也運用國教署「補助非山非市學校行政人力計畫」申請行政助理協助國際教育推動，由專人處理相關橫向聯繫及各項行政事務，有利於計畫的推動與實施。此外與政府及民間組織合作、開發與經營在地資源、維持國際學校間的夥伴關係也都需要持續發展。

三 與在地結合的國際教育

新社高中在國際教育推動上，一直維持與在地組織的合作關係，例如「從 XIN 看世界」、「新社文史」、「新社花路米」等課程與踏查，以及「山岡老師紀念碑踏查」、「白冷圳、種苗場踏查」、「頭嵙山淨山健行活動」、「臺馬教育文化交流」、「伊予農校交流」等交流與活動，都是與社區結合的成功範例。但面對民間單位常見人員流動問題，以及與學校辦學目標設定的落差，都是在雙方合作上需要注意的問題。學校也將持續與在地組織凝聚共識，建立共同發展的互惠機制，發揮新社高中在山城區教育中心的角色與功能。

四 教師共識與專業發展

國際教育著眼的是學生的未來，應凝聚全體教師共識打破升學主義與成績優先的固有觀念，以「教育即生活」的概念設計符合眞實情境的課程，培養學生成爲擁有在地認同、跨文化理解與國際素養的全球公民。並配合國際教育 2.0「教師及教育行政人員培力計畫」，提供教師課務與行政協助，鼓勵同仁持續精進國際教育知能。並積極經營跨領域教師專業社群，以協同合作取代單打獨鬥，提升課程的豐富度與永續發展。

五 國際教育學程認證

在「國際教育 6 年計畫」中的最後一步，是參考大學「學位學程」的概念建構「新社高中國際教育學程」認證制度。除了提供多元且豐富之課程與活動，也鼓勵學生參與及累積學習歷程，並於畢業時給予相應的證明。目前規劃將採計國際教育相關的修課紀錄、交流活動參與、服務活動紀錄、語言能力認證……等提供學生多元選擇，並依其表現頒發地區、國家、洲際與世界四種等級之證明。期待學生能根據學校整體國際教育架構，規劃自己完整的學習路徑。

陸 結語

新課綱以「成就每一個孩子——適性揚才、終身學習」爲願景，國際教育 2.0 以「培育全球公民、促進教育國際化及拓展全球交流」爲目標。新社高中雖爲資源相對缺乏的非山非市學校，但也看到家庭環境限制了部分學生對未來的想像，因此更需要規劃符合在地需要的學校本位國際教育計畫，以提供學生寬廣的視野與選擇的勇氣走出山城邁向國際。學校在推動中發現要找到具有「非山非市」與「完全高中」條件的例子不易，也期待新社高中在這 10 年發展的歷程，能引起更多的迴響與交流，讓國際教育能成爲翻轉學生未來的關鍵支點。

參考文獻

中小學教育國際化專案辦公室（2020）。中小學國際教育白皮書 **2.0**。https://www.ietw2.edu.tw/pdf/IE2%20mobile/mobile/index.html

王如哲、楊瑩、劉秀曦、張珍瑋、黃家凱（2014）。我國推動經濟弱勢學生之人才培育政策分析與發展。台灣經濟論衡，**12**(2)，61-83。https://www.AiritiLibrary.com/Publication/Index/P20191104001-201402-201911140013-201911140013-61-83

丘愛鈴、何青蓉（2008）。新移民教育機構推動新移民教育現況、特色與困境之調查研究。臺東大學教育學報，**19**(2)，61- 94。https://doi.org/10.6778/NTTUERJ.200812.0061

行政院主計總處（2019）。**107** 年國人赴海外工作人數統計結果。https://www.stat.gov.tw/ct.asp?xItem=44935&ctNode=6395&mp=4

吳美瑤（2017）。時代變遷中的偏鄉教育及其師資問題。臺灣教育評論月刊，**6**(9)，20-22。

吳清山（2011）。我國高等教育革新的重要課題與未來發展之分析。長庚人文社會學報，**4**(2)，241-280。https://doi.org/10.30114/CGJHSS.201110.0002

吳雅萍（2020）。淺談偏鄉教育之現況與問題。**教育研究與實踐學刊**，**67**(2)，41-50。https://doi.org/10.6701/JEPR.202012_67(2).0003

宋方珺、楊振昇（2017）。從國際交流活動析論中小學國際教育之實施成效。**學校行政**，**107**，17-34。https://doi.org/10.3966/160683002017010107002

洪雯柔（2017）。VUCA世代國際教育政策的反思與展望——英國的經驗，我國的反思。**中等教育**，**68**(1)，4-19。https://doi.org/10.6249/SE.2017.68.1.01

洪雯柔（2020）。高中校訂必修中的國際教育樣貌——以不同取向的兩門課程爲例。**中等教育**，**71**(3)，30-47。https://doi.org/10.6249/SE.202009_71(3).0019

洪雯柔（2021a）。國際教育研究的趨勢與展望。載於高新建 、林佳芬（主編），**臺灣教育研究趨勢**（頁185-216）。五南。

洪雯柔（2021b）。風險社會下的國際教育：發展、停滯或新可能性。載於中國教育學會（主編），**預見教育2030**（頁33-57）。學富。

洪雯柔、文義豪（2020）。國際學校的「國際」元素爲何？一所學校「國際文憑課程」的國際化分析。**教育研究月刊**，**312**，49-63。https://doi.org/https://doi.org/10.3966/168063602020040312004

徐諶（1996）。一校兩制，完全中學並不完全——訪國立政治大學秦夢群教授。**師友月刊**，**343**，5-7。https://doi.org/10.6437/EM.199601.0005

國發會（n.d.）。**大專院校境外學生人數**。https://www.ndc.gov.tw/Content_List.aspx?n=80C3A12901E1F481

教育部（2011）。**中小學國際教育白皮書**。

教育部（2014）。**十二年國民基本教育課程綱要總綱**。

教育部（2021a）。**109學年度各級學校新住民子女就學概況**。

教育部（2021b）。**教育部補助偏遠地區學校及非山非市學校教育經費作業要點**。https://edu.law.moe.gov.tw/LawContent.aspx?id=GL001862

教育部國際與兩岸教育司（2022）。**2012-2021各年度我國學生赴主要留學國家留學簽證人數統計表**。https://depart.moe.edu.tw/ed2500/News_Content.aspx?n=2D25F01F87D6FE17&sms=4061A6357922F45A&s=EBACDD1821598B54

陳意尹、蔡清華（2014）。美國國際教育政策與做法現況之分析兼論其對臺灣國際教育之啟示。**國民教育學報**，**11**，153-176。

勞動部（n.d.）。**勞動統計查詢網／統計資料庫查詢**。https://statfy.mol.gov.tw/

statistic_DB.aspx

游淑靜、范熾文（2020）。偏鄉地區學校實施未來教育之內涵與展望。學校行政，**126**，156-177。https://doi.org/10.6423/HHHC.202003_(126).0008

楊正誠（2018）。將國際教育議題融入課程教學的一些國外觀點分析。臺灣教育評論月刊，**7**(10)，26-30。

臺中市政府主計處（2021）。臺中市低收入及中低收入戶概況 **110-016** 號。

劉素珠、林念臻、蔡金田（2018）。我國國際教育政策之比較分析。教育行政論壇，**10**(2)，33-58。

聯合國移民署（2019）。世界移民報告 **2020** 中文版（全球化智庫譯）。https://publications.iom.int/system/files/pdf/wmr-2020-ch_1.pdf

Baldwin, R. (2018). *If this is Globalization 4.0, what were the other three?* World Economic Forum. https://www.weforum.org/agenda/2018/12/if-this-is-globalization-4-0-what-were-the-other-three/

Jaumotte, F., Lall, S., Papageorgiou, C., & Topalova, P. (2007). *IMF Survey: Technology widening rich-poor gap*. International Monetary Fund. https://www.imf.org/en/News/Articles/2015/09/28/04/53/sores1010a

Meadows, D. H. (2008). *Thinking in systems: A primer*. chelsea green publishing.

The UNESCO Institute for Statistics (n.d.). *Number and rates of international mobile students (inbound and outbound)*. The UNESCO Institute for Statistics. http://data.uis.unesco.org/

UNESCO (1996). *Learning: the treasure within; report to UNESCO of the International Commission on Education for the Twenty-first Century (highlights)*. UNESCO. https://unesdoc.unesco.org/ark:/48223/pf0000109590

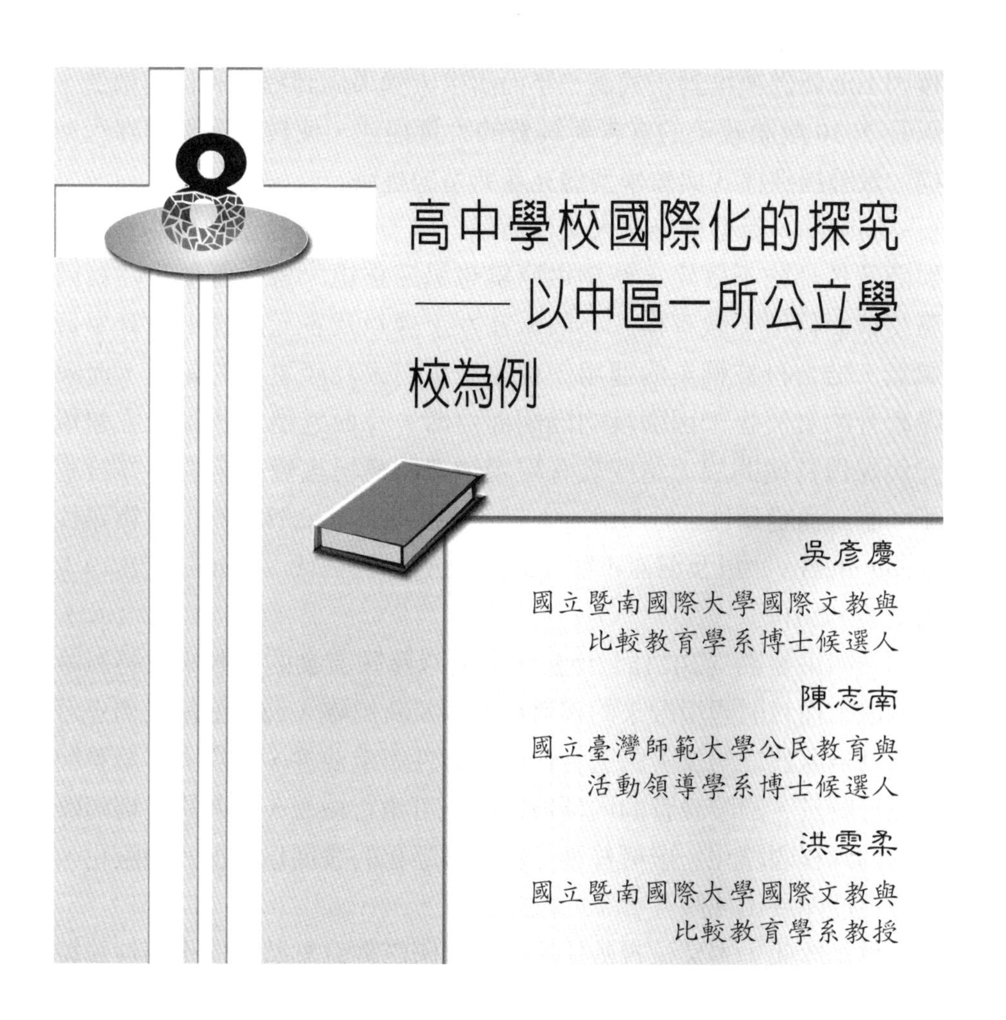

8 高中學校國際化的探究——以中區一所公立學校為例

吳彥慶
國立暨南國際大學國際文教與比較教育學系博士候選人
陳志南
國立臺灣師範大學公民教育與活動領導學系博士候選人
洪雯柔
國立暨南國際大學國際文教與比較教育學系教授

壹 前言

繼《中小學國際教育白皮書》於 2011 年推出而宣告「國際教育黃金十年」的來臨，《中小學國際教育白皮書 2.0》自 2020 年 5 月通過迄今，讓臺灣中小學校園興起一波新的國際教育熱浪（教育部，2020），將國際教育的推動深化爲更高階與全面的「教育國際化」。

復因 108 新課綱推動正式滿三年而訴求素養導向課程的到位與精進，以及 2030 雙語政策的宣告與經費的大量挹注，使校園內整體課程架構、教師授課模式與教學型態充斥新型態挑戰。

同時間，新型傳染病大流行衝擊全球，看似多邊全球化的繁榮發展隨著種種的不確定，產業供應鏈也迅速重組，各行各業也陸續因應疫情而轉型。教育模式亦同，在家上課以及多元的線上教育學習風氣，結合科技輔具的運用，也讓學生與家長產生新的認同，而國際教育的交流也未因國境的隔閡而停滯，反而透過各式線上主題單元與課程持續開展，這些教育現場快速轉變已經變成常態，亦符應了一個充滿變動性（volatility）、不確定性（uncertainty）、複雜性（complexity）以及混沌不明（ambiguity）的世代（Bennett, 2014；洪雯柔，2017）。

一如洪雯柔（2021a）所說，政府以跨國流動的限制來阻絕風險的擴散，而封閉國境帶來的經濟衝擊以及新風險，乃是促使我們思考建構更為開放之知識與跨國合作的可能性與重要性，國際人才培養因此更形關鍵。國際教育的內涵與因應也可重新檢視，尤其是在地國際化中的課程國際化、虛擬移動等綜合國際化的發展以及批判國際化，或許更能開展出風險社會下的國際教育。

奠基於此，本文檢視敝校歷年來從國際教育點狀邁向全面性學校國際化的發展，也立基於內外部資源與脈絡，盤點現況、反思發展困境，進一步開展未來規劃方向的可能性。

有關學校國際化的意涵，在高等教育國際化發展上其脈絡甚為完整，面對國際競合連結趨勢發展與快速人才流動驅力影響，Green 和 Schoenberg（2006）認為國際化是學術教育機構可以確保學生在快速全球化變化中，帶給公民所需要的知識技能與態度的重要戰略。Hudzik（2011）對於國際化的定義認為學校國際化是同時注入國際和比較觀點，貫穿高教的教學與研究，國際化同時也影響學校外部的夥伴關係。Knight 和 De Wit（1995）認為高等教育國際化分為國家、部門以及機構層級，是將國際元素與跨文化融入的一種過程，在學術上發展學生關鍵能力，重視組織的發展，並將國際化發展納入組織結構中。

然中小學教育階段的國際化的意涵，由於學生的年齡與心智能力與高等教育學生不同，在多數中小學生不具備有獨立跨國移動（mobility）能力，且學科能力還在建構學習初階階段，在學生來源多爲單一在地組成，如何與國際化產生連結，其背後理念是值得從不同觀點來解讀。是否以英文授課之國外學校提供的課程，就具備有國際教育定義或元素？或一所具有國際化思維的在地學校，願意提供當地學生符合國際價値觀或能提供國際視訊交流等課程，亦符合國際教育定義或學校國際化的意義？（Yemini, 2012；洪雯柔，2017）

源此，本文由洪雯柔（2021b）綜整學者觀點所定義的學校國際化，從此觀點來盤點學校的實踐與展望未來：學校國際化被視爲一種透過行動來落實的承諾，且在教學、研究與服務中納入國際與比較觀點，在整體機構中形塑出氛圍與價値觀，並涵蓋機構之領導、治理、教職員生、學術服務與支援單位。此種整體機構的籲求不僅會影響內部校園，也影響機構對外的夥伴建構、關係以及外部參照架構。上述定義的關鍵要素在於：採取行動、強調比較觀點以帶來批判與全納（inclusive）取向、整體學校取向（whole-campus approach），以及兼顧全球與本土。

爬梳學校國際化的定義，特別是在中小學階段，我們嘗試從 IB（International Baccalaureate）國際文憑課程對教育與人才養成目標提及的八個指標核心面向切入，其討論範疇包含：(1) 能培育具有文化語言以及各項能力的世界公民；(2) 強化學生認同感以及文化意識；(3) 培育學生具備普世人類價値；(4) 能激發學生好奇心與探究能力並享受學習樂趣；(5) 能具備獨立或能合作並獲取知識的技能，並且知識與技能運用於廣泛的領域；(6) 在提供國際化的元素內容同時又能滿足在地需求與利益；(7) 在教學方法鼓勵嘗試多樣性與彈性；(8) 在評量上提供適當的方式和國際的基準（www.ibo.org）。IB 提出的教育觀點趨近 108 新課綱並結合世界主義（Cosmopolitanism）的理念，強調尊重不同人類地方文化，以開放及欣賞態度，培育一種世界公民責任以及創造普世價值的理念，也是在地國際化的一個實踐，以中小學國際教育發展的目的而言，是讓學生在教室內即可有國際教育觀點。這種在教育上以世界全球公民爲背景，在世界各地的中小學國際教育的驅力下將變得越來越普及（MacKenzie, 2010），也符合現行我國《中小學國際教育白皮書 2.0》的方向：在彰顯國家價值，尊重多元文化與國際理解，強化國際移動力以及善盡全球公民責任，能達到培育全球公民的目標（教育部，2020）。

本文除援引前述學校國際化的定義與範圍來自我檢視外，也將引用 Hudzik（2015）提及高教機構成功邁向國際化概念，由外部的全球國際化驅力不斷影響教育組織內部挑戰與規劃，去檢視組織內部願景、動機、起始關鍵點與行動方案，除了製造人員流動（mobility）外，並且製造國內的國際化，建立跨境的學習、研究、問題解決與合作。並由洪雯柔等（2019）綜合學者提及高等教育國際化的推展架構圖，嘗試以 (1) 外部環境，包含世界趨勢、國家發展等需求；(2) 內部環境：校園內國際化發展與校園各類發展資源；(3) 領導者核心價值以及對組織內外部的承諾；藉以 (4) 覺察以及回饋與調整機制；(5) 進行內部資源盤整與溝通對話；最終 (6) 產生之校內的規劃決策以及策略。以中部一所公立高中爲案例分析討論，該校長期以國際教育作爲校內發展，可作爲分析中等學校教育國際化的實際案例。

貳 中等公立學校國際化案例分享

一 學校發展理念與願景

學校成立於 2001 年，位於臺中市第七期重劃開發區，學生人數約 2,200 人，其中高中與國中部人數約六比四，是一所都會型社區完全中學。由於校史年輕僅爲 20 餘年且緊鄰市政府，創校即重視校園資訊化以及外語學習特色。教師平均年齡層分布介於中壯年，教學經驗豐富且願意尋求改變，以校園舉辦雙語教師社群爲例，每週各領域雙語工作坊可高達 3-5 場，且教師自學量能相當高。

學校創校第三年（2004 年），嘗試勾勒發展出學生願景全貌：即以實踐 HIME 全人教育爲本，其中包含四大能力：健康（health quotient）、智能（intelligence quotient）、道德（moral quotient）和情緒（emotional quotient），期待每位學子能創造更高品質的我。2014 年起，因應高中優質化及新課綱前導教育趨勢，學校嘗試將 HIME 願景更進一步提高層次成爲 HIWE，亦即將學校願景從原先追求個體的成長與發展的 HI-ME（成就更好的我），翻轉爲與新課綱相互呼應的共好理念 HI-WE（成就更好的我們），除保留既有學生對於個人健康（HQ）、智能（IQ）、道德（MQ）和情緒管理（EQ）的重視與培養之外，更強調 108 課綱強調的互動與「共好」，在新課綱與新學校願景的引導下，以培養學子具備健康力、品格力、學習力、創造力、國際移動力，以及領導力，以培養具備健康自主、團隊意識、創新研究及國際公民素養的國際通用人才（陳志南、王沛清、吳彥慶，2018）。

二 學校國際化策略發展脈絡

(一) 以英語教育與模擬聯合國點狀課程與活動先行的第一個十年階段

以學校的校徽特徵（如圖 1）來說明，校徽 e 代表英文 English，也有對新知探索 explore 的意涵，整體以地球意象爲概念，象徵學校以發展國際爲主軸，中間的紅色代表天文，從望遠鏡觀星系，與學校天文臺特色。此外，學校在創校初期，積極地營造學校的英語學習環境，2004 年榮獲行政院頒發營造優質英語生活環境特優標章，包含校園內雙語標示牌、雙語地圖、各式證書、宣導刊物，更是全市第一所聘用外師進行教學的學校。以上都是在當時的教育政策，迄今仍維持、保留傳統（引自：臺中市立惠文高中校史，www.hwsh.tc.edu.tw）。

圖 1 惠文高中校徽

2003 年首度與加拿大締約第一個姊妹校，同年即前往溫哥華進行國際旅行交流，也象徵落實學生國際移動力目標。然當時的交流以點狀發散式爲主，也就是遇有任務或邀約時，若時間允許就進行交流，並未有進一步融入國際教育素養導向課程以及進行系統思考的概念。

2004 年首批高中學生參加在地臺中美國學校辦理的臺灣模擬聯合國，落實在地國際化。2007 年開辦本土高中跨校的第一屆中臺灣模擬聯合國，奠定了學校邁向國際化的創始里程碑，維持迄今，已經是中臺灣歷史最悠久且具有學術規模之模擬聯合國會議，積極培養未來領導人才。創校初年，投注於外交小尖兵競賽，參加會議與競賽，從學術活動中，能落實英文力的實踐，也擴大校園學生英文學習的氛圍。

在第一個十年的發展裡，發展重點在呼應學校創校特色——英語教育，因此，除了校內的課程推動外，配合英語環境氛圍的塑造，本土模擬聯合國會議的辦理，是奠定實踐英語教育的基石，從每場次的模擬議事談判與英文寫作，培養學生自信與外語口說能力。而海外姊妹校的交流雖僅是點狀的活動，但也成爲未來學校國際發展的重要資產。模擬聯合國的草創，邊做邊學邊修正，每一次點狀式特色活動辦理，都是日後重要積累學校國際化能量的重要開端，也不停思索下一個階段的轉變。

(二) 以外語學習爲基，奠定國際教育基礎，連結點狀發展爲軸線脈絡

隨著教育政策的轉變，學校進入第二個十年，2012 年設立了外語班、文創班以及高瞻班，奠定了校園多元發展性向的主軸，也符合學校學風多元且國際的發展目標（林國楨等，2018）。2014 年，一個重大的教育政策確定學校發展語言教育、培育國際人才的關鍵分水嶺，市政府於學校正式成立臺中市第二外語中心，負責臺中市第二外語課程發展之規劃，所推動的語系包含了日語、德語、西語和法語，在經費挹注以及行政人員配置下，讓學校順利發展國際教育和語言特色，更重要的是語言學習也拓展到鄰近社區學校。同年，在圖書館成立「國際教育組」行政組織窗口，設有專職教師兼任組長一職，由圖書館行政窗口彙整負責推動學校國際教育課程與交流，是國內中等學校的創舉。在專責人力與資源整合推動下，確定學校國際教育發展的脈絡。隔年 2015 年，與教育部和國內高等教育簽訂師資培育公費生合作計畫，聘任編制內正式的第二外語中等教育師資。在 2016

年，將日語、德語、西語、法語課程正式納入國高中校訂必修課程，也陸續與臺灣各大學（政治／輔仁／靜宜／東海）合作開設校內 AP（Advanced Placement）大學進階選修課程。2017 年轉型成立國際教育班，2018 年正式通過國際教育實驗班，2019 年奉准成立國際教育雙語實驗班迄今，正式啟動雙語課程，該班學生非以績優導向進行招生，反而是以學生國際興趣、志向以及語言教育、多元國際教育量能爲傳統，致力培育未來的國際領導人才，培養學生國際競合力。

在本階段的發展中，由於第二外語中心的成立以及專責行政組織的推動，加上多元特色實驗班創立，隨時間轉化轉型成國際教育雙語實驗班，結合國際交流活動的盛行、海外志工服務學習以及學生對於海外升學的需求日增，讓體制機構內部由點狀逐步轉型成軸線發展，影響學校國際化發展的同時，也持續思考如何往系統化的方向深耕與建構，特別是在國際交流與國際資源鏈結部分。

(三) 外部資源盤整與多軸連結，建構全面性學校國際化雛形的國際教育

1. 語言機構的國際交換生與獎學金制度，促進國際交流並將外語學習轉化成文化學習的路徑

學校在 2017 年透過國際教育課程的申請，正式通過英國文化協會 British Council 的審核，得到國際學校（International School Award）金質獎認證。2018 年也因爲德語課程架構完整且納入學校校訂必修課程，此外校內聘任正式德語師資和機構內部行政體系的支持，正式通過德國歌德學院的考評納入全球 PASCH 全球夥伴學校認證。PASCH 是「中小學校：未來夥伴」計畫，全世界有多達 2,000 所中小學透過德語學習與文化交流，爲德國重要外交政策倡議，亦爲德國政府重要的文化外交政策一環〔引自：未來的夥伴：中小學校計畫（PASCH）—Goethe-Institut Taipei（https://www.goethe.de/ins/tw/cn/spr/eng/pas.html）；余曉雯、洪雯柔，2016〕。

藉由 PASCH 外部資源的串聯以及校內專責行政窗口聯繫，陸續有德籍生主動申請交換入校，此外，學校也獲得德國哥廷根大學（University of Göttinge）師資培育機構設置海外實習場域，德籍教師能申請在校內進行海外教學實習，此實習教師人力在學校除了可以進行英文教學，也能在德語班教學，將德國文化以及國際化量能帶入學校中，增添學校國際化。有關 PASCH 在中等學校投注資源促進學校國際化，整理詳如表 1，內容包含了促進師生國際交流、學術軟硬體資源、學術獎學金，以及文化策展進而延伸出國際教育課程等，讓語言學習邁入了文化學習。而日本臺灣交流協會獎學金交流計畫、法國在臺協會等各項學術教育資源競賽，也都提供相當多中等學校學術競合機會。

表 1　以德國 PASCH 夥伴學校為例，學校國際化運用

	方案	內容	參與度	成效
1	PASCH 夥伴學校	提供教師增能、軟硬體教學資源與教材，以及專業語言教室建置。	德語校訂必修選修課國高中部學生約 330 人選修（七／八／十／十一年級）。	1. 學生透過學習語言也學習德國文化。 2. 教師支援社區鄰近國中每年約 280 人。
2	德語檢定考試	A1 德語檢定。	每年約 60 人報考。	1. A1 通過率九成五以上。 2. AP 班與國際班每年均有學生通過 A2 檢定。
3	德籍實習教師／交換學生	1. 德籍實習教師入校。 2. 德籍學生入校。	1. 德籍教師入英語課、德語課以及文化通識選修課程。 2. 德籍學生入班一年，參與全校各項活動。	1. 提供教師德國教材及教學新思維 2. 帶入跨文化的元素進入校園，影響 3 位學生到德國進行交換學生一年。

	方案	內容	參與度	成效
4	學術獎學金競賽	1. PASCH 獎學金（課程、機票以及食宿全免）。 2. 學術競賽。	1. 每年有 4-6 位獎學金得主，開辦迄今已有逾 10 多位學生得獎（疫情停辦 2 年）。 2. 每年有教師獲得公費前往德國進修。	1. 增進學生德語程度以及國際移動力，拓展跨文化視野。 2. 活化教師教學專業度與教學技巧。
5.	文化展覽	1. 2019 年東西柏林圍牆特展。 2. 2020 年與安妮跨世紀對話。 3. 2021 年重新思考——向大自然學習永續發展特展。 4. 2022 年柏林神話七個小故事特展。	1. 全校性融入跨領域課程。 2. 邀請鄰近四所國中學生 280 人參加，帶動社區參與。	1. 將展覽內容融入德語教學課程。 2. 發展「與安妮跨世紀對話」雙語國際教育融入課程（高中部）。 3. 發展「為自由與人權發聲」雙語國際教育融入課程（國中部）。

此外，近年國際交換師生進入中等學校整理詳如表 2。藉由外籍師生入校，學校能協助國際師生住宿家庭接待招募，促進跨文化能力的培養，讓世界文化走入本土校園並深入周遭社區；進行外籍交換學生入班，不定期安排講座分享，雙方師生均體驗多元文化，更是在地落實國際化最好的實踐；藉由文化的多元碰撞觸及社區每一位師生與家庭，有機會產生不同討論與思辨。國際交換師生入校長期交流對於學生的影響甚鉅，以 2019 年日籍交換生入校一年爲例，隔年學校有 5 位高中學生申請日本大學就讀；2020 年德籍交換生入校一年，隔年有 3 位高一同學申請語言交換計畫前往德國學校進行海外研修，回臺後德語精熟到 B1-B2 程度，除了語言能力增加、增進跨文化能力，

更是未來世界公民人才。此外，學校每年固定都有 4-6 位高中學生獲得 PASCH 獎學金，在暑假期間得以前往德國進行 4-8 週的語言進修以及文化的沉浸。

表 2　學校近年境外國際生及外籍（實習）教師長期入校資源

	外籍交換生	外籍實習教師	外籍教師
2018	3（美屬波多黎各）	0	1（美籍）
2019	1（日籍）	3（加國 / 德籍）*	1
2020	1（德籍）	0	1
2021	1（德籍）*	0	2
2022	0	1（德籍申請中）*	2

* 半年。其餘都是一整年。

學校藉由機構化的資源整合鏈結，提升學校國際化的動能，也間接促進學生的國際移動力。學校的國際化透過這些直接與間接的國際交流，對校園文化產生深厚的影響性，也促進學生從語言學習力的養成，以及跨文化能力（intercultural competence）學習的歷程轉化。

2. 與官方學術語言檢定機構合作增設語檢考場，師生獲得更多國際資源

因學校地理位置可近性之便，學校策略串連官方語檢，包含多益、托福 Junior 英檢、日語檢定授權考場、德國歌德學院 A1 檢定考場，以及與英國文化協會（British Council）簽約，在校內設置雅思 IELTS 英文檢定考試，提供學生就近考試，增進學生資源使用的可近性。透過多元語系檢定環境的建置，除了使學生從日常生活中感受語言學習的重要性之外，也提供學生方便舒適的應考空間，以檢測其在語言學習上自我成長的機會。

除了語言檢定在校辦理之外，在該階段的發展中，學校也引進了更多的外界資源，充實師生語言學習的深度與國際視野的廣度，例如與美國傅爾布萊特學術交流基金會（Fulbright Foundation）合作，透過美籍講師入校進行文化分享講座，以及與學校內部英文教師開設辯論校訂選修課程，培訓學校教師增進教學知能，學生也得以參加各項國際競賽，獲得各式獎學金申請的機會；與美國 ETS 機構合作開設托福課程，除了針對學生進行加深加廣的課程之外，爲符應「2030 雙語政策」，也爲教師每週開設多益增能課程，促進雙語教師動能。

3. 鏈結全球夥伴學校，增進師生國際移動力

學校不僅與全球高中夥伴交流，除與海外高中基於平等立場得以相互承認與折抵學分，提供學生高中雙聯學位，另隨全球化發展潮流，更進一步向上與海外高等教育學術機關簽訂合作備忘錄。例如英國雪菲爾大學、荷蘭阿姆斯特丹大學、美國加州大學聯盟峽谷大學、德國公立研究型錫根大學、日本立命館大平洋大學、新加坡管理學院等。高教端都樂意挹注更多教育資源投注在中等學校中，特別是人才培育上，例如以平台串聯世界各國高中學生辦理夏令營、各式未來前瞻學術講座、師生國際研討會、國際學術科展或競賽、提供獎助學金、縮短大學預修課程等，提供師生豐沛的學術以及交流互動資源。有關上述國際夥伴學校締結整理，詳如表 3 之學校國際化國際夥伴資源整理。

表 3　學校國際化重要全球夥伴學校 * 與資源

	亞洲	歐洲	美洲／澳洲
國高中	日本 2 間 韓國 2 間 印度 1 間	德國 1 間 法國 2 間	美國 1 間 加拿大 2 間
高等教育	日本太平洋立命館大學 新加坡管理學院 詹姆斯庫克大學	德國錫根大學 英國雪菲爾大學 英國普立茅斯城市學院	加州峽谷大學 雪梨大學

	亞洲	歐洲	美洲／澳洲
		愛爾蘭都柏林聖三一大學 荷蘭阿姆斯特丹大學	
機構	公益財團法人日本臺灣交流協會	德國歌德學院 英國文化協會 法國文化協會	美國教育測驗服務社（ETS） 美國傅爾布萊特學術交流基金會

* 全球夥伴學校都已有學生就讀中或畢業生。

透過實質建立國際夥伴學校以及學術資源挹注，師生每年得以跨國進行各式學術以及課程交流，實質促進師生國際移動力。例如高中學生 Inbound 與 Outbound 的互訪、海外企業參訪課程、高中學生海外研修交換、高中海外雙聯學位、國際交流志工等，除 2020 到 2022 年新興法定傳染病大流行期間，讓國境暫時停止實體交流，但學校各式國際交流仍蓬勃地以各式線上交流方式進行，整理詳如表 4。

表 4　近年海外姊妹校實體互訪與交流

出國類別	2017	2018	2019	2020*	2021*	2022*
海外交流	62	62	47			
美國	(15)		(15)			
矽谷企業	(15)					
韓國		(15)				
德國		(15)				
日本	(32)	(32)	(32)			
海外回訪	15	30	45			
美國	(15)		(15)			
韓國		(15)				
德國		(15)				
日本			(30)			

出國類別	2017	2018	2019	2020*	2021*	2022*
海外高中研修			1		3	
海外預科研修			2	3	2	1
海外國際志工		15	15			
姊妹校教師入校暑期營隊			60	60		
海外高中雙聯			1		6	5
海外研討會／營隊		4	6	4		

*2020-2022 年新冠肺炎大流行期間暫時停止實體交流。

(四) 國際教育校本課程，跨國探究全球議題

國際交流課程的發展，在學校發展國際化的過程中是不可或缺的一環，學校秉持著「一語系一姊妹校」原則進行姊妹校締結，配合學校的第二外語的發展，主動透過各種管道尋找以英、日、德、西、法五種語言的國際夥伴，以平等互惠的方式進行兩校間的課程交流與互動，一方面深化校內各項語言的學習，另一方面也透過語言與跨文化的課程學習，結合學生年度例行的跨國互訪交流，提供學生應用語言的場合，活化語言學習，增加學習動機。

同時，爲了促使國際交流活動更具成效，並推廣其影響範圍，因此，在該階段中的國際交流活動已朝向課程化的方向發展，一方面與姊妹校共訂學習交流主題，另一方面，也積極提升校內教師的參與意願，透過海內外教師的課程共備，在學科中融入國際教育議題。

例如 2017 年與 Boston 姊妹校進行以河川與人權爲主軸發展出的七大主題課程，在學校內推行國際教育學校本位課程。除課前雙方教師已在各自學校進行主題課程，交流互訪期間也設計相關主題式討論課程，同學間因共同主題得以進行互動，嘗試理解因爲文化教育不同而產生思考與決策的差異之處，進而從比較分析差異中去探究與理

解，尊重異同，透過兩地討論與分析，讓學生思考比較在文化與教育背景脈絡的差異下，雙方行動方案與政策產生之影響。在波士頓當地則入班上課，社區探索就實際依照主題到波士頓的查理斯河踏訪，到自由之路（Freedom Trail）沿著紅磚沿途走讀每個歷史景點，將知識與走訪經驗結合融入課堂議題，也了解著名美國茶葉事件。馬丁路德紀念日學校也安排系列講座與課程，討論種族與人權問題。2018 年德國姊妹校交流則以能源與文化為主軸，雙方在事前的課程所進行的成品成果，就帶到對方姊妹校展出以及分享與討論，入班上課外的課程或交流與設定主軸有關。

為拓展學生國際視野與培養全球公民素養，學校也著手發展國際志工服務教育課程，結合校內外非政府組織資源，透過實際的參與行動，善盡全球公民的責任。在柬埔寨服務學習課程中，我們帶學生針對教育權、兒童發展與營養、水質檢測等議題，緊扣聯合國永續發展目標議題進行探究，學生在計畫準備前期已經針對東南亞地緣政治、地理人文與歷史背景加以理解，安排學生田野家戶調查，透過訪談與實際觀察感受，了解貧窮下教育機會不均與不同生活樣貌，身為世界公民成員之一，透過實際經驗引發高層次反思學習。

2020 年，與臺北歌德學院和民間協會合作策展安妮之家實體展，展出世界知名文學作品《安妮日記》，內容提及女孩在戰後實際的逃難小屋與當時生活情境。當時在課程進展期間恰逢新冠疫情隔離，直接融入課程讓學生感受書中因戰爭而隔離，相同恐懼與不安定的情境脈絡，如同安妮的青春年華，學生提筆撰寫出隔離日記，與安妮產生對話。安妮跨世紀對話的主題是全校性國際教育融入課程，將議題融入在各領域學科中。

雖疫情後造成實體交流中斷，但學校現場仍持續改以線上議題探究討論為主軸，與國際的連結仍不間斷，透過各式線上課程交流方式持續進行著，近年校本國際教育相關課程詳述整理如表 5。學校本位的國際教育課程及雙語課程為融入各學科單元的全校主題式課程，觸及影響學生層面較廣，以在地特色與國際議題爲主軸；而彈性特色課程則爲選修課程，提供學生自由選擇；跨國選修課程則爲海外姊妹校或學術機構合作開設課程。中等學校教育階段透過這些課程的設計開發與執行，讓國際教育課程成爲學校國際化的發展中最重要的核心要素。

表 5　校本課程及國際教育相關課程

年代	學校本位國際教育課程（SIEP-國定）	學校本位雙語國際教育課程（SIEP-雙語）	彈性特色課程／選修課程
2017	正義人權與水質永續等七大課程		模擬聯合國 外交小尖兵 國際禮儀 讓世界走進惠文
2018	能源與文化		柬埔寨服務學習 模擬聯合國 外交小尖兵 國際禮儀 讓世界走進惠文
2019			柬埔寨服務學習 模擬聯合國 外交小尖兵 國際禮儀 讓世界走進惠文
2020		「與安妮跨世紀對話」雙語國際教育融入課程（高中部） 藝術領域雙語融入課程（國中部）	模擬聯合國 讓世界走進惠文 柬埔寨服務學習 辯論與溝通初階課程 * 城市在地創生及永續發展

年代	學校本位國際教育課程（SIEP-國定）	學校本位雙語國際教育課程（SIEP-雙語）	彈性特色課程／選修課程
2021	世界與臺灣土地的永續對話	「為自由與人權發聲」雙語國際教育融入課程（國中部） 跨國童軍戶外教育雙語融入課程（國中部） 雙語藝術體健融入課程（國中部）	模擬聯合國 讓世界走進惠文 辯論與溝通表達初階課程 * 跨國選修課程： 商學 100 課程（美國） 英語 10-1（加拿大） 英語 20-1（加拿大） 大學預科（英國） 印度服務學習：永續目標（貧窮與教育權）
2022		跨國童軍戶外教育雙語融入課程（國中部） 雙語戶外文化融入課程（國中部）	模擬聯合國 讓世界走進惠文 辯論與溝通表達進階課程 * 跨國選修課程： 社會學（美國） 英語 10-1（加拿大） 英語 20-1（加拿大） 大學預科（英國） 印度服務學習：永續行動方案提案 城市在地創生及永續發展：法國與日本

* 美國傅爾布萊特學術交流基金會（Fulbright Foundation）合作。

參 盤點與反思現況的學校國際化發展架構

呼應著社區家長的期待、學生的需求以及學校發展的目標，國際教育從引進之後，其發展步伐從未停歇，在發展的歷程中，或許時而往前，時而往後，又或左右漂移，未能定向，然而，也因爲這樣的歷程，讓學校的國際教育在歷經幾個階段的發展中生成了諸多層次不同且相互交映的元素，而在新課綱、國際教育 1.0 與 2.0 的引導下，針對國際教育的整體發展進行了整理與盤點，在共好理念的驅動下，培養學生具備「國際行動力」的能力，並以「在地創生」、「外語學習」、「文化理解」、「全球公民」與「國際移動」爲學校國際教育的發展目標，透過內部環境的支持與外部資源的整合，具體爲教師、學生與家長擬定結合國際教育目標的發展進路，藉由不同階段與程度的課程與活動的規劃，逐步實現培育全球公民的目標（圖 2）。

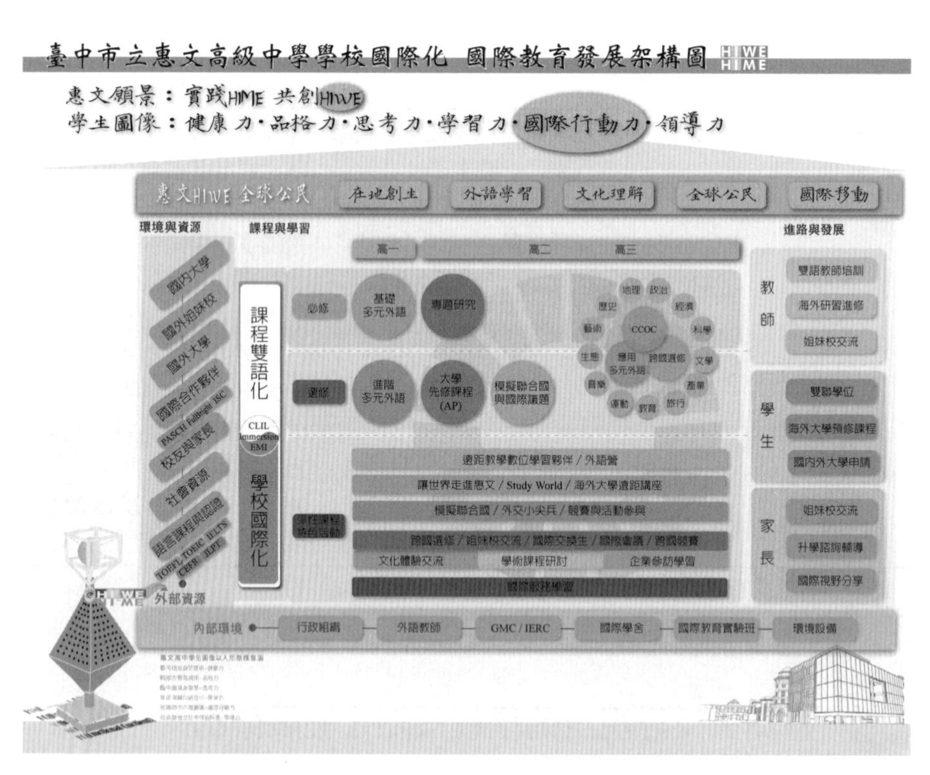

圖 2　學校國際化國際教育發展架構圖

一 盤點與整合外部環境資源及內部環境，建構與發展國際化校園

綜觀學校社區地理條件以及校園國際化發展脈絡，嘗試將整體國際教育發展圖整理如圖 2。從環境與資源整合上，學校串聯國內大學針對日、德、西、法提供的大學先修課程資源及國內學術各項競賽，與國外大學提供的豐厚獎學金、國際學術研討會、大學預備課程、跨國選修課程等，以及各國語檢學術機構與文化協會提供的專業教師與課程資源，來建構學校分層、分階段完整的語檢課程學習架構，引介大量外部資源來充實、提供、鋪陳學校課程與學習內容的豐富與多元，也間接促進雙方師生國際移動力。

內部環境的整合上，學校逐步進行校內行政組織國際化，例如持續建置友善雙語環境、各式證書文件表格及資訊訊息雙語化、校園網站入口網頁多語化，並串聯各式資源管道進駐校園外籍師資人力資源，設置單一國際行政窗口彙整資源並建立國際移動力中心，將軟硬體視訊設備充實整合，架接促進學校內部與對外的各種資訊彙整。同時，學校也建置優質的國際學舍，提供給長短期交換教師或國際交流學生住宿以及接待家庭多重選擇，可以安心的在校園中進行各項課程與活動交流。藉由國際教育雙語實驗班的設置，吸引中部地區具國際性向發展的學生，提供雙語課程，並且引薦社區家長資源到校內。校內陸續積極建置完成各項硬體設施，例如攀岩與垂降練習場、中式茶堂、多功能高爾夫球場、天文臺、國際學生交流教室提供各式講座、優質圖書館環境、電子飛鏢場與酒吧體驗區、撞球場等，讓國內外師生都自然沉浸在國際化學習氛圍。

二 發展與修正國際教育課程，提升學習力並拓展國際視野

在課程發展上，將原有於假日辦理自由選修的第二外語課程，規劃於高一以基礎多元外語學習而訂定爲校訂必修課程，採班群選課方

式，綁定共同時段，開設日、德、西、法等四個語系，讓全校學生學習第二外語之語言力，並且培養跨文化能力。並於高一階段的週六開設加深加廣課程，以利銜接高二的大學先修課程（AP）。學生進入高二後則可以選修進階第二外語課程，在課程中融入人文、科學、文化、音樂、節慶等跨文化議題，週六則可選讀國內大學先修課程，讓有興趣同學得以持續進行進階課程，同時取得大學認證學分。此外，並結合外部資源，鼓勵學生都能通過各語言檢定取得官方正式證書，在課程安排下，學生多半能通過 A1 或 A2 的檢核（日文檢定則為 N5 或 N4），少數同學在畢業前還能達到 B2 或以上程度檢核結果。

在特色與彈性課程上，學校大量開設國際教育相關課程，例如讓世界走進惠文講座、外交小尖兵、模擬聯合國、國際禮儀、服務學習、跨國選修等課程，整理詳如表 5。即使疫情造成交流中斷的這幾年，依然積極地持續進行各式線上同步交流與非同步視訊課程、學校本位的國際教育國定課程及雙語課程、國高中部的雙語融入課程以及國際班雙語課程。在國境尚未開放時，以 2022 年為例，學校還是與愛沙尼亞、以色列、加拿大、美國、日本、印度、法國等七個國家進行了跨國合作學習課程、主題式課程、跨文化議題討論、國際教育校本課程等同步與非同步視訊課程，且觸及了國中部學生與高中部學生，且主要以聯合國永續發展目標的 17 個子目標發展延伸議題為主。

而教師組成的 CCOC（Connecting Classrooms online Community）社群，將國際教育議題以及聯合國永續發展目標，藉由教師群結合跨國交流以及跨國選修課程融入各學科中，以及專題討論，讓更多學生都可接觸國際相關議題。我們鼓勵教師群將國際議題或議題探究融入專題討論與學生自主學習中，以 2022 年為例，高二專題研究課程中，同學以城巾騎樓整平為例將議題融入 SDG11 行動方案，過程中學生也將此議題與印度學伴討論交流，榮獲國際網博白金獎。另一個專題是設計科技智慧住宅，設法解決亞洲地區因地層下陷、地震、颱風等天災以及全球暖化問題，學生以 Arduino 程式設計及結構力學的創意解決方案，得到英國雪菲爾大學科展大獎。2019 年我們以柬埔寨服務學習課程發想爲例，以非政府組織物資募集需求以及村莊家戶離線地圖定位，緊扣聯合國永續發展目標提出設計一款物資交換 App，獲得出席 APEC 在韓國釜山舉辦的高中生國際研討會，與 14 個會員國在國際會議上討論與發表。

三 規劃教師與學生進路發展，培養國際行動力，讓多元文化走入社區

教師是校園發展與前進的重要動力來源，爲了儲備學校國際化的發展動能，學校的國際資源也使用在校內教師增能，培養教師具備國際視野與外語教學及應用能力。以 2019 年爲例，與夥伴學校美國峽谷大學進行線上在職跨領域教師英語授課增能課程（吳彥慶等，2020），長達一年的線上社群合作學習經驗培訓，是學校雙語教育前置教師增能的重要動能，後續也持續與成大外文雙語團隊合作，持續長達 2 年線上合作雙語社群課程。在學生跨國選修課程以及國際姊妹校國際交流，全程鼓勵教師一同參與，讓不同教師輪流帶隊前往姊妹校進行入班教學觀察，或姊妹校教師來訪，一定要求姊妹校來訪教師開設課程與教材分享研習，且在校內公開分享，讓教師產生多元刺激，願意活化自己的教學現場現況。

學生的升學進路也因爲校內國際化量能、系統性的建置海外姊妹校，以及鋪陳高等教育連結、姊妹校的雙聯學位，推動第二外語語言教育學習以及跨文化能力養成。學生除國內頂尖大學升學外，從海外高中研修、海外大學預科課程選修、國際交換生等，以及各語系語言專業能力學習，每年應屆學生出國比例已高達 5%，國家更包含德、荷、日、法、美、英、星等國，在全國公立學校占比高。

讓世界走進惠文講座邀請社區家長將國際化資源帶入校園，接待國際生制度也大量招募社區家長擔任接待家庭，並由學校開設教育課

程，將世界各國文化間接也帶入社區，走入家庭，改變社區家長的國際視野。

四 實現學校願景，培育HIWE全球公民

學校在歷任校長的規劃下，皆以培養學生具備開闊的國際視野爲目標，近來在國際教育、雙語教育的政策推動下，以及符應學生與家長的期待下，更將國際教育設定爲學校積極推動的目標。一方面除了透過課程及各項活動的規劃與執行，持續強化學生的國際觀及跨國行動力之外，另一方面也努力落實前校長在任內所提倡「公立學校的社會責任——幫社會中產階級的學生圓一個出國讀書的夢」，即使在各種的現實考量下，這個夢或許未能完成，但也期待學生藉由內外部資源、系統課程規劃下，藉由認識在地文化深化本土認同，發展在地創生；透過國際思維與比較分析，藉由批判與思考課程，產生自我認同；藉由外語學習，強化多元文化禮節，進而具備全球公民的意識及國際移動能力。達到願景目標：全人多元學生圖像，且具備六力：健康力、品格力、思考力、學習力、國際行動力以及領導力，共創 HIWE 終極願景。

肆 現況省思與未來發展

夥伴學校資源連結豐沛，惟行政作業繁重須專責人力。根據盤點的國際教育現況顯示，目前仍持續保持互動與良好關係的海外姊妹校及機構高達 26 所且分布全球。海外姊妹校在狹義上以高中爲定義，然而，爲提供學生更多元的發展進路以及擴大其國際視野，高中學校對於海外姊妹校應採取廣義的定義，亦即應將對象擴及海外高等教育以及語言文化相關社團法人機構，藉由不同的資源整合，才能眞正提供師生國際交流以及多元合作方式，例如雙聯學位、國際研討會、線上跨國選修課程、教師交換、教師增能等，可爲高中學校國際化帶來

豐沛的國際資源與動能。然而，豐沛資源的引進，代表著需要更多的人力支援，於 2013 年調整組織架構後增設國際教育組專責國際教育業務，已屬國內之先驅，然而，以一組一人之力要推動如此龐雜的國際教育業務實屬困難，仍需要充分與全校行政單位配合。而在與國外進行協商的過程中，因時差與文化因素，往往需要使用到公餘時間進行，以現行的學校行政人力的配置來說，實難以解決當下之困境，更遑論目前仍有諸多高中以下學校未有專責國際教育人力的配置，對於國際教育 2.0 目標的落實，恐難以樂觀以對。

外籍生入校長期研修對於本國學生具有相當大的影響，以目前數據來看，外籍生入校多半以短期數週交流爲主，極少數能長期交換。如能大量提升外籍生入校研修比例，將對於學校社區與家庭會有相當大的影響，也能打破原生文化框架，影響更多國內學生促進國際移動能力。雖然外籍生入校研修對於本國學生不管在國際視野的開拓、語言學習或是生涯發展上具有諸多效益，然而，受限於本國的學制與課程規劃彈性相對較小的因素，以及國內目前仍缺乏專責的單位可以提供外籍生與本國學校的對口介接，甚或引進外籍生之後對於學校、學生、接待家庭與外籍生的輔導與照顧機制，因此，具備外籍生入校之後的照護能力的學校仍屬有限，其成長空間仍大。

國際教育課程與雙語課程豐富，然評量機制尙須持續建構。我國現行國際教育課程在歷經多年的發展之後，從各場次的分享會或各種成果彙編中可以看見已有一定的課程數量，而內容與樣態上也顯豐富，從中可見國際教育目前在國內的推展已具有一定的成效，其所影響的層面也與日俱增。然而，學生的眞實學習成果與課程成效爲何？課程在實施之後該如何進行後續的修正與調整等問題，有待評量機制的建立與落實。透過評量，教師可以分析教學的得失、了解學生的學習成就與困難，也可以透過評量認識學生的起點行爲、學習後的改變以及教師的教學效率，可作爲後續課程修正的參考與建議。國際教育的課程與傳統學科課程不盡相同，難以透過單一的紙本測驗評估其成效，然而，對國際教育課程的評量卻是國際教育推動的重要關鍵，其重要性不僅在於可設計出眞正符合學生需求與學校特色的課程，更是提供全校師生、家長與社區更近一步認識國際教育的重要性關鍵。因此，有關國際教育課程的評量仍有待在專家學者的協助下持續建構多元的評量指標，提供國內各項國際教育課程推動之參考使用。

學校國際化指標提供發展引導，尙須校園內部能力有效評鑑基準。學校國際化不僅是外部合作模式，也是校內領導力、校園領導力以及校內專業合作發展能力（Sahlin & Styf, 2021）的整合。現行《中小學國際教育白皮書 2.0》在學校國際化以六大面向推動，包含校園國際化、人力國際化、行政國際化、課程國際化、國際夥伴關係，以及特別強調各校國際化目標與特色。自塡指標提供佐證資料作爲學校國際化初階、中階、高階經費補助，並由各校依指標提供書面資料申請認證，在實施上尙屬可行。然而，除此之外，對於校內領導力、校園領導力，以及校內專業合作發展能力等面向的評量，仍缺乏有效的評鑑基準以對其進行有意義的評定。學校國際化是未來發展趨勢，仍須師生擴大參與，除持續以課程爲本位，擴及更多學生參與、讓弱勢學生參與、避免淪爲少數特色班級獨享資源等，是重點考量之一。此外，持續鼓勵教職同仁維持國際量能、學校行政資源支持教師、成立社群，讓教師感覺有受到增能以及對於教學有正向能量。

面對未來變化，持續強化高中教育系統並納入「永續學校國際化」的概念。除以研究證據爲導向的教育決策落實高中校內各項法規辦法、保障學生各項教育品質與權利，面對新的充滿未知風險國際情勢，能適時精準提供多樣多元的教育課程，例如在地國際化中的課程國際化、虛擬移動與合作、倫理的國際化、思考更爲節能省碳的國際化、連結全球與在地主要訴求、結合方案或學程的移動、支持視訊交流與線上國際學習、因應移民與難民的需求、發展跨文化技能與素養等（洪雯柔，2021a），讓學校國際化對社會的貢獻日益受到重視。

本文就中部地區一學校國際教育國際化發展現況進行盤點分析並

進行省思，也提供特別是中等教育學校國際化的未來與可能性，以進行更多元與廣泛的討論。

參考文獻

余曉雯、洪雯柔（2016）。德國當前中等教育階段國際交流政策之分析：以語言外交政策之觀點爲分析視角。教育研究與發展期刊，**12**(3)，77-105。https://doi.org/10.3966/181665042016091203004

吳彥慶、黃文定（2020）。運用跨國網路合作學習發展在職教師英文授課能力之研究，以一所美國大學之 Taiwan Teacher Training 線上課程爲例。中華民國課程與教學學會專書（頁 107-140）。臺北：五南。

林國楨、舒富男、林玉芬（2018）。臺中市立惠文高中特色招生及課程的實踐與展望。臺灣教育評論月刊，**7**(6)，1-9。

洪雯柔（2017）。VUCA 世代國際教育政策的反思與展望——英國的經驗，我國的反思。中等教育，**68**(1)，6-21。

洪雯柔（2021a）。風險社會下的國際教育：發展、停滯或新可能性？中國教育學會主編，預見教育 **2030**（頁 33-57）。臺北：學富。

洪雯柔（2021b）。國際教育研究的趨勢與展望。收錄於臺灣教育研究院、高新建、林佳芬主編，臺灣教育研究趨勢（頁 185-216）。臺北：五南。

洪雯柔、賴信元（2019）。高等教育國際化之開展與省思。教育研究月刊，**305**，19-36。

教育部（2020）。中小學國際教育白皮書 **2.0**。

陳志南、王沛清、吳彥慶（2018）。惠文高中校本課程的發展與未來。臺灣教育，**710**，57-64。

Bennett, N., & Lemoine, J. (2014). What VUCA really means for you (Jan/Feb 2014). *Harvard Business Review*, *92*(1/2), 2014. Available at SSRN: https://ssrn.com/abstract=2389563

Green M., & Schoenberg, R. (2006). *Where faculty live: Internationalizing the disciplines*. Washington, DC: American Council on Education.

Hudzik, J. K. (2011). *Comprehensive internationalization: From concept to action*. NAFSA.

Hudzik, J. K. (2015). *Comprehensive internationalization in higher education: Institutional pathways to success*. London & New York: Routledge.

Knight, J., & De Wit, H. (1995). Strategies for internationalization of higher education: Historical and conceptual perspectives. In H. De Wit (Ed.), *Strategies for internationalization of higher education historical and conceptual perspectives: A comparative study of Australia, Canada, Europe, and the United States of America* (pp. 5-33). Amsterdam, Netherlands: European Association for International Education.

Mack, O., & Khare, A. (2016). Perspectives on a VUCA World. In Mack, O., Khare, A., Krämer, A., & Burgartz, T. (eds.), *Managing in a VUCA world*. Springer, Cham. https://doi.org/10.1007/978-3-319-16889-0_1

MacKenzie, P. (2010). School choice in an international content. *Journal of Research in International Education*, *9*(2), 107-123.

Sahlin, S., & Styf, M. (2021). Internationalization as an internal capacity builder for school improvement: A case study. *International Journal of Leadership in Education*, *24*(3), 371-392. DOI: 10.1080/13603124.2019.1591511

Yemini. M. (2012). Internationalization assessment in schools: Theoretical contributions and practical implications. *Journal of Research in International Education*, *11*(2), 152-164.

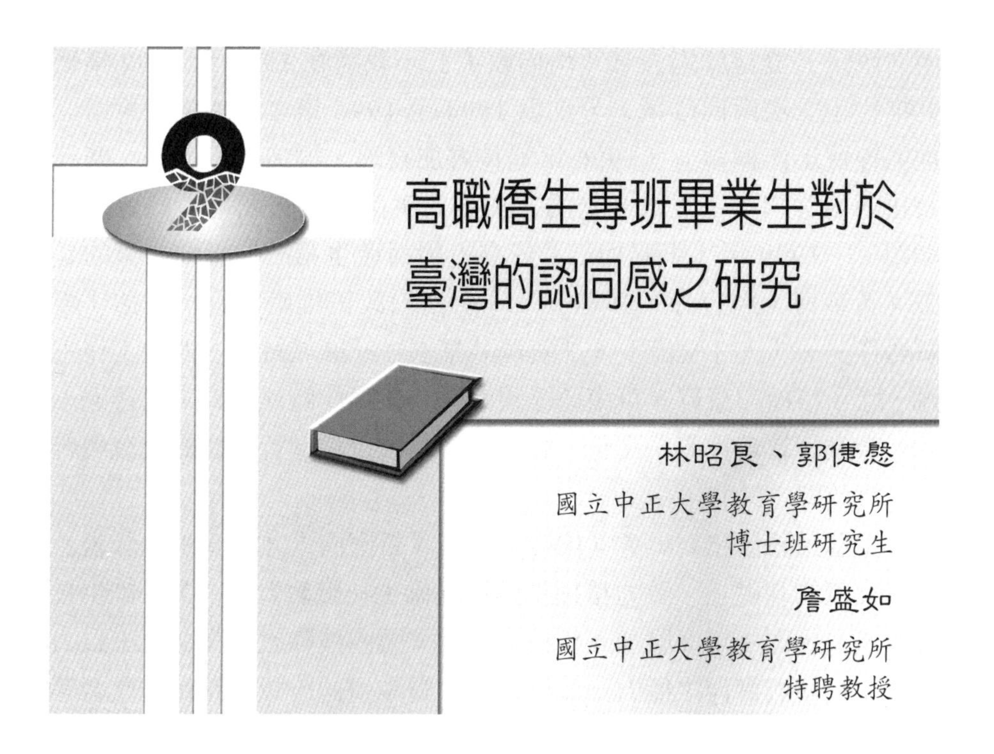

高職僑生專班畢業生對於臺灣的認同感之研究

林昭良、郭倢懋
國立中正大學教育學研究所
博士班研究生
詹盛如
國立中正大學教育學研究所
特聘教授

壹 研究背景與動機

在 21 世紀世界經濟文化局勢快速輪動的年代，除了新冠肺炎的問題暫時困擾著國際各國，更甚者爲國與國之間彼此相互競合劇烈的情境下，全球化的教育議題更是在世界各處蔓延。是以，各國無不積極投入創新環境，吸引並培育人才以促進國家經濟之蓬勃發展。據此，吸引外籍生來臺留學成爲我國國家政策之研擬考量推行的重要目標之一。鑒於目前全球局勢快速輪動變遷，東協國家經貿活動的冉度興起，對於未來社會人才的培育已刻不容緩。

國內自 2016 年政黨輪替後，透過對外經貿戰略會議之決議，行政院提議通過「新南向政策」政策綱領（經濟部，2017）；而「新南向政策」奠基於過去之「南向政策」，我國在 1994 至 1999 年總共推行了三次南向政策，分別爲 1994 至 1996 年之「加強對東南亞地區經貿工作綱領」、1996 年延長增加寮國、緬甸、柬埔寨、澳洲及紐西蘭等國，並更改名稱爲「加強對東南亞及紐澳地區經貿工作綱領」。1999 年「東協加三」成立，因而產生第三波南向政策的延長（黃奎博、周容卉，2014）。「新南向政策推動計畫」包括「經貿合作」、「人才交流」、「資源共享」、「區域鏈結」四大工作主軸，除了積極和東協、東南亞等國家建立新夥伴關係之外，並透過人才、產業、教育投資、文化、觀光、農業項目來進行彼此的交流與合作（行政院，2016）。

中華民國僑務委員會（僑委會）在「新南向人才培育推動計畫」雙向交流的基礎上，致力積極推動辦理僑生技職教育，「3+4 僑生技職專班」，即 3 年高職加 4 年技職院校。國內技職教育長久以來致力於學生技術與實作之能力、品格素養之職業道德，以及跨領域整合等培育，不僅止於學生專業技術的扎根，亦因應產業發展之變化，積極培育學生面對挑戰的態度與創新應變之能力。據此，技職教育對於臺灣各級產業的升級與專業人才之培育實扮演著重要之角色。因此，政府希冀藉由臺灣在技職教育推動之成果，以鼓勵東南亞國家之僑生願意來臺就讀高職僑生專班，期盼能進一步培育專業學習理論與豐富實務能力兼備之僑生技術人才（泰國臺灣僑務資訊網，2020）。此外，針對近年來少子女化浪潮之侵襲，僑生來臺就讀亦可以協助我國因應生育率下降、少子化造成之人口結構改變，對國民教育所形成之衝擊（徐秀鈴、孫國華，2018）進而衍生之問題。

政府自 2014 年開辦產學攜手合作僑生專班（以下稱僑生專班），承辦學校數由 2 所增加到 26 所學校（至 2022 年），就讀的僑生人數由 281 人逐年增加，2022 年來臺就讀人數大幅增加至 2,647 人（僑務委員會，2022）。臺灣與東南亞各國之間的交互關係，除了在文化、經濟、觀光、政治的發展，甚至擴及到教育的雙邊交流互

動；因此，政府藉由增加與東南亞國家之人才交流、資源共享，同時也減少因爲我國少子化對教育產業層面的影響（郭倢慇，2015），並且亦可以開拓我國之國際關係，展露臺灣在國際上的競爭力。尤其，這些畢業返國服務的僑生憑藉其在各級產業的傑出表現，逐漸嶄露頭角進一步爲僑界的中堅分子。因此，來臺留學返回其僑居地的僑生對於臺灣在僑界地位之提升實爲重要之關鍵，同時對於協助臺商在海外交流、投資、設廠、拓展事業等相關事務，確有卓著之貢獻（劉興漢，1991；高崇雲，1996；夏誠華，2005）。

然而，新南向政策對東南亞國家的經貿往來、僑生因就學工作的遷移、金錢往來所形成之全球化過程中，伴隨而來的是來臺就讀僑生的歸屬感與認同問題。洪鎌德（2002）指出，個人或群體對自己究竟隸屬於哪一個國家是屬於國家認同；族群認同乃是依據種族、語言、區域、膚色、宗教、習俗等關鍵因素逐步形塑產生歸屬、承認、贊同的區分，一般種族、語言與膚色的共同性是影響認同或歸屬的關鍵因素；而文化認同涉及個人或群體對其承繼之歷史傳統、習俗規範，是否全面接受還是加以排斥的心理歸屬；通常，流動至其他地方、社會，若能有效接納當地風俗民情，便能有更佳的文化認同；此外，外來移民與人士，若因爲對當地特定的政治、經濟、社會制度肯定，則會形成制度認同，甚至是希望移植至母國，予以借用之（江宜樺，1997）。本研究預計透過上述三個層面，分析僑生專班對於臺灣的認同狀態，具以了解教育外交軟實力的開展情形。綜上所述，認同可以藉由形塑國家特色、人民需求，透過制定政策進而影響風氣、思想、行爲等等來進行潛移默化（陳淑慧、林筱筑、劉騏甄、莊承鉚、劉家誠，2018），吸引更多僑生對於臺灣的認同，增加僑生來臺留學就讀的意願。雖然目前臺灣積極推動新南向政策與東南亞進行「人才交流」，但是根據研究顯示，來自不同國家的僑生至臺就讀，在文化、教育、社會生活方式……等與臺灣有差異，因此僑生來到臺灣後，經常會遭遇到文化、生活、習慣、社交與人際關係上等各方面的適應問題（蔡文榮、董家琳，2015），但是目前國內對於僑生對於臺灣認同感的研究較少（陳祈雯，2016）。Edensor（2002）認為人民會因為文化、飲食、運動……等等層面上的認知與了解，進一步對人民自身認同的國家會有不同的展現。雖然在東南亞的許多華人依然維護、延續著華人文化傳統，同時在其居住母國依舊保留僑民傳統節日、說著中文或方言，甚至保持相似的價值理念與行為準則，但對於這些來自東南亞漂洋過海來臺求學的僑生，歷經了 3 年高職僑生專班學校教育學習過程，以及在臺灣社會文化、制度文化、生活文化之浸潤下，是否受到臺灣文化影響，是否對於臺灣的文化認同、制度認同、社會認同和國家的印象發生改變，進而提高對臺灣的認同呢？基於此，本研究採用個案研究法，運用深度訪談方式以進行資料的蒐集，希冀透過此研究過程能進一步探究高職僑生專班畢業生對於臺灣認同感之變化。

貳 文獻探討

在理解僑生認同臺灣的議題之前，文獻探討將先爬梳南向政策之沿革，了解推動新南向政策之緣由，在此脈絡下探討在新南向教育政策下，解析開辦高職僑生專班的動機與目標，據以說明該等專班的主要內涵、課程與運作架構；最後，認同感議題是本研究核心，因此文獻亦探索在族群、文化與制度三方面的認同形成，以及關於僑生認同的相關文獻進行初步解析。

一 南向政策推動變化沿革

1992 年當我國與韓國斷交後，我國在亞洲區域已無任何邦交國家，在當時的時空背景、經濟和戰略地緣政治下，政府提出以「務實外交」為當時的外交主軸。是故，1993 年時任經濟部長江丙坤提出「南進政策說帖」，以推動「南進投資政策」。首先，1994 年行政

院制定了「加強東南亞地區經貿工作綱領」（行政院，1995）作為南向政策相關辦法的遵循依據，在此第一波的南向政策中，所設定的投資對象包含了泰國、馬來西亞、印尼、菲律賓、新加坡、越南、汶萊等 7 國，實施期程自 1994 至 1996 年共 3 年。1996 年政府宣布延長「南進政策說帖」，同時將其更名為「加強對東南亞及紐澳地區經貿工作綱領」，此第二次南進政策投資的對象從原來的 7 國增列了寮國、緬甸、柬埔寨、澳洲及紐西蘭等 5 國，合計共 12 個國家。而此次延長「南進政策說帖」主要的目的是為配合當時東南亞區域經濟整合之趨勢，同時輔導業者因應當時發生之亞洲金融風暴衝擊、強化蒐集東南亞國家最新經濟指標與商情，並提升我國前往東南亞國家拓展貿易（黃議陞，2017），此為我國第二波南向政策。1999 年政府為因應國際上「東協加三」成立的新樣態，在同年正式提出第三波南向政策（黃奎博等，2014）。上述三波南向政策的目的，政府主要在於經貿投資的推動，降低我國對於中國的投資與經濟上的依賴，鼓勵臺商前往東南亞投資設廠。南向政策雖然是希望抑制臺商的西進，但是在缺乏整體規劃的策略下，對於前往大陸市場投資並無配套限制措施，並且當時遭逢亞洲的金融風暴，最後在自相矛盾下，因成效不佳收場（劉復國，2005）。

2016 年新政府上任，為了提升臺灣發展動能，政府於 2016 年 8 月召開對外經貿戰略會議，正式提出「新南向政策綱領」，會議中將「新南向政策」定位為臺灣整體之重要對外經貿戰略，為新階段的經濟發展尋找新方向和新動能，並且提出「新南向政策推動計畫」，希望藉由「經貿合作」、「人才交流」、「資源共享」、「區域鏈結」四大工作主軸，期盼與東協、南亞及紐澳等國家建立「經濟共同體意識」，共同創造互利共贏的新合作模式（經濟部，2017）。東南亞國家在地緣上是我們的鄰居國，基於地緣、海外華僑與產業發展政策使然，因此緊密的互動關係加上近年來臺灣經濟發展蓬勃，故與新南向國家建立廣泛層面交流，深化政經文化及教育雙向交流與合作，全方位的建構發展臺灣新經濟，是目前政府開拓國際外交合作的策略之一（行政院，2018；李世屏，2017）。

此波「新南向政策」中，強調「以人爲本」的核心教育理念，重視「青世代」所扮演的推進動力，積極促進臺灣跟東協與東南亞各國家在人才、產業、教育投資、文化、觀光、農業等雙向的交流與合作，並與東協和東南亞國家建構成爲 21 世紀之新夥伴關係（行政院，2016）。在「以人爲本」的新南向政策中，教育部爲了因應「新南向政策」，積極研議並提出新南向相關教育計畫，並於 2017 年 1 月發布《新南向人才培育推動計畫》四年計畫，此計畫爲執行新南向教育的重要依據（吳清山，2018），其中分別包含了培育新住民子女具東協語文及職場實務；培育我國大專校院師生熟稔東南亞語言、文化、產業，以及培育東協及南亞青年學子的專業、實作及華語能力（教育部，2021）。關於人才方面的交流，首要之務在於擴大學術、產業與文化的交流，聚焦於「教育深化」、「產業加持」及「族群融合」等三大面向進行（何香蓮，2020）。期望經由臺灣高等教育與技職教育的專業協助，除了豐厚僑生的學習生活經驗外，亦同步提升其技術實作及華語溝通之能力。

二 高職僑生專班

政府 1990 年代開始推動南向政策，鼓勵臺商前往東南亞區域進行投資，但是臺商反應東南亞當地人才無法合乎企業需求。因此，政府爲解決人才問題，進一步培育僑生成爲臺商企業幹部（彭杏珠，2017），並且著手規劃並鼓勵居住東南亞地區之華裔子弟來臺接受技職教育。自 1996 年度起行政院僑委會著手規劃辦理高級中等學校建教僑生專班，該建教僑生專班每 3 年辦理招生一次，每一屆招收僑生人數約爲 100 人。僑委會自 103 學年度起擴大辦理僑生技職專班，改爲每年招生（僑務委員會，2019），招生地區分別爲泰國、越南、馬來西亞、印尼、緬甸、菲律賓、柬埔寨等 7 個國家（僑務委員會，

2021），每年招生名額約爲200位東南亞僑生。爲配合新政府推動新南向政策，僑委會自106學年擴大辦理3+4海外僑生技職專班，據此，東南亞僑生來臺就讀專班的人數便逐年攀升。依據僑務委員會2022年所公告的111學年度海外僑生申請來臺升讀高級中等學校產學攜手合作僑生專班的招生錄取資料顯示，來臺就讀僑生專班的學生錄取人數達2,647人，人數創下歷年之新高（僑務委員會，2022）。

表1　僑生專班招生年度資料

產學攜手合作僑生專班招生年度	核定招生校數	產學攜手合作僑生專班註冊人數
2014（103學年度）	2	281
2015（104學年度）	3	486
2016（105學年度）	5	754
2017（106學年度）	15	1,034
2018（107學年度）	12	1,578
2019（108學年度）	21	2,115
2020（109學年度）	19	1,726
2021（110學年度）	18	2,362
2022（111學年度）	21	2,647

資料來源：行政院經貿談判辦公室（2022），本研究自行整理。

3+4海外僑生技職專班意指僑生在臺灣就讀高職3年，是屬於建教合作模式，每學期三個月在校學習基本理論，三個月在工廠實作實習；另外於高職畢業後，銜接進入與高職合作之科技大學（4年科大）就讀，因爲在臺求學就讀共計7年，故又稱高職「3+4僑生技職專班」、「高職建教僑生專班」、「高級中等學校產學攜手合作僑生專班」。僑務委員會設置僑生專班的理念與目標，主要提供東南亞僑生國中畢業後來臺就讀3+4高職建教合作專班，一方面是希望讓僑生安心向學，另一方面是企盼在與學校合作的各家廠商之培訓下，透過「務實致用，學用合一」之模式，可以協助僑生達到適性發展、專業成長與具備實務技能。同時，僑生在學期間與在公司輪調期間，學校皆有安排班導師與駐廠教師負責僑生之生活輔導與學習輔導管理，協助解決僑生就學期間遭遇之生活、學習和適應問題。換言之，3+4海外僑生技職專班的設置在於培育專業僑青技術人才，除了期望學生能學習專業技能成為我國重要產業發展之人才外亦能取得正式大學文憑。此外，藉由僑生在臺灣學成後，可以成為國內企業的人才新尖兵亦或者返國後為臺商所任用，如此可以建立雙邊的人才培育交流管道，藉此宣揚臺灣優質技職教育環境。

三　認同感意涵

認同（identity）一詞是由拉丁字源 identitias 所演變而來，其字意就是相同的意思。「認同是透過差異所標示出來的，而且認同也是藉由象徵符號標示出你我之間的分野。」（Woodward 2006: 17）江宜樺（1998）表示，國家的認同區分為族群認同、文化認同與制度認同等三個層面。「族群認同」意指一個人透過主觀認定的族群身分因而對特定族群產生的一體感，但是族群的一體感可以被想像力創造出來，而這主要是藉助文化認同的力量。「文化認同」意指一個群體藉由共同的歷史傳統與記憶、習俗規範的分享，進而形成了某一共同體的歸屬感。「制度認同」乃是一個人基於對特定的政治、經濟、社會制度有所肯定而產生的政治性認同。但是因為個人的差異，自然會有不同的國家認同形成方式，這顯示了國家認同的內在多樣性（江宜樺，1998）。雖然關於東南亞華人認同的研究數量豐富，但是華人所處東南亞各國環境不同，因而所面對的主流族群之包容性、文化差異或是政治型態亦有所不同，故他們融入在地生活以及在地認同的時間與方式會有所差異；不過有一共通點就是他們的國家認同已趨向於在地，特別是土生土長的華人子弟更是如此（陳祈雯，2016）。研究顯示，臺灣所形塑之華語學習環境、生活文化都是吸引東南亞學生

想來臺就讀大學獲得學位的因素之一（陳淑慧等，2018）。但是黃琡雯（2013）亦指出僑生來臺就讀會面臨學習、思鄉、人際、文化、經濟及其他……等等問題，加強僑生之華語文教育，提升僑生學習適應能力，有助於融入臺灣在地生活（朱富裕，2013）。

綜上所述，東南亞僑生願意遠渡重洋、離鄉背井來臺就讀，部分因素是臺灣多元且具彈性的教育政策，包括法規鬆綁、多元的入學管道、彈性的招生政策，以及優質的技職制度……等等。本研究欲探究東南亞僑生來臺就讀高職僑生專班畢業後，是否對臺灣的認同有更深一層的轉變與體悟。

參 研究設計與方法

本研究運用質性研究，針對來臺就讀高職僑生專班之畢業僑生進行深度訪談，以了解來自東南亞的僑生在經歷過3年僑生專班的學習過程畢業後，其對於臺灣認同感之影響與變化。以下針對研究設計與方法，提供全面的資訊與規劃內容。

一 研究設計與方法

本研對象爲東南亞來臺就讀高職建教專班的僑生，爲了深入了解僑生之想法，故採用質性研究之半結構式訪談（semi-structured interview），針對不同研究參與者分別進行訪談，以獲得研究資料。採取半結構式訪談主要是從受訪者主觀的角度來詮釋、了解來臺就學之選擇與認同變遷，探知行動者的意義、觀點、感受與覺察。本研究之訪談規劃，從民國111年4月起，至111年6月止，訪談個案學校之在學僑生與畢業生，了解他們選擇來臺對於僑生專班的理解與認知，以及在求學過程對於臺灣的認同是否產生變化或者影響？特別是從族群、文化與制度三個層面，探索可能產生的原因。

二 研究參與者

此研究訪談對象取樣是依循滾雪球（snowball sampling）的非隨機取樣方式，透過任教於南部藍天高職（化名）僑生專班教師介紹符合條件之受訪者，完成訪談後再請其介紹符合條件與有受訪意願之朋友，確定對方有意願後再由研究者與其聯絡。選擇受訪者有兩個重要的依據，一方面是受訪者至少完成在臺灣的 3 年課業學習，對臺灣有足夠的融入與觀察；另一方面畢業生已經完成學業，能對認同感議題有更平衡且全面的評估，兼具客觀與公允。因此受訪者必須是高職建教僑生專班之東南亞僑生，其中文表達及語意理解均能夠具有相當能力，便於後續訪談順利進行（吳芝儀、李奉儒，2008）。訪談對象基本資料如表 2。訪談對象包含僑生專班學生共 22 人，進行半結構式訪談；研究過程中了解被訪問者的觀點，蒐集「參與者意義」（participant meanings）的資料。「參與者意義」係指個人在社會環境中，構思組成其世界的方式，以及解釋生活中的重要事件或賦予意義的方式，並且對於認同議題能有直接且深入詮釋。

三 研究規劃和訪談大綱

本研究邀請的訪談對象基本資料如表 2。訪談對象爲東南亞僑生來臺就讀高職專班畢業生共 22 人，其中有 15 人已經完成高職學業（如表 2），另外 7 人則完成前兩年的課程，受訪者對於本主題具備相當的熟悉度與豐厚資訊；國籍的部分分別爲越南 12 人、印尼 8 人與馬來西亞 2 人。本研究的資料分析步驟爲：(1) 根據訪談內容撰寫逐字稿並進行編碼；(2) 訪談後閱讀故事文本、分析找出故事的核心模式；(3) 記錄對研究參與者之整體印象；(4) 決定訪談故事文本中特殊的主題或焦點；(5) 歸納出結果並嘗試做出結論。爲確保資料之眞實性，在資料分析過程中，均會請研究參與者進行確認。同時於所有資料分析完成後，再次邀請研究參與者針對資料內容予以檢驗核對，重複檢核與修正後方成爲本研究之研究成果。

表 2　本研究邀請訪談僑生基本資料彙整

編號	母國國藉	年齡	就讀科系	訪談日期
M01	馬來西亞	19 歲以上	電子科	111.04.18
V01	越南	18 歲	電子科	111.04.05
V02	越南	19 歲	電子科	111.05.02
V03	越南	19 歲	電子科	111.05.20
V04	越南	19 歲	電子科	111.06.03
V05	越南	19 歲以上	電子科	111.04.16
V06	越南	19 歲以上	電子科	111.05.27
V07	越南	19 歲以上	資訊科	111.05.17
V08	越南	19 歲	電子科	111.04.14
V09	越南	19 歲以上	電子科	111.05.20
V10	越南	19 歲以上	電子科	111.05.21
V11	越南	19 歲以上	電子科	111.06.03
V12	越南	19 歲以上	電子科	111.04.14
I01	印尼	19 歲以上	電子科	111.05.17
I02	印尼	19 歲以上	電子科	111.04.15

資料來源：研究者整理。

主要訪談大綱主題包含四大區塊，包含個人的社經背景狀態與來臺動機，其次是在來臺前後對於臺灣社會文化之理解與對比差距，第三部分則詢問受訪者對於臺灣族群、文化、社會與制度等，進行細部的追問與探究。表 3 亦清楚展示五種不同的問題類型，呈現本研究如何透過善用不同層次的問題，獲得受訪者眞實的回應與感知。

表 3　個案訪談綱要與訪談重點

問題類型	半結構訪談綱要	訪談重點
開放式	覺得自己是華人嗎？是否來過臺灣？介紹高職僑生專班、了解為何來臺讀書的原因或想法。	1. 注意微小與隱藏議題，深入發掘。 2. 觀察受訪者不同語氣。 3. 保持議題敏銳度。 4. 遵守倫理規範。
引導式	對於來臺就讀之高職學校給予之相關的安排、協助。	
轉移式	在臺讀書期間對於華人文化的體驗與經驗回顧。	
關鍵式	在臺灣讀書過程中對於政治、經濟、教育、社會文化與制度印象深刻的事件。	
結束式	專班畢業生在臺接受教育後對於臺灣認同感轉變與發展。	

資料來源：改編自李建彥（2018）。

四　訪談對象與資料編碼

本研究採取一對一質性研究之深度訪談法著手進行研究，研究者先說明訪談取得資料的用意，以獲得同學接受訪談的意願，另行預約訪談日期。因爲新冠肺炎疫情之故，因此訪談方式使用 Line 進行視訊訪談，訪談之前先徵求是否可以錄音進行訪談，若受訪者同意，則使用錄音方式進行對話；如有困難，則由研究者邊訪談邊做記錄，訪談後盡速進行資料之整理。由於訪談大綱是屬於半結構且開放式問題，當遇到受訪者提出其他意見或想法，會根據其說法再加以引導訪談，以尋求更爲深入的訪談資料，而當訪談蒐集的資料達到資料飽和度，便停止蒐集。將錄音資料、筆記本資料內容進行轉譯逐字稿後，並將資料進行編碼以利後續分析歸納。編碼的英文字母代表訪談者國籍，數字代表訪談者，而日期時間代號則以「年、月、日」標示，例如：「訪談 M011110418」則表示針對馬來西亞籍 01 受訪者於 111 年 04 月 18 日進行訪談。編碼之後再次閱讀文本資料，進行主體辨

認，將數個編碼同屬一個意義單元組織成主題類別。

五 研究倫理

本研究透過質性研究途徑，已經告知受訪者，研究者會遵守研究倫理，保護研究對象各項權利，例如：無害原則、知情權與自願原則、尊重隱私原則、避免利益衝突原則等（Ruane, 2005）。此外，受訪者之個人隱私均以匿名的方式呈現，以確保受訪者的身分避免因眞實資料曝光而造成不必要的困擾；其次，爲不干預研究對象之學習活動與保護受訪者的身分，在適當的時間與研究對象訪談。

肆 研究結果與討論

東南亞的僑生負笈他鄉，漂洋過海來臺求學，歷經高職僑生專班之學習過程，以及在臺灣社會文化、制度之洗禮下，是否對於臺灣的文化、制度、社會和國家的印象發生改變，進而提高對臺灣的認同？以下分別剖析僑生專班之個人背景與動機，以及來臺灣前後之認同比較，並進行分析，初步發現這些學生有相當多共通特質。

一 小康家庭來臺尋求教育新發展

(一) 兼顧學習機會與經濟需求，開啟跨國學習經驗

在新南向政策下，選擇到臺灣就讀高職僑生專班，可以離開過往學習環境，除了是自我的一種挑戰外，也是一種自我突破的學習經驗。部分受訪者也表示，臺灣的在職專班提供經濟動機，讓他們可以兼顧學習與薪資。

「……很高興來臺灣讀書，因爲我在馬來西亞太壞了，我在讀初中時有打架、喝酒、吸菸、翹課和老師起衝突的狀況……我覺得我在

母國沒有升學壓力，只是我非得離開（因爲我過去太壞了，我想離開馬來西亞）。」（訪談 M011110418）

「雖然在越南有繼續升學的機會……但是也是要很多錢……我覺得在越南上學的壓力算是大的。」（訪談 V011110405）

「……在越南高中畢業後有打算在越南升學，但是我考不上，在越南升學機會不多，壓力很大。」（訪談 V021110502）

「……我的家人支持我來臺灣就讀僑生產學專班，因爲可以一邊在學校上課，一邊到公司實習……我知道有這種產學專班是因爲有一個學姐介紹的，她說在這個（專班）你能一邊上課，一邊賺錢，又能拿到臺灣的文憑。」（訪談 V111110603）

「……越南因爲人很多，工作不好找，薪水不好（薪資不高），要讀大學壓力較大。我希望來臺灣可以加強中文的能力。」（訪談 V121110414）

換言之，該新南向方案下，吸引到小康家庭學生，希望藉由經濟收入，來臺尋求新的教育環境。許多越南僑生在受訪時均提及母國的受教機會有限，能夠來臺求學將是很好的管道，提升了僑生來臺意願（陳淑慧等，2018）。

(二) 家庭鼓勵與朋友鏈結是來臺主要動機

僑生親朋好友的支持與鼓勵，讓東南亞的僑生學子勇敢來臺逐夢。受訪者表示，他們自己希望有獨立歷練機會，進行自我觀點轉化，以不同角度欣賞、認識臺灣。

「我有朋友已經來臺灣讀書……我自己就決定要來臺灣讀書，想要來這裡（臺灣）學中文。」（訪談 V021110502）

「……因爲臺灣是一個好的國家我想來試試看。」（訪談 V031110520）

「我覺得臺灣僑生專班可以教我們很多東西，比如說生活、交流等……是一個很好的教育。來臺灣是聽我朋友給的資訊，我之前沒有考慮到其他國家。」（訪談 V061110527）

「到臺灣讀書，不僅提供了獲取知識的渠道還減少了學費對父母的重擔……能夠接觸眞正（繁體字中文）的中文與文化，還可以學習專業技術。」（訪談 V081110414）

「家人支持我到臺灣，因爲我有兩位姑姑也是還在臺灣就讀，大姑姑目前畢業嫁給臺灣人，定居在臺北。因爲我喜歡在臺灣的生活，所以也跟著過來臺灣。」（訪談 V121110414）

顯然，僑生來臺與過往的親戚好友經驗有高度連接與依賴關係，加上他們想歷練不同學習環境，於是形成當前僑生的路徑依賴現象（李雯佩，2016）。

(三) 來臺之前對臺灣認知與印象：正面的生活環境

在所有受訪的僑生中，他們在來臺之前均有正面的認知與印象，範圍包括良好的生活品質與環境、教育體制、食物，以及自由且富含人文的氣息等，都是僑生對於臺灣的主要印象。

「……很棒的國家，臺灣的教育態度（老師很照顧學生）很好，

對學生很照顧。」（訪談 M011110418）

「在臺灣我覺得生活品質不錯、很方便，而且臺灣還蠻安全。」（訪談 V011110405）

「我覺得臺灣僑生專班可以教我們很多東西、比如說生活交流等……（專班）是一個很好的教育，來臺灣是聽我朋友給的資訊，而我之前沒有考慮到其他國家。」（訪談 V041110603）

「臺灣的老師比較認眞，都很熱烈的幫忙我們。」（訪談 V111110603）

「臺灣的文化好，例如臺灣人都會排隊，有規矩，治安好生活方便……另外臺灣的食物很吸引我。不過最主要還是爲了學習中文而來臺灣。」（訪談 V121110414）

「……臺灣是很自由的國家……」（訪談 I021110415）

上述的說明顯示，在尚未抵達臺灣之前，這些僑生透過各種管道，已經對於臺灣在生活品質、安全、教育體制與自由人權有正面印象，相信這對於他們後續臺灣認同的價值上（陳鴻瑜，2007），亦會產生相對的效應。

二 求學後之體驗與觀點：差異性結果

(一) 種族、語言與社會融入：融入程度？

由於受訪者皆爲僑生，本身具有華人文化血統，所以同一族群特性是否強化其對臺灣的認同，亦是本研究核心。訪談結果顯示，絕大部分的受訪者與家庭成員溝通，都是使用當地官方語言（包括越南文與印尼文）（V02、V03、V04與I03、I04、I08等），只有少數受訪者表示使用華語或福建話、廣東話（V01、V06、V12、I06等）。也因爲這樣，部分受訪者表示，他們擔心來臺求學中文程度不足（V05、I02與I08），擔心適應問題。換言之，儘管有同一族群的優勢，華語並非是所有僑生的共同優勢，仍需要融入與適應。

事實上，在問及是否融入臺灣的脈絡時，許多受訪者都點出正面的觀點，認爲他們算是熟悉臺灣的歷史與文化，也喜歡目前的生活習慣（盧宸緯，2017）。

「……臺灣的歷史和相關文化，我大概都有一點點了解……」（訪談M011110418）

「……臺灣的歷史、文化大概都了解，我覺得臺灣是一個小島並且自由的國家……」（訪談V011110405）

「……在這邊讀書讓我了解臺灣生活文化……」（訪談V041110603）

「我最喜歡臺灣生活習慣，這裡生活比在我的國家安全很多……」（訪談V101110521）

「我喜歡臺灣的教育，老師們都很認眞講課，不論是我們遇到什麼困難，她都很幫我們解決，然後會教導我們如何解決的方法。這裡的飲食也很豐富，尤其是雞排和珍珠奶茶，這也是臺灣食物的特色。」（訪談V111110603）

換言之，僑生是懂得臺灣的歷史處境與生活形態的，因此也在日常生活當中顯得悠遊自得，且能享受當下的環境時空。但是令人驚訝的是，這些學生在被問及就學期間，對臺灣「歷史、文化有哪些認識與理解」或「政治與社會議題的認知」時，他們顯得漠不關心與缺乏深入了解。

「我不會特別留意網路或者社群媒體中，對臺灣社會新聞或者相關消息。」（訪談 M011110418）

「……我確實經常由網路社群上會得到較多訊息來認識臺灣。」（訪談 V011110405）

「……說眞的，我沒有特別注意這個問題……因爲我並不會在網路上特別留意臺灣的相關訊息。」（訪談 V101110521）

「……我喜歡臺灣的網路吃到飽（大笑），其他問題並不清楚……」（訪談 I011110517）

這些證據清楚指出，高職僑生儘管對臺灣有基礎的了解，但是卻對政治與社會議題興趣缺缺，對於更深層的歷史文化更沒有興趣，顯得有些格格不入（Edensor, 2002: 17）。整個看來，華人族群這個身分帶來些許語言的方便優勢，但沒有讓高職僑生對臺灣獨特的歷史與社會產生意義與關聯性，而僅只是當成重要的經濟支撐與供給。

(二) 文化認同：飲食與華人特有文化吸引僑生認同

探索過族群與語言所帶來的認同影響，這個段落將處理高職僑生在文化方面的接納與認同狀況。首先，僑生喜歡臺灣的飲食是一大特色，除經常吸引境外人士，僑生也毫無例外。其次，華人的節日與宗教信仰亦是認同在地文化的重要媒介。最後，臺灣長年所建構的安全、敦厚人情亦成爲核心元素。

「……我喜歡臺灣的臭豆腐。」（訪談 V061110527）

「臺灣很友善，我喜歡中文……另外臺灣的食物很吸引我。」（訪談 V121110414）

「……這裡的飲食也很豐富，尤其是雞排和珍珠奶茶。」（訪談 V111110603）

「飲食會影響我，我喜歡臺灣的臭豆腐、牛肉麵……」（訪談 V021110502）

「我最喜歡臺灣的生活習慣，這裡生活比在我的國家安全很多。」（訪談 V101110521）

「……我喜歡臺灣的文化。」（訪談 V051110416）

「我是華人，喜歡華人的過節、飲食，喜歡在臺灣過中秋節。」（訪談 M011110418）

「我很喜歡臺灣的媽祖和關公……」（訪談 V071110517）

「臺灣思想開放而且尊重他人意見，風景人情優美、環境舒適安全。」（訪談 V081110414）

「我覺得能在臺灣……又能學習多一種語言，對自己的未來也有幫助，懂多一種語言，可以幫助我們不管是找工作、旅遊或跟別人聊天都非常好。我覺得回國後，我們可以申請在自己國家的臺灣公司上班（找臺商公司上班），這也是我另一種選擇。」（訪談V111110603）

Edensor（2002）認爲人民會因爲文化、飲食、運動……等等各種層面上的認知與了解，進一步對人民自身認同的國家會有不同的展現。前述受訪僑生清楚指出，飲食、華人節日與安全感會影響僑生對於臺灣的認同。不過，在問及融入臺灣的過程中，他們也回應負面的狀態與經驗，主要包括禮貌與尊重的議題。

「我覺得在人對人之間的態度，好幾次要去看醫生，遇到掛號人員的態度很不尊重病人，另外就是去上班工作，會遇到區分新舊，感覺很有壓力。」（訪談V011110405）

「……還有禮貌問題，在工廠會有人一直說髒話，沒禮貌。」（訪談V121110414）

「……有些臺灣人會很沒禮貌和笑別人。」（訪談V091110520）

顯然的，儘管臺灣有純厚的人情，但也出現明顯反差的禮貌與尊重議題。事實上，臺灣過去即有歧視特定族群人士的歷史與狀態，特別是以往對於非洲有色人種、東南亞的族裔，甚至是早些年的中國大陸新住民（詹盛如，2019），都曾遭遇過嘲笑或不友善的過往。尊重並且學習如何和他人相處是一門重要的課題，從僑生的指陳更能顯示我國需要加強提升的跨文化與包容素養，而這樣的情境也妨礙了他們對臺灣的認同。

(三) 制度認同：健保、交通與社會安全

根據江宜樺（1997）的研究顯示，制度認同是外來者誠心接納他者的基礎。根據受訪僑生的表述，在熟悉過臺灣的相關制度後，健保系統獲得最廣泛的認同，僑生一致的認爲健保制度爲他們帶來許多便利性，這也是僑生母國所缺乏的。另外臺灣的交通架構舉凡捷運、高鐵、火車和自行車所建構的交通網絡，都帶給他們在臺灣的生活或者旅遊上有很大的便利性。此外，臺灣的社會安全亦是僑生們放心在臺留學的重要因素之一。

「……在臺灣的交通眞的比較方便多了……」（訪談M011110418）

「在這裡看醫生很方便，臺灣的健保制度很好，因爲不要花太多錢。」（訪談 V011110405）

「很方便，臺灣的健保制度看病很方便。」（訪談 V031110520）

「……臺灣看病很方便、付費少。」（訪談 V081110414）

「用健保卡看病很方便之外，我的國家眼科和皮膚科不能用健保，這裡可以，尤其看牙醫更好（便宜）。」（訪談 V121110414）

「差別很多，在臺灣交通比較方便，我的國家還沒到那程度（方便）。」（訪談 V011110405）

「……臺灣比較方便，我喜歡火車、地鐵（捷運）和高鐵，到別的地方比越南方便多了。」（訪談 V021110502）

「臺灣交通很方便、有規矩。」（訪談 V041110603）

「……我搭捷運、火車、公車和騎腳踏車都很方便。」（訪談 V121110414）

「我認爲是臺灣，因爲如果我們在我的祖國晚上出去，我認爲這很危險，如果在臺灣沒問題……」（訪談 I021110415）

若是移植他國制度代表一種深刻的認同，那麼臺灣社會所展現出來的，應該是完善的健保制度、便捷的交通，以及安全的社會環境。換言之，臺灣提供讓東南亞僑生認同之文化、學習、生活環境，有助於吸引東南亞僑生來臺就讀，正如同東南亞旅客對於臺灣國家印象、臺灣文化認同會強化來臺動機（李永彬，2018）。

伍 結論與建議

根據研究結果，發現本研究深度訪談來臺就讀高職的僑生，來自東南亞的僑生經歷學習過程，以及在臺灣的生活經驗與觀察，對於臺灣的認同也逐漸產生變化，歸納出以下結論並提出相關建議。

一 結論

(一) 僑生自身關鍵選擇成就來臺灣就讀高職僑生專班的主要關鍵

1. 本研究訪談時發現每位來臺就讀專班的僑生都有各自精采的故事因素，而這些因素之中包含了家庭經濟因素、個人學習、升學因素、跨文化學習，以及臨時產生的變故，但是僑生爲了圓自己夢想勇敢決定出國圓夢。

2. 來臺就讀高職僑生專班的僑生並非因爲經濟因素選擇來臺打

工賺錢補貼家用，訪談發現，其家庭結構功能完整、經濟小康，可以支付僑生來臺讀書費用。但因爲學習情境爲學校和工廠定期交換輪替，實習所得可以使其在臺生活自給自足。

3. 選擇決定來臺就讀過程中，主要訊息提供者爲親戚朋友或者同學，此外家人強而有力的支持，亦或者在臺灣是否有家人親戚或朋友，皆是決定來臺就讀的重要影響關鍵。

4. 在臺灣求學過程中，僑生們感受臺灣學校和教師的認眞與努力，不論在課業學習和生活輔導上皆給予相當的支持與協助。

5. 生活的過程中感受到臺灣社會文化的美好，進而更加深入了解臺灣文化。

(二) 新南向政策下，臺灣的求學生活經驗讓東南亞僑生更加認同臺灣

1. 僑生來臺求學過程中，除了學業上追求專業知識的成長、提升語言能力之外，自己身歷其境，融入臺灣社會，在多元的學習與互動中理解臺灣的社會文化、風俗民情、制度規範，進一步欣賞臺灣，產生認同感。但是，少數人口不尊重境外人士，以及缺乏禮貌，也讓僑生心生嫌隙。

2. 政策規劃加速僑生對於在臺灣學習與生活的適應，交通、健保與社會安全制度上的滿意更提升對臺灣的認同感。

二 建議

目前教育部的新南向教育政策經過數年的推動，有許多高中職因爲少子化之故，逐年增加開設的科別以吸引東南亞僑生來臺就讀。根據前述僑生的訪談資料回饋意見，擬針對高職僑生專班畢業生對於臺灣的認同感之研究提出以下建議：

1. 強化學校與僑生雙方的文化理解，讓所有的教師都能對東南亞僑生有更多的了解與認識，能夠進一步提供適性的教學與輔導。

2. 學校可以強化僑生專班和僑生之間對於臺灣的在地連結，提升僑生對臺灣的文化認同、社會認同、制度認同。

3. 爲提升並強化東南亞僑生在臺的中文能力，學校可增列額外之中文課程，量身訂做，以符合東南亞僑生需求，增加文化認同。

4. 學校可針對東南亞僑生規劃生活與文化交流活動，開拓東南亞僑生與本國學生之人際網絡，增加臺灣認同。

參考文獻

王文科（1995）。教育研究法。臺北：五南。

朱富裕（2013）。來臺就讀高中僑生學習適應之研究。臺北：國立臺灣師範大學工業教育學系博士論文。取自 https://hdl.handle.net/11296/x2z4hy

江宜樺（1997）。自由民主體制下的國家認同。**臺灣社會研究季刊，25**，83-121。

江宜樺（1998）。自由主義、民族主義與認同國家。臺北：揚智。

行政院（1995）。「加強對東南亞及澳紐地區經貿工作綱領」專案報告。取自 https://npl.ly.gov.tw/npl/report/900425/5.pdf

行政院（2016）。「新南向政策推動計畫」正式啟動。取自 https://www. ey.gov.tw/Page/9277F759E41CCD91/87570745-3460-441d-a6d5-486278efbfa1

行政院（2018）。新南向政策。取自 https://achievement.ey gov.tw/cp.aspxn=53E4ADSEA2AE7FA6

行政院經貿談判辦公室（2022）。僑委會——新南向政策。取自 https://www.ey.gov.tw/otn/

何香蓮（2020）。配合新南向政策對招收越南學生的對策研析。新北：明新科技大學管理研究所碩士在職專班碩士論文。取自 https://hdl.handle.net/11296/zjs3uy

吳芝儀、李奉儀譯（2008）。質性研究與評鑑。嘉義市：濤石。

吳清山（2018）。教育名詞——新南向教育。**教育脈動，16**，1-1。

李世屏（2017）。推動新南向政策駐外人員分享在地經驗。臺北：教育部。

李永彬（2018）。來臺旅客對臺灣的文化認同、國家印象對旅遊動機的影響之研究——以馬來西亞觀光客為例。臺北：國立臺灣師範大學碩士論文。

李建彥（2018）。實施混齡素養導向課程教師教學觀點轉化之研究：以一所偏鄉國小教學團隊爲例。雙溪教育論壇，**7**，135-171。

李雯佩（2016）。一位女性校長領導觀點轉化歷程之敘事研究。美和學報，**35**(1)，171-198。

林文琪譯（2006）。Kathryn Woodward 編，認同與差異。臺北：韋伯。

洪鎌德（2002）。全球化下的認同問題。哲學與文化，**29**(8)，689-695。

夏誠華（2005）。民國以來的僑務與僑教研究。新竹：玄奘大學海外華人研究中心。

徐秀鈴、孫國華（2018）。少子化現象對國民教育的衝擊與因應。臺灣教育評論月刊，**7**(2)，75-79。

泰國臺灣僑務資訊網（2020）。僑生留學臺灣（僑生技職專班）手冊。取自 http://i.Taiwan-Thailand.Net

高崇雲（1996）。我國僑民教育的現況與發展。研習專論，**23**(2)，17-21。

教育部（2011）。華裔青年來臺升學問與答。取自 https://depart.moe.edu.tw/ed2500/News.aspx?n=37F2FC16A365A384&sms=577BF6AD563AD664

教育部（2021）。新南向人才培育計畫。取自 https://www.edunsbp.moe.gov.tw/intro.html

教育部僑民教育委員會（2011）。常見問題 **Q&A——2011** 年華裔青年來臺升學問與答。臺北：教育部。

郭倢慇（2015）。雲林縣國民中學學校教師知覺少子化衝擊與學校創新經營之研究。嘉義縣：國立中正大學教育學研究所碩士論文。

陳怡君、李文欽（2018）。話國際，談素養——以福山國中國際教育爲例。中等教育，**69**(2)，172-183。

陳祈雯（2016）。趨同或分殊？馬來西亞、印尼僑外生身分認同與文化認同關係之研究。僑教與海外華人研究學報，**7**，73-96。

陳淑慧、林筱筑、劉騏甄、莊承鉚、劉家誠（2018）。跨國際學生交換環境對來臺學習意願之探討——以馬來西亞、菲律賓、越南爲例。環境與管理研究，**19**(2)，31-60。

陳鴻瑜（2007）。新南向政策效果往上提升。展望與探索，**5**(8)，16-22。

彭杏珠（2017）。兩年拚贏過去 **14** 年成績 招生風光背後有隱憂？取自 https://www.gvm.com.tw/article/56239

黃奎博、周容卉（2014）。我國「南向政策」之回顧與影響。展望與探索，**12**(8)，61-69。

黃琡雯（2013）。高職輪調式建教合作僑生專班學生生活適應之研究。屏東縣：屏東科技大學技職教育研究所學位論文。

黃議陞（2017）。臺灣新南向政策之探討。屏東縣：國立屏東大學國際貿易學系碩士班碩士論文。取自 https://hdl.handle.net/11296/9qd2g3

楊極東（1975）。回國升學僑生在國內大學的生活適應研究。輔導月刊，**11**(7-8)，2-6。

經濟部（2017）。新南向工作計畫。取自 ttps://www.newsouthboundpolicy.tw/common/download/ 新南向政策工作計畫 .pdf。

詹盛如（2019）。國際教育迷思解析與未來發展。教育脈動，**17**，1-5。

僑務委員會（2019）。僑委會僑生技職專班家長懇親會 僑生優越成果倍受肯定。取自：https://www.ocac.gov.tw/ocac/pages/detail.aspx?nodeid=346&pid=12984118

僑務委員會（2021）。海外僑生來臺就學答客問。取自：https://www.ocac.gov.tw/ocac/File/Attach/18512223/File_191050.pdf

僑務委員會（2022）。「**111** 學年度（**2022** 年）海外僑生申請來臺升讀高級中等學校產學攜手合作僑生專班」簡章。取自：https://www.ocac.gov.tw/OCAC/Pages/Detail.aspx?nodeid=223&pid=13188072

僑務委員會（2022）。「**111** 學年度海外僑生申請來臺升讀高級中等學校產學攜手合作僑生專班」。取自 https://www.ocac.gov.tw/OCAC/Pages/Detail.aspx?nodeid=4671&pid=41167356

僑務委員會（2022）。招生簡章及宣傳短片。取自 https://www.ocac.gov.tw/OCAC/Pages/VDetail.aspx?nodeid=223&pid=13188072

劉復國（2005）。我國還有南向政策的機會嗎？檢視我國南向政策的實質內涵與新方向。論文發表於淡江大學主辦之「海峽兩岸南向政策比較學術研討會」。

劉興漢（1991）。設置華僑大學可行性之研究。臺北：教育部。

蔡文榮、董家琳（2015）。馬來西亞學生來臺留學適應問題之個案研究。教育科學期刊，**14**，95-122。

盧宸緯（2017）。臺灣高教境外招生：機遇與挑戰。取自 https://www.npf.org.

tw/2/16216

Edensor, T. (2002). *National identity, popular culture and everyday life.* Oxford: Berg.

Miles, M. B., & Huberman, A. M. (1994). *Qualitative data analysis* (2nd ed.). Thousand Oaks, CA: Sage.

Ruane, J. M. (2005). A guide to social science research. *Essentials of Research Methods*.

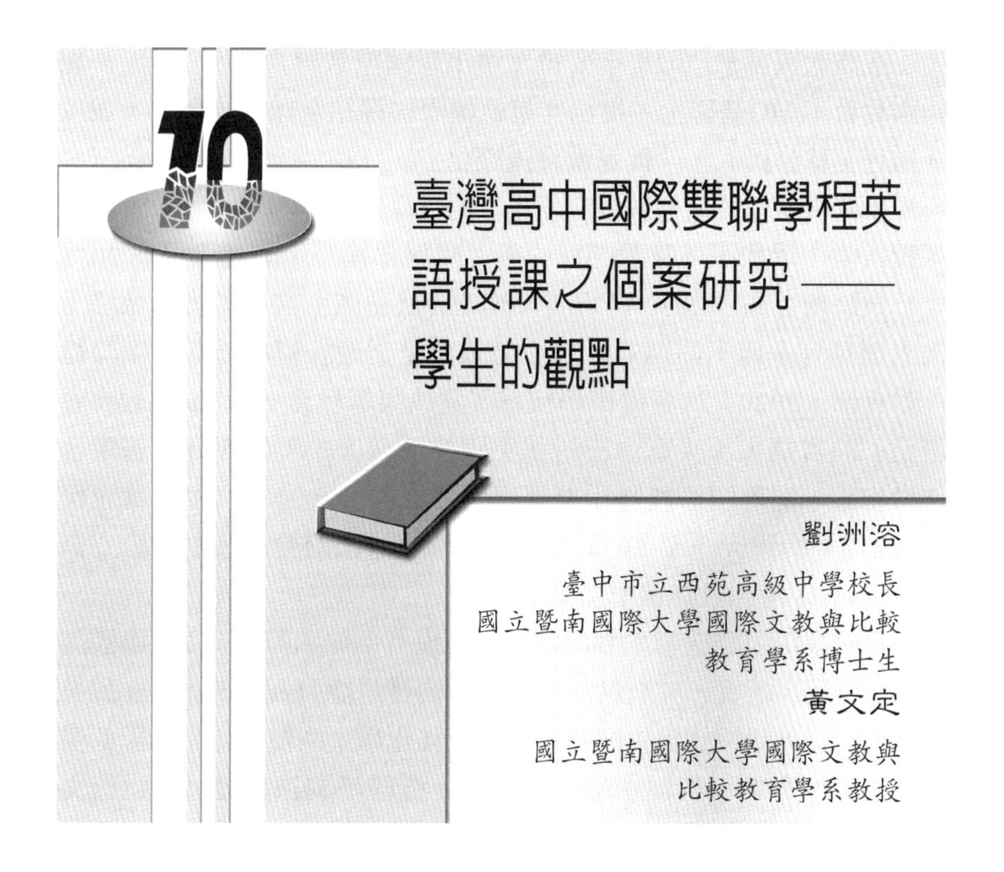

臺灣高中國際雙聯學程英語授課之個案研究——學生的觀點

劉洲溶
臺中市立西苑高級中學校長
國立暨南國際大學國際文教與比較教育學系博士生
黃文定
國立暨南國際大學國際文教與比較教育學系教授

壹 研究背景與目的

在全球化潮流的帶動下，國與國之間的界線正逐漸模糊，不同國家之間教育與文化的交流也益加頻繁，而跨境教育（cross-border education）也就成爲世界高等教育的發展趨勢，透過跨區域教育交流合作，有效流通教育資源，提供學生最新知識與技術，以提升學生全球競爭力（吳清山、林天祐，2010）。這股跨境教育的趨勢，在臺灣 2030 雙語教育政策與國際教育 2.0 的推波助瀾下，漸漸向下擴及到高中，其中，跨國雙聯學制的發展極爲顯著，成爲受關注的議題。

臺灣教育部於 2020 年公布《中小學國際教育白皮書 2.0》，在國際教育 1.0 的基礎上，提出「接軌國際、鏈結全球」的願景，並以「培育全球公民」、「促進教育國際化」、「拓展全球交流」爲三大目標，其中，在「促進教育國際化」的目標達成上，在國際教育融入課程象限，增加了「雙語課程」與「國際課程」，前者可視爲 2018 年行政院所公布「2030 雙語國家政策發展藍圖」之具體推動做法，後者則具有多種不同模式，其中便包含雙文憑課程與雙聯學制課程（教育部，2020）。各縣市學校爲了達成國際教育 2.0「促進教育國際化」的目標，不少高中紛紛與英國、加拿大、美國等高中簽定合作備忘錄，辦理國際雙聯學制課程（諄筆群，2021）。根據羅雅懷（2021b）的研究，至 2021 年底，臺灣實施國際雙聯學制的公立高中至少有 21 所，且持續增加中。

臺灣高中國際雙聯學制的推動，不僅有助於國際教育 2.0 中國際課程之推動與落實，亦有助於強化學生的雙語能力。謝武雄（2022）便指出，以英語授課爲主的雙聯學制可強化學生的雙語能力，因此受到學生們的歡迎。對高中職校長而言，雙聯學制課程提供學生跨文化、跨語言的學習環境，讓學生更輕鬆自在地將外語能力應用在專業上，也有助於提升學生未來國際職場的競爭優勢（許家齊，2021）。縣市政府教育局處在所推動的國中小雙語教學課程基礎上，也將與英語系國家合作的高中雙聯制教育計畫視爲提升學生英文聽說讀寫能力重要方式之一，形成從小學、國中到高中一脈相連的強化外語能力模式（胡蓬生，2022；張益勤，2019）。

從臺灣媒體的報導中，我們也可看到參與國際雙聯學制課程對提升高中生英文能力的助益。以臺北市中正高中的雙聯學制爲例，一位高三生指出學術英文課程有助於訓練英文文本閱讀、分析、寫作（陳奕安，2021）。另一位畢業生指出，三年雙聯學制課程上下來，使她英文能自然脫口而出，比一般學制的學生更勇於用英文表達與發問。還有一位畢業生則表示，上了雙聯學制的課程後，自己從原本不

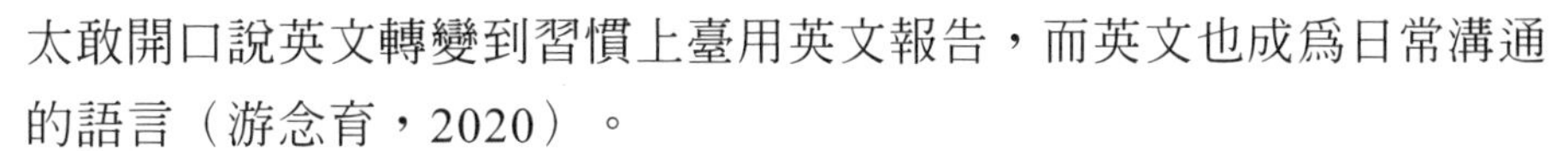

太敢開口說英文轉變到習慣上臺用英文報告，而英文也成為日常溝通的語言（游念育，2020）。

然而，國際雙聯學制課程以英語為主要教學語言的情境，並非人人都能適應。有些英文程度較弱的同學在進入英語授課情境後，會聽不懂教師在講什麼，一直向臺灣籍的教師求救（江依恬，2022）。有些家長雖然認為雙聯學制課程提供自己子女不錯的學習機會，但也憂心英語授課所具有的挑戰性，因為英語授課特別考驗孩子的英文能力（許家齊，2020）。然而，有些家長可能未充分了解孩子在雙聯課程中所面臨的挑戰性，一味地鼓勵孩子進入「全英語高中學程」與追求「外國學歷」，而臺灣媒體目光也往往專注在少數成功的案例，卻看不到其他無奈受挫的學生（陳建州，2021）。事實上，根據 Wang（2017）的研究，不僅是高中生，即使是參與雙聯學制的大學生也會面臨語言能力不足與缺乏跨文化溝通技能的問題（引自 Arshakian & Wang, 2017），Dvoretsky、Dvoretsky 與 Dvoretskaya（2013）的研究也指出，參與雙聯學制之俄羅斯學生外語能力不足是推動高等教育雙聯學制的重要問題之一。因此，在臺灣高中雙聯學制課程中，英語授課的實施方式與學生對英語授課的態度、可能遭遇的困難以及因應策略，值得進一步探究與了解。

回顧臺灣過去對於國際雙聯學制之相關研究多集中在高等教育，其中，宋雯倩（2006）分析臺灣雙聯學制現況與問題；吳清山（2017）、吳德芬（2016）與陳珮妤（2012）針對特定個案大學之雙聯學制進行探究；侯永琪（2013）與侯永琪、蔡小婷（2009）關注雙聯學位之認證與學程品質保證；楊惠娥（2018）探究參與雙聯學制學生之動機、態度與意圖；李怡彥（2013）與林顯明、未宥賢、王俐淳（2020）以及張瑜倫（2013）著重參與雙聯學制學生學習經驗之研究；鄭育青（2010）則研究歐盟聯合學位方案。就針對高中職雙聯學制之研究而論，僅有羅雅懷（2021a，2021b）針對三所公立高中雙聯學制實施現況進行分析。由以上回顧可知，臺灣目前對高中職雙聯學制的研究仍屬鳳毛麟角，遑論針對高中職雙聯學制英語授課之研究。

基於以上研究背景，本文將以一所實施國際雙聯學制的公立高中爲案例，分析其英語授課方式與學生學習經驗，具體研究目的臚列如下：

1. 分析個案高中國際雙聯學程英語授課形式及其轉變與原因。
2. 了解個案高中參與國際雙聯學程學生對英語授課的態度。
3. 了解個案高中國際雙聯學程英語授課方式對學生英語能力的影響。
4. 了解個案高中參與國際雙聯學程學生在英語授課課堂遭遇的困難與因應策略。
5. 根據研究結果，提出對臺灣高中國際雙聯學程英語授課課程規劃與教學語言安排之建議。

貳 文獻探討

一 國際合作學程：雙聯學制的內涵與類型

「雙聯學制」或「雙聯學位」可以用來指不同機構之間的學術合作，亦可指同一機構內不同單位的學術合作（Michael & Balraj, 2003）。臺灣學界對這兩個用語之界定與用法紛歧，但就國際合作而言，大致可歸納爲兩類。其一，泛指由兩個或多個不同國家的機構，透過合作的方式建立課程與學位授予機制，完成畢業條件的學生將獲得合作機構共同承認的學位（可能是單一學位或兩個以上學位）（如吳清山，2017；林顯明、宋宥賢、王俐淳，2020；羅雅懷，2021），此種用法類似於國外學者Knight（2009）所稱的「國際合作學程」（international collaborative programs）。其二，用來專門指稱學生可獲得兩個學位之國際學術合作（如宋雯倩，2006；侯永琪、蔡小婷，2009；陳珮妤，2012）。

關於國際合作學程，Knight（2009）以頒授的學位數量爲標準，將國際合作學程區分爲以下四種類型：

1. 國際聯合學位學程（international joint degree program）：指參與此類型學程的學生在滿足合作機構所規定的共同學程要求後，將獲得提供此學程之每個機構聯合頒授的單一學位證書。完成此類學程所需時間通常不超過完成任一合作機構之自己原有個別課程所需的時間。

2. 國際雙學位學程（international double degree program）：指參與此類型學程的學生在滿足合作機構所規定的共同學程要求後，將獲得兩個同一教育階段的學位證書，分別由提供此學程之兩個機構個別頒授。完成此類學程所需時間通常超過完成任一合作機構之自己原有個別課程所需的時間。

3. 國際多學位學程（international multiple degree program）：指參與此類型學程的學生在滿足合作機構所規定的共同學程要求後，將獲得三個以上同一教育階段的學位證書，分別由提供此學程之三個以上機構個別頒授。完成此類學程所需時間通常超過完成任一合作機構之自己原有個別課程所需的時間。

4. 國際連續學位學程（international combined degree program）：指參與此類型學程的學生在滿足合作機構所規定的共同學程要求後，將獲得兩個不同但連續教育階段的學位證書（如學／碩或碩／博），分別由提供此學程之兩個不同教育階段機構個別頒授。

本文之個案高中所提供的雙聯學程，其性質應屬於「國際雙學位學程」，但必須說明的是，本文的研究對象爲高中生，個案高中之雙聯學程所提供的並非學位學歷證書，而是高中學歷證書。

二 英語授課的特性與內涵

根據 Pecorari 與 Malmström（2018）的分析，「英語授課」（English-medium instruction, EMI）具有以下四項特性：

1. 以英語作爲教學語言。
2. 英語本身並非所要教授的學科。
3. 英語發展並非主要的預期結果。
4. 對參與英語授課的大部分學生而言，英語是第二語言（外語）。

他們進一步指出，英語授課中，英語可能不是唯一被使用的語言。因此，他們區分出全英語授課（full EMI）與部分英語授課（partial EMI）兩種英語授課的型態。在部分英語授課型態中，在地語言可被運用。例如，在一套課程中，有些學科以英語授課，有些以在地語言授課；或者在同一學科中，教師以在地語言講述學科內容，但教科書則是以英文撰寫。因此，他們特別指出，在「英語授課」這個概念中，英語並不一定是「唯一的教學語言」（*the* language of instruction），英語在此情境中可能被運用於全部或部分的教學目的。

三 英語授課的形式與類型

Richards 與 Pun（2021）根據以下十項標準作爲分析特定情境下英語授課形式與類型的依據：

1. 英語授課的目的

(1) 以內容爲目的的英語授課（content EMI）：強調英語授課所產生的實用性目的，例如提供英語授課課程以吸引國際學生，或提升學生在全球化經濟中專業領域的溝通技能。此種課程的目的著重在透過英語學習學術內容與技能。

(2) 以內容爲目的且**運用雙語**的英語授課（bilingual content EMI）：與前者類似，但運用兩種語言學習學術內容與技能。

(3) 以跨文化爲目的的英語授課（intercultural EMI）：強調提升學生運用多語文的跨文化技能。

(4) 以提升英文流利程度爲目的的英語授課（proficiency EMI）：著重改善學生的英文能力。

2. 評量的重點

(1) 著重內容評量的英語授課（content assessment）：以測量學科內容精熟程度爲主的評量。

(2) 兼重內容與語言評量的英語授課（content and language assessment）：同時兼重測量學科內容精熟程度與語言流利程度的評量。

(3) 著重語言評量的英語授課（language assessment）：以測量語言流利程度爲主的評量。

3. 英語授課的課程模式

(1) 單一教學語言（single medium）：除了其他語言課，所有主要學科都以英語授課。

(2) 雙重教學語言（dual medium）：有些學科以英語授課，其他則以另一種語言授課。

(3) 並列（parallel）：有些學科同時以英語及其他語言進行教學。

(4) 過渡式（transitional）：有些學科一開始以其他語言教學，之後以英語教學。

(5) 協同式（collaborative）：學科內容教師與英語教師合作進行學科內容教學。

(6) 跨學科（interdisciplinary）：不同學科的教師共同教學。

(7) 庇護式（sheltered）：學科教師特別爲第二語言學習者設計及教授學科內容

(8) 輔助式（adjunct）：在共同主題內容與學習任務之基礎上，將內容學科與語言學科加以連結。

(9) 橋接式（bridging）：以預備或橋接課程（如學術英語）讓學

生準備好過渡到英語授課。

4. 導入時間

(1) 前期導入英語授課（early EMI）：自學前階段或小學階段即導入英語授課，並持續到高等教育。

(2) 中期導入英語授課（middle EMI）：自中學導入英語授課，並持續到高等教育。

(3) 後期導入英語授課（late EMI）：只有在高等教育導入英語授課。

5. 學生進入英語授課的模式

(1) 篩選模式（selection model）：學生必須展現英語流利程度才能進入英語授課課程。

(2) 預備模式（preparatory model）：在進入英語授課前，學生必須完成先修課程。

(3) 同步模式（concurrent）：在修習英語授課課程時同步提供額外的英語支持。

(4) 多語模式（multilingual）：在初期以雙語授課，使學生能過渡到雙語授課。

6. 英語學科與其他英語授課之內容學科之間的關係

(1) 相互獨立（independent）：英語學科與英語授課之內容學科之間沒有連結。

(2) 支持性關係（supportive）：英語學科納入學生修習英語授課之內容學科所需的支持。

(3) 學術英文（English for academic purposes, EAP）：此種英語課程提供在英語授課中學生所需之一般性學術英語讀寫技能。

(4) 主題取向（thematic approach）：此種英語課程中納入一些一般性學術內容。

(5) 專業英文（English for specific purposes, ESP）：此種英語課程提供學生特定學科領域之專業英文。

7. **英語授課之學科內容教師**

(1) 單語教師（monolingual teacher）：教師的母語為英語，且無法使用學生的母語。

(2) 英語為母語的雙語教師（bilingual native speaker teacher）：教師的母語為英語，且能說學生的母語。

(3) 英語流利的教師（English proficient）：具流利英語作為外語的教師。

(4) 英語受限的教師（English restricted）：英語表達能力受限的教師。

(5) 英語能力足以勝任的教師（English competent）：已通過英語檢定確認能勝任英語授課之教師。

(6) 英語能力受訓合格的教師（English certified）：受過特別針對英語授課規劃之英語訓練的合格教師。

(7) 教學能力受訓合格的教師（EMI trained）：受過特別針對英語授課規劃之教學能力訓練的合格教師。

(8) 有經驗的學科內容教師（experienced content teacher）：在英語系國家教過內容學科，但沒有在國外的英語授課情境中授課的經驗，如美國的數學教師到中國教數學。

(9) 有英語授課經驗的教師（EMI experienced）：具有英語授課經驗，如香港的英語授課教師。

8. **英語學科教師**

英語學科教師共可分為六種類型，分別為英語為母語的教師（English native speaker）、英語為母語的雙語教師（bilingual English native speaker）、在地英語為母語的雙語教師（bilingual local English speaker）（如菲律賓、印度和新加坡）、具流利英語作為外語的教師（English proficient）、英語非母語但取得檢定證書的教師（English certified）、接受在職語言訓練提升英語能力的教師（English enhanced）。

9. 參與英語授課的學生

參與英語授課的學生共可分爲六種類型，分別爲具檢定證書的學生（English certified）（學生的英語能力必須達到一定程度才能參與英語授課）、使用一種語言的學生（unilingual）、使用雙語或多語（含英語）的學生（bilingual (+) English）、使用雙語或多語（不含英語）的學生（bilingual (-) English）、沒有接受英語授課經驗的學生（inexperienced EMI）、有接受過過英語授課的學生（experienced EMI）。

10. 英語授課所使用的教材

(1) 眞實教材（語料）（authentic materials）：運用來自內容學科的眞實教材（語料），如大學中的專業英文與學術英文。

(2) 特別設計的教材（designed materials）：特別針對英語授課情境中內容學科教學所設計以英語撰寫的教材。

(3) 針對母語使用者的教材（native-speaker materials）：針對英語系國家中以英語爲母語之師生所設計的教材。

(4) 雙語教材（bilingual materials）：以兩種語言撰寫之教材。

(5) 跨語言教材（cross-language materials）：教材以英語撰寫，但教師以其他語言授課。

另外，Galloway 與 Rose（2021）根據有無提供語言支持與課程開始前與實施中，將英語授課的英語支持模式區分爲四類：

1. 預備年模式（preparatory year model）：在參與英語授課課程之前，學生先接受一整年密集的英語先修課程。

2. 同步支持模式（concurrent support model）：學生在參與英語授課課程時，同時接受語言支持的課程，如學術英文與專業英文。

3. 篩選模式（selection model）：在參與英語授課課程之前，學生已滿足特定英語流利程度的要求。

4. 逃避模式（ostrich model）：學生未接受任何語言支持，也未滿足特定英語流利程度的要求。

本文將運用前述之架構，分析個案高中英語授課所採取的模式與特性，並了解學生在該模式中的學習經驗，特別是所遭遇到的困難與解決方式。

參 研究方法

爲了達成研究目的，本研究採用個案研究法進行研究。個案研究法可用來深入探究與分析接受研究的單位重複發生的現象，以解釋現狀，或影響因素之間的互動情形（王文科、王智弘，2021）。本研究爲了深入了解實施雙聯學程高中之英語授課方式以及學生的學習經驗，並分析影響學生英語授課學習經驗的不同層面因素，因此採用單一個案研究法，分析的單位爲個案學校中的國際雙聯學程。

一 個案描述

本文所選擇之研究個案爲位在臺灣中部的鷹揚高中（化名），之所以選擇此一高中的國際雙聯學程作爲研究個案，是因爲此一高中爲臺灣較早實施國際雙聯學程的學校，該校已具有 3 年國際雙聯學程的實施經驗，可提供豐富的英語授課經驗與學生學習反饋，有利於研究者深入探究該主題的各種影響因素。

位於臺中市的鷹揚高中，爲一所普通高中，男女兼收，學生程度屬中上。學校發展國際教育已有 10 多年時間，除每年辦理赴日國際教育旅行活動外，並辦理國外交流學校互訪活動，包含日本姊妹校（每年師生互訪，已交流 8 年）、法國交流學校（每兩年互訪，已交流 10 年），以及美國交流學校（每兩年互訪，已交流 6 年）。學生赴海外短期交流以及短期接待海外來訪學生的活動，相當頻繁。因此，在 107 年 8 月 1 日，獲臺中市教育局推薦，辦理英國的國際預科課程。後來，更進一步獲得肯定，在 108 年獲得臺中市國際學校獎認證。學校推動國際教育的成效，獲得普遍肯定，同年 8 月 1 日亦開始試辦美國雙聯學程。而後，全臺陸續有許多學校至鷹揚高中拜訪取經，觀摩相關雙聯學程的辦理與運作。

鷹揚高中辦理雙聯學程的計畫大約如下：

1. 與美國費爾蒙特學校（Fairmont School, Inc.）簽定合作辦理協議，於 108 學年度第一學期開始實施，爲期 3 年。每一屆預計遴選 15 名學生（含 1 位弱勢學生）參與此計畫。每學年學費 1,800 元美金（約新臺幣 56,000 元）由學生負擔，教育局全額補助 1 位弱勢學生，一般生由教育局補助第一年學費新臺幣 10,000 元整。

2. 參與的學生，除了修習臺灣一般高中課程外，另有「學術英文」及美國費爾蒙特學校提供鷹揚高中參與計畫學生大學先修課程（Advanced Placement, AP）清單和課時安排，依鷹揚高中的需求提供五門大學先修課程的課程材料及授課教師培訓（目前確定爲微積分、經濟學、物理學三門課），授課教師由鷹揚高中另行遴聘。參與計畫學生必須在至少一門大學先修課程考試中取得單科 3 分或以上的成績，並且順利通過「美國史」課程的修習和考試，才能由美國費爾蒙特學校授與高中文憑。「美國史」課程於暑假期間辦理，由參加計畫學生自費到美國費爾蒙特學校修習，並由教育局補助相關行政費及一位弱勢學生費用。

3. 美國費爾蒙特學校提供參與計畫學生美國獎學金及升學訊息，視同學需要協助同學參加美國大學入學測驗，以及協助申請美國大學。學生畢業後若於美國就讀大學，可申請已修習通過之大學先修課程之學分抵免。

4. 參與此計畫教授大學先修課程教師，每週減授 2 節，以利教師進行課程準備及參與諮輔會議。

在推動此計畫的目標上，學校提出下列三點：

1. 提升學生優質、多元的課程及升學選擇。

2. 藉由與國際學校課程合作的經驗，有效提升教師及行政人員國際素養。

3. 形塑學校特色，強化國際教育的推動，並進一步分享推動計畫的經驗，帶動臺中市高中職國際教育的發展。

後來，因為申請參與學生數踴躍，學校將參加的25名學生，再加上參加英國IFY（IFY是International Foundation Year的縮寫，臺英國際預科課程，專門為國際學生設計的課程）計畫的3名學生，合併編為一班，稱為國際專班。109學年度，該班因為選組因素，升上高二後無法再單獨成班，學生打散至各班。但高一新生仍有20名新生，亦成立國際專班。並在110學年度，依照實驗教育法，正式向教育局提出成立數理導向國際實驗專班計畫，運用新課綱中的部分彈性課程時間及選修課程時間，來開設雙聯學程所需的課程，以減輕該學程學生須利用課餘時間來上雙聯學程課程的負擔。

此次參與研究的學生，即為108年參與此計畫的第一屆學生，於110年12月參加大學先修課程考試，111年6月從高中畢業。

二　資料蒐集方式

個案研究法所運用之資料蒐集方式多元，本研究採用以下兩種資料蒐集方式：

(一) 文件分析

文件可廣泛定義為事件或歷程的紀錄。文件產生的來源可分為個人與群體文件，也可分為私人、公共與官方文件，就文件的呈現方式，可分為書面文件（含紙本與電子形式）與圖像影片文件（McCulloch, 2011）。為了解個案高中國際雙聯學程課程安排、授課方式（含英語授課）、學生英語能力、學生英語學習表現，研究者將蒐集個案學校國際班之書面文件，包含招生簡介、招生簡章、修業規定、課程規劃、學生英文能力與學習表現等相關文件。

(二) 半結構式訪談

根據 Roulston（2010），訪談可以分爲三種類型，分別是結構性訪談（structured interviews）、半結構性訪談（semi-structured）、以及非結構性訪談（unstructured interviews）。本研究的受訪對象爲參與國際雙聯學程的學生，他們在校期間能接受訪談的時間有限，而半結構性訪談不但可在短時間內以具有架構的訪談綱要蒐集資料，又可彈性調整訪談內容與順序，因此，本研究採取半結構性訪談來蒐集資料。受訪學生的選擇依據有二，其一爲完成雙聯學程者，其二爲英文能力。本研究共選擇 6 位完成雙聯學程的學生作爲受訪者，其中有 5 人英文能力在前 50%，有 1 人（S2）英文能力在後 50%。在徵得學生本人與其家長知情同意後，每位學生以一對一的方式進行約 20 分鐘的訪談，訪談內容著重於了解學生參與學程英語授課課堂經驗，包含對英語授課的想法與態度、遭遇的困難與因應方式、英語授課對英語能力的影響。訪談資料編碼表如表 1 所示，其中，S 爲 Student 的縮寫，並由受訪時間的先後順序，編號 1-6，再加上受訪日期組合而成。

表 1　訪談資料編碼表

受訪學生編號	性別	獲通過之AP課程	訪談日期	資料編碼
S1	男	經濟學	2022/05/04	S1-20220504
S2	男	微積分	2022/05/04	S2-20220504
S3	男	經濟學	2022/05/04	S3-20220504
S4	女	經濟學、微積分	2022/05/04	S4-20220504
S5	女	經濟學、微積分	2022/05/04	S5-20220504
S6	女	物理學、微積分	2022/05/18	S6-20220518

資料來源：研究者自行整理。

肆 研究發現

一 個案高中國際雙聯學程英語授課形式

就授課語言而言，鷹揚高中國際雙聯學程最初的規劃是將一般高中英文及雙聯學程的課程，例如學術英文以及三門大學先修課程（微積分、經濟學、物理學），以全英語授課的方式進行。其中，微積分爲必修，經濟學和物理則爲二選一。但是經過一學期後，因爲學生難以適應全英語授課方式，除了由外師教授之學術英文仍維持全英文授課外，其他課程均調整爲部分英語授課（中英文雙語）進行。

以下根據 Richards 與 Pun（2021）分析英語授課形式與類型的十項標準，分析個案高中國際雙聯學程英語授課的形式與類型：

1. 英語授課的目的：學術英語課程是以提升英文流利程度爲目的的英語授課，其他的專業課程在第一學期是以內容爲目的的英語授課，之後則是以內容爲目的且運用雙語的英語授課。

2. 評量的重點：學術英文課程屬於著重語言評量的英語授課，而專業課程則屬於著重內容評量的英語授課。

3. 英語授課的課程模式：第一學期屬於單一教學語言，所有學科都以英語授課。之後的模式則採並列式，即專業課程同時以英語及其他語言進行教學。

4. 導入時間：屬於中期導入英語授課。

5. 學生進入英語授課的模式：因該學程報名資格有註記國中教育會考英語成績之要求，因此，可以歸屬篩選模式。同時，此學程還提供學術英文課程，同步提供學生額外的英語支持，因此，亦可歸屬於同步模式。若就 Galloway 與 Rose（2021）的英語支持模式而論，此學程亦屬於同步支持模式與篩選模式。

6. 英語學科與其他英語授課之內容學科之間的關係：此學程有提供學術英文，加強學生一般性學術英文讀寫技能。

7. 英語授課之學科內容教師：微積分和物理學爲英語能力足以勝任的教師，經濟學爲英語爲母語的教師。

8. 英語學科教師：一般英文之授課教師爲英語非母語但取得檢定證書的教師，而學術英文則是英語爲母語的教師。

9. 參與英語授課的學生：參與此學程的學生有些在國中階段已參與過英語授課課程。

10. 英語授課所使用的教材：此學程之專業課程所使用的教材屬於針對英語系國家中以英語爲母語之師生所設計的教材，但教師以中文及英文授課。

二 參與雙聯學程學生對英語授課的態度

本研究中的受訪學生經歷過全英語授課與部分英語授課（即中英雙語授課），當被問到覺得哪一種方式較適合他們時，受訪學生大多認爲部分英語授課的形式較適合。以下分別針對兩種授課形式分析學生的態度與想法。

(一) 專業學科以單一語言（英語）授課

對於全英語授課，學生們認爲自身的英文能力是很重要的條件，S6便指出：

> 我覺得是學生本身自己的條件就有差，如果是我自己我覺得全英可能會比較挑戰。但是學的東西可能比較好？但是有的學生可能會嫌說可能太困難，然後都聽不懂然後就沒有動力去學更多。（S6-20220518）

S1亦指出，專業學科常有許多英文專業用語，原本對專業用語就不熟悉，再加上語言的隔閡，可說是難上加難：

微積分它本身就是一個艱澀難懂的東西，很需要邏輯的，然後基本上，我們要處理觀念就很困難，老師如果又用英文，那眞的會讓難度又更上一層樓。因爲本身它就是一門艱澀的科目，又用英文，又很多專有名詞。（S1-20220504）

那種英文上課的話，其實我上很多英文課，我覺得用全英上課的話，有一個很大的問題是，英文有很多那種一字多義的情況，舉一個簡單的例子，VVA 這 3 個字，如果是鑽石的一種等級，一種評價，是一種很高級的，可是如果 VVA 可變汽門，是指一種技術。英文會有一字非常多義，假設在經濟學有一個字出來，我們如果去查的話，基本上，我們查出來的單字，會跟經濟學一點關係都沒有，因爲那是專業的東西，就是一個字，在不同的領域，會有很多不同的意思。可是如果在中文的話，不會發生這種事，可是在英文會發生這種事。（S1-20220504）

另外，授課教師的英語表達能力也需要考慮：「而且說實在的，我們請的老師……他英文說眞的，沒有非常好，所以他如果講全英的話，接受度不好，效率有差。」（S1-20220504）。因此，他認爲不適合採用全英語授課：「因爲你用全英文的話，說眞的，那效率眞的沒有很好。」（S1-20220504）

然而，也有學生不認爲自己在所有全英語授課課程中都無法適應，因爲不同學科內容性質對於英文能力的要求不同，因而對學生理解全英語授課內容的影響程度也不同。S2 以微積分和經濟學爲對比來解釋，對於以全英語授課方式上微積分課程，他表示：「對我來說我覺得很 OK，但是我認爲是因爲我本身數學比較強。」（S2-20220504）因爲數學符號是全球共通的語言，英文能力對於理解課程內容的影響程度相對較小。在以全英語進行之微積分大學先修課程測驗中取得滿分 5 分的他表示：「我去考微積分 AP 那天，就算我只看得懂幾個〔英文〕字，我也算的出來，那就是因爲我數學比較好。」（S2-20220504）但是，經濟學所需要的英文能力就比較高，他說：

但是經濟學如果全英授課，對於英文沒有那麼好的人可能會有點問題，因爲你必須要聽得懂整個事件，如果中間有聽不懂的字，你很難連結起來。（S2-20220504）

過去修習全英語授課課程的經驗也是影響學生課堂理解與學習成效的因素之一。S3 便表示，上全英語授課的課程對他而言不會有太大的困難，因爲他國中時期就全英語上課了，對於微積分課程，他表示：「〔微積分教的是〕基礎的東西，所以英文好一點都聽得懂，因爲專業的部分還不是太難。」（S3-20220504）

(二) 專業學科以中英文並列授課

較多學生（如 S1、S2、S3、S4）贊成以雙語（中英各半）方式來授課，是較爲理想的模式，也較符合學生的需求。S3 和 S6 基於現階段學生們的英文能力，認爲中英文雙語授課較適宜：

我覺得中英各半比較好，以鷹揚高中目前的現狀，因爲鷹揚高中普遍的學生沒有能力應付全英的狀況。（S3-20220504）

我覺得是學生本身自己的條件就有差……所以我覺得可能折衷，有的學生可能比較想要再簡單一點，中英雙語，然後看學生自己去調適。（S6-20220518）

S1 和 S4 都認爲中英文雙語教學較能兼顧學科內容與英語的學習：

所以後來我們覺得，就是各一半，因爲後來我們也是要考試，考

試也是全英文，我們專有名詞，看到可以對應到是什麼意思，可是如果在講邏輯的時候，例如這個開根號，爲什要開根號，這時就用中文解釋。（S1-20220504）

經濟學如果用全英文講可能眞的聽不太懂，老師會用英文講一次，然後他會再用中文講，這樣才會眞的有聽懂。（S4-20220504）

我覺得如果是全英的話去參加 AP 考試的效果可能就不好，因爲我覺得我們的英文程度沒有到那麼好。（S4-20220504）

三 雙聯學程英語授課方式對學生英語能力的影響

(一) 專業學科英語授課對學生英語能力的影響

就專業學科英語授課而言，無論是全英語授課，或是中英雙語授課，都能提高學生使用英文的頻率，這是 S5 和 S1 認爲專業學科英語授課有助於英語能力提升的關鍵因素之一：

我覺得比起提升更像是一個持續性的使用，如果我們沒有參加雙聯學程，我們升上高中會只讀學校的英文，因爲學校的英文就是考試用，對原本的我來說，就是考試前背個單字，就是不用一直運用英文，考完就忘記，短期的記憶……因爲說眞的，語言到最後還是要運用比較好，我覺得一直用一定會有進步，但是語言太久沒有用就會忘記，所以這個就會讓我一直複習運用英文，讓我在那個環境中浸潤。（S5-20220504）

聽、說、讀、寫是每一個都會提升，因爲我們是，舉例來說，做一題經濟學，open question，你就是要寫出來理由和原因。聽的話，老師講。說的話，你要跟老師解釋。寫的話，寫答案的時候就是要寫。所以說聽、說、讀、寫都會得到提升。（S1-20220504）

根據學生的陳述，專業學科教師上課方式以講解爲主，不過，有些教師仍會採取其他教學方式，例如經濟學的教師會要求學生進行實務議題的期末口頭報告，例如，S3 所報告的主題爲「後疫情時代的經濟學」（S3-20220504）。若以雙語方式來授課，學生覺得在英文讀寫能力進步較明顯（如 S3、S6），可能是因爲教材及測驗的練習題都是以英文的方式來呈現：

就可能是讀的部分〔進步較明顯〕，因爲題目都是英文，在看題目的時候英文是有進步的，但是聽力就比較少訓練。（S6-20220518）

另外，英文字彙的學習也具有明顯成效，S2、S5 與 S6 均指出，從專業課程學到的英文專業字彙有助於理解日常生活所閱讀的英文新聞（S2-20220504、S5-20220504、S6-202205184）。最後，當被問到專業學科英語授課是否有助於提升學習動機，所有受訪者均持肯定的態度，因爲上課需要用到英文，也需要和同儕以英語互動（S4-20220504），而考試也得使用英文（S5-20220504）。

(二) 橋接課程（學術英文）對學生英語能力的影響

幾乎所有受訪學生（S1-S5）都認爲學術英文對於英語會話口說有明顯的助益，這與外籍教師的授課方式有關：

像我們有一個學術英文，老師會下來提問問答，每個人都一定要回答，也不算是逼，有點類似強迫，但你不會感受到強迫的氣場，卻會讓你進步。（S1-20220504）

我們需要一直去提問題和回答問題。（S2-20220504）

這種問答方式提供學生們許多以英語練習口語表達的機會：

像學術英文這種課，如果我要表達一個東西我必須把它轉換成英文講出來，這對於在臺灣的學生平常不會用英文形容一個東西，我會突然想不出來這個詞，但是因爲有這些課程，至少我可以練習一般我平常不會講到的字變成英文講出來。（S5-20220504）

因此，S5 認爲上過學術英文課程後，「我覺得可以不用逐字翻譯，比較順利自然的表達出來。」（S5-20220504）然而，大部分的學生卻認爲學術英文課程對他們專業學科英語授課的學習與考試沒有直接的助益，例如，S3 指出：「我覺得〔學術英語與專業學科英語授課所使用的英文〕是分開的，相關性不大。」（S3-20220504）S6 也指出：「因爲我們上的都是數學物理，但是學術英文是人文類的東西，其實沒有太大的連結。」（S6-20220518）S5 也有類似的想法：

我覺得經濟學和微積分都屬於學術性，我們學術英文是討論議題，例如討論什麼是自由什麼是正義，微積分和經濟學都是需要專業名詞，但是平常跟老師討論學術英文不太需要專業名詞。（S5-20220504）

然而，並非所有學生都認爲學術英文無助於專業學科英語授課的學習與考試，S1 便指出學術英文口頭問答活動有助於考試時組織英文語句的能力：

你在回答時，你一定要用英文回答，因爲老師是外國人，他聽不懂〔中文〕，你要用英文組織〔語句〕，組織語言又回到剛剛，考試是 open question，你一定要用英文回答，這是組織句子的一種，所以這能幫助你英文能力的學習。（S1-20220504）

雖然學生大多認爲學術英文對專業學科英語授課的學習無直接或立即性的幫助，但是對於個人英文實力及未來出國求學參與全英語授課課程是有幫助的（如 S3、S4、S5、S6），這些助益包含論文撰寫、語感培養、建立與外國人溝通時的自信心：

因爲老師有教一個美國大學寫論文的方式、講一些大學會發生的事，和以後的論文怎麼寫。（S4-20220504）

我覺得會有幫助，因爲我們學術英文也是外師上課，常聽外國人講話的語感自己也比較有語感，我們現在有這個訓練以後聽外國人講話也會比較熟悉，可能臺灣人比較沒自信跟外國人溝通會以爲自己的語文實力不好，就算不是如此或是真的如此我們都會比較沒自信。我們先跟外師交流過後，以後遇到外國人，我們會覺得自己以前都跟外國人互動過，這個外國人也沒什麼好害怕，就是練膽量，而且外師跟我們比較熟之後，我們也比較敢開口講，覺得不害怕。（S5-20220504）

四　雙聯學程學生在英語授課課堂遭遇的困難與因應策略

(一) 單一語言（英語）授課之專業學科

1. 遭遇的困難

專業科目全英語授課，主要的困難有三個，一個是專業名詞的使用，以 S5 爲例：「我覺得微積分是學術性的科目，裡面有很多專有名詞，前幾堂課很痛苦。」（S5-20220504）S1 也有類似的困擾：「我覺得用全英上課的話，有一個很大的問題是，英文有很多那種一字多義的情況。」（S1-20220504）。另外是涉及較爲複雜的或邏輯性的說明的觀念，以英語不容易傳達。最後，也有學生提到教師口音的適應問題：

我們之前上先修微積分的時候，我們共同認爲那位老師的口音不是我們常聽到的美國口音，他的口音有個人特色，我們聽他講話需要理解一下才能聽懂，就像我們聽印度口音，我們需要思考一下才知道在講什麼。（S5-20220504）

2. 因應的策略

當學生們遇到困難，有關英文專業用詞，除了努力熟練英文專業用語（如 S5）、和教師討論（如 S2），大部分會以上網查詢資料的方式（如 S2、S3、S5、S6）來解決。而在複雜的或邏輯性的說明無法理解，在授課教師改用雙語方式授課後，有獲得改善。至於口音的問題，S5 表示：「我覺得跟著那老師的步調走，過一陣子習慣他的步調和用法和口音，也就還好。」（S5-20220504）另外，S6 表示自己會「跟我們那時候學中文一樣看影片或是聽音樂那些，就會想辦法多接觸一點英文的東西。」（S6-20220518）

(二) 中英文並列授課之專業學科

雙聯學程雙語授課之專業學科獲得所有訪談學生的認同，接受度高，學生們比較沒有提出遭遇到什麼困難。只有 S2 表示，做考題時，會因爲是以英文呈現，「有時候題意我就要去想一下這到底是什麼意思，單字有時候要去查一下這到底是什麼意思。」（S1-20220504）這是他覺得有挫折感的來源。

正如前述，在國際雙聯學程中，以中英雙語上課的方式來進行專業科目的教學，是學生認為較有效率的方式，對理解課程中的系統性觀念較有幫助，而專業名詞、教材文本、測驗等則以英文來呈現，是學生接受度較高的方式。因此，在學生英文程度達到一定水準的狀況下，都不至於造成學習困難，而這些學生也都順利通過至少一科 AP 課程的考試，達到合格的標準。

伍 結論與建議

一 結論

根據前述研究發現，本文提出以下結論：

1. 個案高中國際雙聯學程在推動的過程中，英語授課形式由全英語授課轉變為部分英語授課（中英文雙語授課），其原因在於全英語授課對一般高中生而言，在課程內容理解上，還是有困難。如果一味的追求全英語授課，尤其是專業科目課程，可能使專業科目的學習效果大打折扣。以雙語方式進行，學生的接受度高，且教學成效與學生評量結果也較佳。

2. 參與國際雙聯學程學生大多認為中英文雙語授課是較適合的授課方式，若要採取全英語授課，則必須審慎考量學生本身的英文能力，也要考慮授課教師英語表達能力、學科內容性質對於英文能力的要求程度，以及學生過去參與全英語授課課程的經驗。

3. 就專業學科英語授課對提升英語能力之效益而言，無論是全英語授課，或是中英雙語授課，都能提高學生使用英文的頻率，這是學生們認為專業學科英語授課有助於英語能力提升的關鍵因素之一。然而，專業科目中英文雙語授課方式對學生英語能力之提升侷限在英文讀寫能力，且大部分的學生認為學術英文課程對他們專業學科英語授課的學習與考試沒有直接的助益。

4. 就專業科目全英語授課而言，學生們遭遇的主要困難有三：英文專業名詞的使用、運用英語說明複雜的或邏輯性觀念造成的理解困難、教師口音的適應問題。

二 建議

根據以上結論，本文提出以下建議：

1. 從本研究發現可知，參與國際雙聯學程學生對中英文雙語授課接受度較高，學習成效也較佳，建議未來推動國際雙聯學程時，可先以部分英語授課（中英文雙語授課）形式進行專業科目的教學，待學生較熟悉英文專業用語後，逐步轉換至全英語授課形式，如此，學生遭遇的困難較少，挫折感較低，接受度也較高。

2. 從本研究發現可知，大部分的學生認爲學術英文課程對他們專業學科英語授課的學習與考試沒有直接的助益。因此，建議未來在規劃學術英文課程時，能結合學生們的專業科目，由英文教師與學科教師進行溝通協調，甚至一起共備課程，使學術英文課程與專業學科英語授課具有相輔相成的效果，達到同步支持學生參與英語授課課程，提高學習效率的目的。

3. 從本文的研究發現可知，授課教師英語表達能力是影響學生參與全英語授課課程學習成效的因素之一。因此，建議未來實施國際雙聯學程時，應留意專業科目之學科教師的英語能力，學科教師本身並非英語教師，要以全英語的方式授課誠屬不易，教育行政單位和學校應提供必要的資源與教育訓練，強化教師在專業領域上的英語能力。

4. 就個案學校雙聯學程專業科目中英文雙語授課對學生英語能力的影響而言，研究發現顯示其教學方式對學生英文讀寫能力的助益較爲明顯，英語聽說能力的增進則較少。因此，建議專業科目中英文雙語授課教師之英語使用面向與方式可更多元化，例如在學生作業中加入使用英語的機會，在教學方法上，除了講述法，可適時加入以英語進行的團體討論、辯論、學生口頭報告等方式，提供學生更多提升英語聽說能力的機會。

參考文獻

王文科、王智弘（2021）。教育研究法。臺北：五南。

江依恬（2022，5 月 29 日）。慈大附中雙聯學位課程 讓學生不出國也能當美國高中生。**Yahoo！新聞**。https://tw.news.yahoo.com/ 慈大附中雙聯學位課程 - 讓學生不出國也能當美國高中生 -084351449.html

吳清山（2017）。確保雙聯學制品質 提升學生國際競爭力。**師友月刊**，**598**，0-4。

吳清山、林天祐（2010）。跨境教育。**教育研究月刊**，**192**，116-117。

吳德芬（2016）。**中、澳管理碩士教育比較——以雙聯學程為例**。元智大學資訊管理學系碩士論文，桃園縣。取自 https://hdl.handle.net/11296/zyb8k6

宋雯倩（2006）。**台灣地區高等教育雙聯學制實施之研究**。國立臺灣師範大學教育學系碩士論文，臺北市。取自 https://hdl.handle.net/11296/8uav7u

李怡彥（2013）。**雙聯學位越籍留臺生之初級華語寫作教學研究——以應用文為例**。中原大學應用華語文研究所碩士論文，桃園縣。取自 https://hdl.handle.net/11296/w2h548

林顯明、未宥賢、王俐淳（2020）。攻讀跨國雙聯博士學制之國際移動體驗與意涵：以比利時臺灣雙聯博士學位學生爲例。**教育科學研究期刊**，**65**(4)，65-103。

侯永琪（2013）。歐洲跨國雙聯學位學程品質保證模式之探討。**評鑑雙月刊**，**46**。51-56

侯永琪、蔡小婷（2009）。雙聯學位國際認證初探。**評鑑雙月刊**，**17**，28-33。

胡蓬生（2022，1 月 25 日）。苗栗推台加、台美高中雙聯制 3 年 60 萬學費縣府補助一半。**聯合新聞網**。https://udn.com/news/story/6904/6059139

張益勤（2019）。公立高中創舉 北市 4 校開辦國際文憑課程 無縫銜接國外大學。

親子天下。https://www.parenting.com.tw/article/5078646
張瑜倫（2013）。來臺越南中文雙聯學位生華語習得問題研究。中原大學應用華語文研究所碩士論文，桃園縣。取自 https://hdl.handle.net/11296/9p9hwy
教育部（2020）。中小學國際教育白皮書 **2.0**。臺北市：教育部。
許家齊（2020）。北市 6 所公立高中推台英國際預科課程，畢業可接軌海外升學。親子天下。https://www.parenting.com.tw/article/5086332
許家齊（2021）。新北 7 所技術型高中與美推雙聯學制，畢業可獲台美雙文憑。教育家。https://teachersblog.edu.tw/22/2479
陳奕安（2021）。學生分享：雙聯學制、IB、雙語實驗班在學什麼？親子天下，**119**。https://www.parenting.com.tw/article/5090139
陳建州（2021）。「國際雙聯學制」金粉背後的風險與資源不均。獨立評論。https://opinion.cw.com.tw/blog/profile/52/article/11599
陳珮妤（2012）。臺灣跨國高等教育雙聯學制之研究——以私立 M 大學之個案研究為例。國立嘉義大學教育行政與政策發展研究所碩士論文，嘉義市。取自 https://hdl.handle.net/11296/jkj8y8
游念育（2020，8 月 11 日）。台美雙聯學制 15 畢生錄取國外大學。中時新聞網。https://www.chinatimes.com/newspapers/20200811000561-260107?chdtv
楊惠娥（2018）。大學商管學生參與碩士雙聯學制之動機、態度與意圖。人文與應用科學，**12**，25-42。
諄筆群（2021）。臺灣中小學教育「國際化」，將成爲世界先河？！點教育，**3**(2)，7-12。
鄭育青（2010）。歐盟聯合學位方案實施之研究——以英國與愛爾蘭為例。淡江大學教育政策與領導研究所（高等教育組）碩士論文。新北市。
謝武雄（2022，6 月 4 日）。桃園市高中職「雙聯學制」已有 14 校 52 人參與。自由時報。https://news.ltn.com.tw/news/life/breakingnews/3949715
羅雅懷（2021a）。台灣公立高中雙聯學制之研究——以三所公立高中為例。國立中正大學教育學研究所碩士論文，嘉義縣。取自 https://hdl.handle.net/11296/83ms9p
羅雅懷（2021b）。臺灣公立高中推動國際化雙聯學制之研究——以三所公立高中爲例。比較教育，**91**，79-109。
Arshakian, A., & Wang, V. (2017). Strategies of supporting Chinese students in an

international joint degree program. *International Research and Review: Journal of Phi Beta Delta*, *7*(1), 54-76.

Dvoretsky, S., Dvoretsky, D., & Dvoretskaya, E. (2013, September 25-27). *Perspectives and challenges of developing joint and double-degree programs in Russian higher professional education*. Paper presented at 2013 International Conference on Interactive Collaborative Learning (ICL). Kazan National Research Technological University, Kazan, Russia.

Galloway, N., & Rose, H. (2021). English medium instruction and the English language practitioner. *ELT Journal*, *75*(1), 33-41.

Knight, J. (2009). The meaning and recognition of double and joint degree programs. *Higher Education Forum*, *6*, 19-32.

McCulloch, G. (2011). Historical and documentary research in education. In L. Cohen, L. Manion, & K. Morrison, *Research methods in education* (7th ed.) (pp.248-255). Abingdon, UK: Routledge.

Michael, S. O., & Balraj, L. (2003). Higher education institutional collaborations: An analysis of models of joint degree programs. *Journal of Higher Education Policy and Management*, *25*(2), 131-145.

Pecorari, D., & Malmström, H. (2018). At the crossroads of TESOL and English Medium Instruction. *TESOL Quarterly*, *52*(3), 497-515.

Richards, J. C., & Pun, J. (2021). A typology of English-medium instruction. *RELC Journal*. Retrieved from https://doi.org/10.1177/0033688220968584

Roulston, K. (2010). *Reflective interviewing: A guide to theory & practice*. London: Sage.

Wang, M. (2017). *Understanding the college experience of Chinese undergraduate students in an international dual degree program* (Unpublished doctoral dissertation). Oklahoma State University, Stillwater.

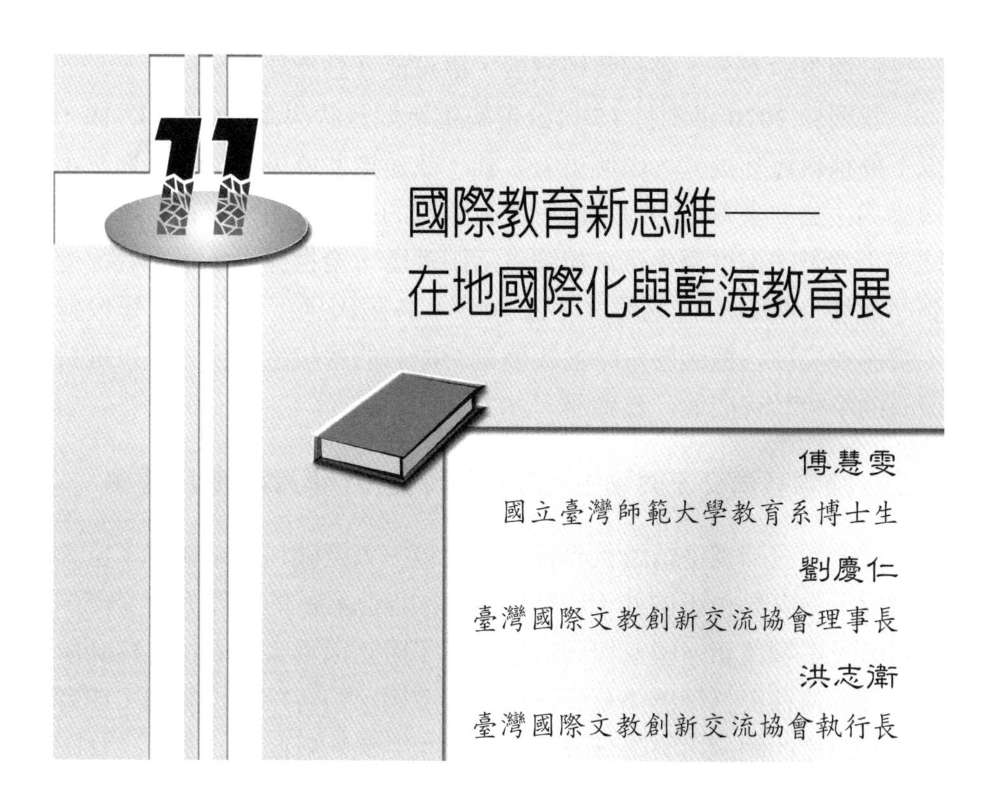

國際教育新思維——在地國際化與藍海教育展

傅慧雯
國立臺灣師範大學教育系博士生
劉慶仁
臺灣國際文教創新交流協會理事長
洪志衛
臺灣國際文教創新交流協會執行長

壹 前言

一 新冠疫情肆虐全球

新冠肺炎疫情自2019年爆發以來，迄今世界染疫人數達5.3億，死亡人數達630萬。2020年2月12日，世界衛生組織（WHO）將新冠肺炎COVID-19定爲「全球大流行疾病」（世界衛生組織，2022），造成經濟損失以及政治、社會之動盪不安，國際教育與交流因而中斷。儘管科學家加速啟動研究，但病毒特性、疫情走向仍充滿變數。每一個國家的動作、每一道國際組織的決策關卡，影響的不只是群體生命安全、各國政經發展，更可能牽動全球局勢演變。

我國於 2020 年 1 月 15 日公告嚴重新型冠狀病毒（COVID-19，以下簡稱新冠肺炎），因傳染力太強，故新增此傳染病爲第五類法定傳染病。雖然臺灣相對而言擁有比較正常的學校生活，但在全球多數國家仍沒辦法提供學生正常校園生活跟經驗，全世界很多學習者都受到了影響（郭玟杏、胡馨文，2020）。各國因應疫情發展，學校無不實施並發展各種因應策略並改變創新原有的學校教育模式，以維持原有的學校教育成效（林進材，2021）。

二　國際教育交流與學生國際移動深受疫情影響中斷或暫緩

此次新冠肺炎疫情讓世界經濟、社會、人際關係等架構有了巨大的轉變，教育界也不例外，特別是近年來蓬勃發展的國際教育交流，更是遭受影響甚鉅。國家與國家之間爲了阻止因爲人類的往來移動所造成病毒傳播與群聚感染蔓延，因此許多國家將各級學校關閉，或者採取有限度的開放，來降低或者減少學生感染新冠肺炎的風險（林昭良，2021）。以臺灣的高等教育爲例，依據教育部統計處，2019 至 2020 學年度，臺灣的國際學生人數來到新高達 130,417 人，原本預期可以持續成長的國際學生，在教育部公告之境外生返臺三原則下：低風險國家／地區優先、應屆畢業生優先、防疫旅館優先（教育部，2020），2020-2021 學年度在臺國際學生總人數降至 98,247 人，主要減少之國際學生類別爲華語生、交換生及短期研修生。

臺灣國際文教創新交流協會於 2022 年 1 月進行全臺大專校院「大學國際化現況調查」，綜整來自全臺大學校院 442 位國際事務主管與同仁之意見，研究結論指出，新冠疫情對臺灣大學校院國際化經費及招生能量造成影響，特別是學生國際移動力以及與國外機構交流關係中斷或暫緩。另外，歐洲教育者年會進行「新冠疫情對於歐洲高等教育國際化影響」之調查，則顯示出歐洲高等教育機構對於影響學生國際移動力的高度擔憂，特別是中國、亞洲地區的學生（Laura,

2020）。

三 疫情催生國際教育新思維

疫情雖然帶來危機，但亦是轉機，Wells（2020）呼籲：「疫情迷茫的時刻也正創造了機會之窗，讓教育工作者可以重組（regroup）、重構（reframe）和重新想像（reimagine）教育專業。」由於這場疫情來得突然，學校教育也必然需要產生應對，因此在疫情衝擊下的國際教育需要進行轉化，而教育數位化便是近來熱議的一種改變，學校需要有各種因應創新策略和教育模式（林進材，2021）。

疫情雖然對國際教育帶來重大打擊與影響，但也催生許多創新作法。臺灣國際文教創新交流協會於 2022 年 1 月所進行之「大學國際化現況調查」發現，疫情讓高教機構強化數位設備，催生出新的合作模式如線上交換課程、線上工作坊等，並強化危機處理及數位行銷與招生的能力。同樣地，疫情也提供協會舉辦「藍海教育展」的契機，亦即透過運用數位科技，打破傳統國際招生機制，藉由延攬優秀外國人才來臺就讀，進入大學校園與本地生互動，以實踐「在地國際化」（Internationalization at Home）。

貳 在地國際化內涵

一 有能力進行國際移動者為少數

高等教育階段，海外求學對於年輕學子而言，已成爲一項主要的「差異化經驗」，近年來國際學生移動力亦獲得各國政策重視。海外求學被視爲是接受高品質教育的機會，能習得在本國受教育以外的技能，且能夠在就業市場獲得教育帶來的更佳回饋。海外求學的其他動機包含：希望能拓展對於他國社會的知識，強化語言能力，特別是英語（Organisation for Economic Co-operation and Development, OECD, 2019）。

高等教育國際學生移動力近年來有大幅成長，從 1998 年的 200 萬成長至 2017 年 530 萬，然而看似龐大的學生人數，僅占 OECD 整體學生人數 6%（Education at a Glance, OECD, 2019）。依據教育部統計，我國 108 學年度大專校院學生總人數 1,213,172 人，出國留學人數爲 71,221 人[1]，有機會獲得高等教育國際經驗的學生僅約 6%（教育部統計處，2019）。

上述數據顯示，臺灣多數學生並未進行國際移動，就學期間多停留在本國，畢竟出國留學是一項很昂貴的投資，不是人人都負擔得起。另一方面，學生若在語言能力、國際意識尚未準備好的情況下，勢必影響其進行國際移動的意願。

此外，在 COVID-19 的影響下，大多數學生似乎不太可能進行國際流動。目前尚不清楚國際交流何時會恢復到以前的水平，一方面，各國加強對外國人入境的邊境管控，以遏制疫情蔓延；另一方面，疫情也影響了學生出國攻讀學位的意願。

在這種情況下，在地提高學生國際競爭力或國際素養的需要變得更加重要，特別是出國留學對於現在大多數學生來說是一項艱難的選擇。由於多數學生並未進行國際移動，就學期間多停留在本國，許多專家也意識到這個問題，於是提出在地國際化，希望讓國際化不再是一個昂貴的投資，在地國際化是幫助學生發展國際理解及跨文化能力的活動（Knight, 2006）。

二　在地國際化緣起

在 1999 年歐洲教育者年會上，馬爾默大學副校長 Bengt J.

[1] 統計截止日期108年4月30日

Nilsson 發表了一篇關於「在地國際化理論與實踐」的文章。在這篇文章中，Nilsson 提出，「歐洲共同體大學生流動性行動計畫」（ERASMUS）等歐洲學生流動計畫經過 10 多年之後，仍然沒有超過 10% 的學生出國學習。我們如何讓未參與國際移動的大多數學生更好地了解來自不同國家和文化的人們，增加他們對其他人及其生活方式的了解和尊重，並在多元文化背景下創建全球社會？

De Wit（2012）指出，ERASMUS 是歐盟委員會針對高等教育學生、教師和機構的教育計畫，本計畫於 1987 年推出，旨在增加在歐洲共同體內的流動，鼓勵個別教師藉由拜訪他國之教師，以學習不同課程與教學法，促進歐洲各國在課程、教材、教育產品等方面之跨文化交流。

隨著 1994 年「蘇格拉底計畫」（Socrates Programme）的推出，交流從教師轉向行政人員，例如來自國際事務辦公室之人員，此一轉變使得強調移動力的重要性超越課程本身。這樣的發展被行政與學術人員批評爲「由上而下」的方法，而非本計畫一開始之初所重視的「由下而上」（De Wit, 2002）。從個別學者之間的合作，到機構合作和學生移動力的轉變，讓 De Wit 在回顧 ERASMUS 計畫 25 年的歷程時表示，希望 ERAUMUS 重新將注意力放回之前強調學者參與度的「專注於課程和學習」（De Wit, 2012）。此一轉變尤其重要，這意味著將移動力僅僅視爲課程國際化的一個要素。學術人員缺乏國際化參與以及國際化技能缺陷，被許多人認爲是國際化的主要障礙（Egron-Polak & Hudson, 2014）。移動力越是被視爲一項行政任務而不是學術課程的一部分，那麼對移動力所產生的學習成果的關注就越少，因此，學術人員在此過程中的參與度就越低。

隨著國際化發展的腳步前進，人們開始對於課程國際化與跨文化的程度越發重視（Aerden, 2014; Egron-Polak & Hudson, 2014; Leask, 2015）。這表示學術人員再次成爲國際化的主要驅動者，如同在 ERASMUS 計畫最初一樣，國際化關注的焦點不再是「國際夥伴關係」，而是學習成果與課程的國際化。在歐洲，「波隆那進程計畫」（Bologna Process）即是以學生國際化學習成果作爲基礎所設計的，藉此讓國際課程更爲透明，簽約國中的任何一個國家的大學畢業生的畢業證書和成績，都將獲得其他簽約國家的承認，大學畢業生可以毫無障礙地在其他歐洲國家申請學習碩士階段的課程或尋找就業機會。

然而，對國際化學習成果的闡述和評估仍然相對較少。學者Jones 等人提出，在未來幾年，如何將國際化學習成果與在地課程結合，將持續受到關注（Jones & Killick, 2013）。

綜合以上文獻，學者普遍認爲，「在地國際化」是對國際化的重新反思，其目的在於如何爲更廣大的未能進行國際移動之學生及教師，培養國際素養及跨文化理解，而達成此目的作法之一，即透過「課程國際化」作爲基礎，與在地課程結合。

三 在地國際化指標

如前所述，「在地國際化」緣起自瑞典馬爾默大學副校長 Bengt J. Nilsson，在 1999 年於歐洲教育者年會提出。其所任職的學校亦率先響應，該校董事會批准了國際化戰略計畫（Strategic Plan for Internationalization, SPI）。該計畫指出，所有教育計畫都應考慮國際跨文化觀點，並運用在課程中。以下指標用以評估在地國際化之目標：

1. 教師於在地國際化扮演核心角色，提供教師在跨文化議題之訓練、座談會以及教職員交換等機會。

2. 在不同的學術課程中引入跨文化課程，並在課程中加入國際／跨文化元素。

3. 聘用來自國際社會的人員作爲教職員（如第一代或第二代移民）。

4. 使用客座研究人員和交換學生以及當地移民學生作為課堂資源。

5. 提供教職員、學生修習區域研究（北美研究、歐洲研究、中國文化等）等課程，並作為繼續教育。

6. 開設外語授課課程（主要是英文）。

7. 運用資訊通訊技術作為創建虛擬國際教室之媒介，通過參與國際師生共同探索並發現新的虛擬移動方式。

上述指標為「在地國際化」訂下評估目標，此後學者們亦在此基準點上，繼續擴充在地國際化的內涵。

四 在地國際化特點

本節將列舉幾位學者們針對在地國際化更進一步的闡述。首先，Knight 在 2008 年詳盡闡述在地國際化的概念，指出當地的文化和各族群連結是重要的因素。Knight 區分豐富多彩的各種活動，並提到文化連結外的課程和計畫、教學與學習過程、課外活動，以及研究和學術活動。課程的國際化是在地國際化的一個面向，他將在地國際化定義為能幫助學生培養國際理解及跨文化技巧的活動。

學者 Harrison 及 Peacock 隨後歸納了在地國際化特點（Harrison & Peacock, 2010），包含以下：

1. 利用現有的國際生，透過與其他國家和文化的不同觀點，來尋求跨文化學習。

2. 通過特定的教學技術和平常接觸國際生來發展跨文化能力。

3. 加強國際或全球主題項目的課程模組與計畫。

4. 關注國際課程的內在動力和學習者的多樣性。

5. 使用資訊技術來跨越國界語言距離造成教育機會的限制。

6. 培養教職員與學生成為全球公民，成為國際化媒介和具備責任感。

Beelen 及 Leask 強調，在地國際化不是一個目標或教學概念，而是一套培養所有學生的國際觀與跨文化能力的工具及活動（Beelen & Leask, 2011）。在地國際化除了可以透過課程國際化達成，也可以透過在大學修讀某一個特定的學程來達成（Leask, 2012）。

在地國際化的實踐，需要考量組織及學術層面，最終的受益者仍然是學生，並且是所有學生，而非僅是那些有國際移動經驗的學生。在地國際化關注的是在所有必修課程的國際化，僅有選修課程的國際化是不足夠的，因爲選修課無法涵蓋所有學生。除了正式的、經評定的課程外，在地國際化也透過非正式的課程涵蓋所有學生（Beelen & Jones, 2015）。

教學與學習的國際化可以透過許多工具來實現，例如比較國際文學、來自本地的文化團體或是國際公司的客座講座、國際夥伴大學的客座講師、國際案例的實踐和研究，或是越來越常見的數位學習和線上合作。事實上，科技也讓所有學生獲得國際化的機會平等（Beelen & Jones, 2015）。

Beelen 及 Jones（2015）指出，與在地的文化與國際族群互動也可視爲在地國際化一個獨特的元素，這是所有學生都可以實踐的方式。互動的形式可以是透過客座講座的正式課程，或非正式、未經評定的教育活動。然而，必須承認，此種安排可能並非在所有情況下都能夠達成。

歸納以上學者所述，在地國際化特點包括：

1. 利用現有的國際生，透過與不同族群、多元文化觀點連結，尋求跨文化學習。

2. 透過課程國際化，培養所有學生的國際觀與跨文化能力。例如加強國際或全球主題項目的課程、比較國際文學、國際夥伴的客座講師、國際案例研究等，且須包含所有正式、非正式課程。

3. 在地國際化的實踐，需要考量所有的學生，而非只有國際移動經驗的學生。

4. 善用資訊技術與科技，例如數位學習、線上合作等，跨越國界、時空限制，讓所有學生獲得國際化的機會平等。

5. 從組織與學術層面，培養教職員與學生成爲全球公民，作爲國際化媒介和具備責任感。

五 我國學者專家對在地國際化之看法

臺灣國際文教創新交流協會在2020年召開在地國際化諮詢會議，邀請產、官、學、民之專家學者，以下綜整諮詢委員提出在地國際化之內涵及目標：

(一) 政府觀點——普及化、虛擬移動力、海外國際化與在地國際化是一體兩面

政府的責任，應把國際化最終目標界定在國際人才的多元標準，而非只有成績很好的菁英，也要幫助菁英以外的年輕朋友，能在不同領域上，藉由國際化提升。

教育部近期積極推動的「中小學國際教育2.0」的政策精神，即是聚焦在「普及化」，透過建立產、官、學、民協力平台，讓中小學提出需求，把學校特色、地方特色放入，全方面關注學生、教師及第一線行政人員，達成「築巢引鳥」的政策成效。

過去大家習慣「海外國際化」，但能具備國際移動經驗者仍是極少數，因此「在地國際化」是必要的作法，且可普及所有人。特別是在新冠肺炎的影響下，強化「虛擬移動力」，讓學生在學習與思考中知道數位科技的優勢與極限，同時也增強與全世界的連結。國際人才應具備「終身」的國際化能力，包含語言及區域周邊國家的基本認識，更需要掌握跨文化的溝通能力。

國際化的目標是培育出「世界公民」，而「在地國際化」並不是「海外國際化」的下一步，兩者是「國際化」的一體兩面。

(二) 學界觀點——國際協作、校園多元觀點交流

教學體系在國際化的推動扮演非常重要的角色，從校長到授課教師，在課程的思考與規劃都需要具備國際元素，培養學生從「國際協作」而非「國際競爭」的方式，了解發生在世界的大小事。

大學「在地國際化」作法非常多元，促進校園裡多元觀點的相互交流是非常有效的方式。「國際學伴」制度以「一對一」的方式，讓本地學生與國際學生長時間深度交流，加上國際學生社團活動及東南亞異國美食週等，建構國際化的校園，有助於刺激跨文化的激盪。培養國際素養，語言只是工具，更重要的是學生能否具備開闊視野。

(三) 民間觀點——文化認同、了解自己、體制外課程

國際素養的提升應該從「文化認同」與「國際自信心」出發，若對自己的文化不理解，就無法與國際進行有意義的連結。建立紮實的文化認同，才有穩健的國際自信心。

「了解自己」是提升國際素養的第一步，重視自己的歷史，就會有自己的定位，有了明確的在地觀點，從實際的議題出發，會比較容易從容地與國際社會交流。

學生若未能找到培養國際素養的動機，不知道自己生命中爲何要放入國際化經驗，目標訂得再清楚，都是紙上談兵。世界變化的很快，體制內課程有時沒辦法這麼快跟上腳步，擁有強烈動機的學生，透過良好的數位平台，一樣有機會接觸到能提升國際經驗的課程內容。

六　在地國際化與藍海教育展

在校園中的國際學生可視爲促成在地國際化的重要元素之一。在疫情前，大學校院透過與海外姊妹校的交流、參加海外招生展等方式，以延攬優秀的國際學生進入校園，然而在疫情的影響之下，導致

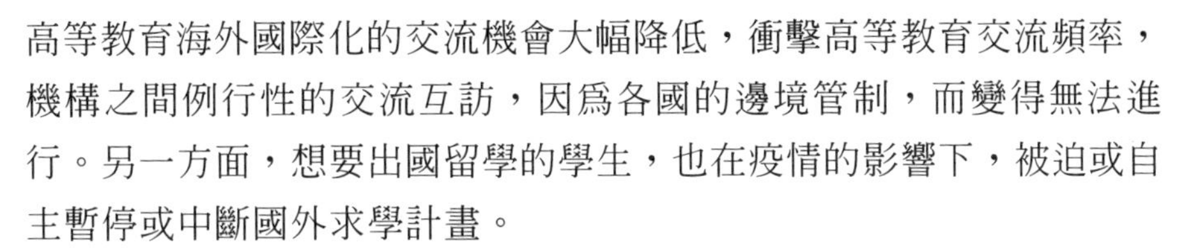

高等教育海外國際化的交流機會大幅降低，衝擊高等教育交流頻率，機構之間例行性的交流互訪，因爲各國的邊境管制，而變得無法進行。另一方面，想要出國留學的學生，也在疫情的影響下，被迫或自主暫停或中斷國外求學計畫。

過去這兩年，高教機構用了許多方式，試著突破疫情帶來的限制，希望在疫情之下，仍能讓國際交流的腳步不中斷，在非常時期，學生仍能維持對於追求國際經驗的熱情、國際素養的培育，不被疫情擊垮。

「藍海教育展」即是在這樣的思考策略下，與國內多所大學、華語中心共同策劃，透過數位創新的方式，協助國內的高教機構，也幫助臺灣的學生、海外的學生，在疫情的影響下，仍能有充沛的國際交流機會，實踐在地國際化的可能性。以下章節將就「藍海教育展」詳細介紹。

參 藍海教育展緣起與作法

一 從實體教育展轉為線上教育展

在全球化發展日益快速的今日，爲爭取優秀國際人才，世界各國無不積極擴大高等教育國際招生。臺灣近年來銳意發展高等教育國際化，然而，相較於美國、英國與法國等傳統高教輸出大國，在品牌知名度與市場影響力上，面對強大競爭壓力。對此，政府遂採更靈活的作法，針對臺灣鄰近國家，歷年來提出各種招生政策，包含臺灣獎學金、華語獎學金、菁英來臺留學計畫（Elite Study in Taiwan Program, ESIT）及新南向產學合作國際專班等，吸引境外學生來臺留學。

對於負責第一線國際交流的大學校院來說，以政府資源作爲後盾後，接下來的課題即是如何將相關的政策與學校招生資訊傳遞給有意出國留學的境外學生，參與每年於海外國家舉辦的臺灣高等教育展，是進行招生宣傳的主要管道之一。以疫情爆發前的 2018 年爲例，鄰近臺灣的東南亞國家分別有「越南臺灣高等教育展」、「馬來西亞臺灣高等教育展」、「泰國臺灣高等教育展」、「印尼臺灣高等教育展」及「菲律賓臺灣高等教育展」等多個實體教育展，分別吸引數十所臺灣大學校院參與，其中「2018 年馬來西亞臺灣高等教育展」更已經是連續舉辦 12 年（教育部即時新聞，2018），顯見參加海外實體教育展確實爲大學校院進行海外招生的一項主要宣傳管道。

藉由參與海外實體教育展，大學校院可以在教育展會場的各校攤位與觀展學生互動交流，一方面向有意出國留學的學生介紹自身學校招生資訊外，另一方面也能廣泛接觸當地學生、家長與教師，進一步了解學生學習意向與需求。

然而 2019 年底爆發新冠肺炎疫情，世界各國紛紛取消各類集會活動，且陸續採取邊境管制，降低國際移動的政策影響下，許多行之有年的海外實體教育展因此被迫取消，連帶也衝擊臺灣大學校院國際交流甚鉅。

爲了突破疫情限制，並延續國際交流與海外招生能量，許多原訂於 2020 年舉辦的海外實體教育展遂紛紛轉以線上教育展方式辦理。

二　線上教育展的突破與限制

根據教育部資料顯示，自 2020 年 4 月起，因應疫情，共有 7 個國家的臺灣高等教育實體教育展改爲線上教育展，分別爲蒙古、印尼、菲律賓、越南、印度、泰國及日本（教育部，2022）。大部分的線上教育展採用線上直播等同步即時的方式，主辦單位預先安排好時間與場次，由各校介紹學校的優勢與特色後，再開放觀展學生直接向各校代表諮詢，獲得來臺就學的最新訊息。此外，也有部分線上教

育展以網站為主體，提供學校相關招生資訊，並與觀展學生進行非同步的互動，例如網頁留言及電子郵件詢問等方式。

相較於傳統海外實體教育展，因應疫情而生的線上教育展最大的突破在於廣泛導入資訊科技，進而降低或消除實體教育展的物理空間限制。如前所述，傳統實體教育展是透過一具體有形的物理空間為錨點，讓所有與會者以海陸空運等方式「實體移動」至該錨點，齊聚一堂進行互動交流。

導入資訊科技的線上教育展主要能降低「實體移動」的規模與難度，比方僅有臺灣的參展校代表須共聚一堂後再依序上台簡報，而遠在他國的觀展學生可在任一地上網後，與臺灣的參展校代表視訊互動。更有甚者，則是連臺灣的參展校代表都無須實體移動，即可自所屬單位遠端連線後進行線上直播，展現資訊科技去中心化的溝通特性。

由實體教育展改為線上教育展的轉變，固然呈現策展單位面對疫情的應變與創新，但在策展方式上，相當程度仍依循實體教育展的概念，從而無法完全解放資訊科技的溝通效益。如同實體教育展一樣，大多數的線上教育展仍維持為一至三天的展期，並規劃具體時段進行參展與觀展雙方的線上即時互動，如此一來，儘管在「空間」上降低了「實體移動」的規模與難度，但分屬不同時區的參展與觀展雙方，仍須在雙方約定好的「時間」進行交流，無法實現資訊科技與網際網路跨越時間與空間的溝通效益。

三　藍海教育展的創新思維

史考特・蓋洛威（Scott Galloway）認為：「高等教育即將迎來的轉型核心在於科技。和其他許多領域的情況一樣，疫情讓教育界被迫接受原本大學教員和行政主管抗拒的遠距科技，我們在疫情期間所得的經驗將加速它們的採用。」但他也指出：「坦白說，一開始的階段並不順利。光把大學的講課放上 Zoom，只能算是最初級的 e 化學習，學生自然也不會滿意。」（Scott Galloway, 2021）

在因應疫情而生的線上教育展身上，可以看到類似的情形，亦即，光只是把實體面對面的交流轉成線上遠距互動，只能算是初步的嘗試。線上教育展若要發揮更大的成效與影響力，必須一方面考量既有眞實社會的資訊消費模式，另方面則要從資訊科技的本質出發，才能發掘能眞正跨越時間與空間限制的執行方式。

把教育展移到線上並非對抗疫情衝擊的萬靈丹，但它確實開啟比實體教育展更有效率、更多策展觀展雙方參與的可能性，也是臺灣國際文教創新交流協會舉辦的「航向藍海——臺灣高教暨華語線上教育展」（以下稱「藍海教育展」）的重要目的：「活用數位創新思維，在疫情的影響下，創造充沛的國際交流機會，歡迎更多元的國際學生來臺留學，實踐在地國際化。」

四　藍海教育展執行方式

有別於單純將教育展移到線上的策展方式，藍海教育展從使用者與資訊科技互動的情境出發，借用媒體空間（Media Space）概念作爲基底，進行藍海教育展整體策展的規劃。

媒體空間一詞最早是由 Robert Stults 及 Steve Harrison 於 1980 年代提出，最初的作法是藉由網路環境來傳送電子儀器所預錄與即時的影像聲音，以連結分處兩端的辦公場域。經歷近半世紀後，根據維基百科的定義，媒體空間已發展爲「一群人可以一起工作的電子環境，即使他們不在同一地點和時間。在媒體空間中，人們可以創建跨越實體分隔區域的即時影音環境，也能夠錄製、存取及播放於媒體空間錄製下來的影音檔案。」（“Media space,” n.d.）

採用媒體空間的概念，藍海教育展除了創建教育展官方網站及社群媒體網站，也邀請大學校院參展代表、觀展學生與國內外意見領袖

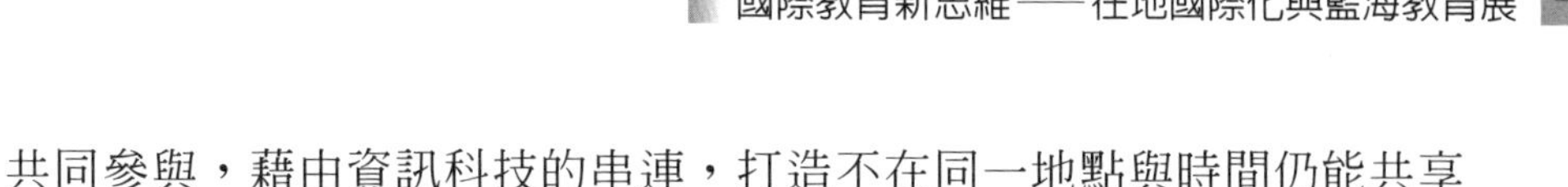

共同參與，藉由資訊科技的串連，打造不在同一地點與時間仍能共享參與體驗的媒體空間。

首先，在教育展官方網站上，大學校院參展代表可以預先上傳各類招生資訊，包含文字、圖像與影片，內容除了學校及科系介紹之外，也可提供留學該校的國際學生證言、特色課程介紹以及即時新聞發布。

在社群媒體網站的部分，則由主辦單位定期發布貼文，吸引對於出國留學有興趣的使用者瀏覽，引導至教育展官方網站查詢更多留學資訊，並鼓勵他們透過私訊（Direct Message）或電子郵件詢問方式與參展學校代表互動。在收到觀展學生詢問之後，參展學校代表也須儘快回覆詢問，建立雙方直接的溝通管道。

此外，藍海教育展也邀請多位國內外意見領袖錄製歡迎致詞影片，包含行政院政委唐鳳、駐日代表謝長廷、駐德代表謝志偉、駐印度代表葛保萱、駐韓代表唐殿文以及多位外籍學者等，藉由匯集於世界各地錄製的影片，呈現藍海教育展跨越空間限制，歡迎全球使用者觀展的參與廣度。

最後，由於藍海教育展採用媒體空間的策展概念，包容即時與非即時的溝通互動，因此活動期程不僅能延展至數個月（每場次爲期 2 個月），官方網站的諮詢功能更是 24 小時全天開放，因此能超越時區的限制，不論是白晝或黑夜，只要使用者能夠連上網路，都能進入藍海教育展的媒體空間，悠遊其中。

五　藍海教育展的特色與成效

(一) 規劃完整的策展過程：市場調查、數據分析、現況了解

首屆藍海教育展於 2021 年 5 月開展，距離新冠肺炎疫情 2020 年全球爆發已相距一年多，因此策展過程能更從容的籌備，包含從基礎的數據分析，例如聯合國及我國教育部國際學生人數統計，到臺灣

國際招生的現況掌握，例如召開學者專家諮詢會議，開展前也邀集大學校院及華語中心參展校代表共同召開籌備會議，了解參展校的實務經驗，展現出策展方與參展方在籌備過程中的夥伴關係。

(二) 打破傳統實體招生展「規模」限制，遍及全球的推廣

此外，採用媒體空間的概念，藉由資訊科技的串連，藍海教育展得以消除了傳統教育展在「規模」上的限制，有效的擴展了教育展的觸及範圍，除了全年度的參展校數達 115 校，較實體教育展校數高出數倍外，實際促成的觀展學生諮詢互動數則接近 1 萬 4 千則，來自全球 68 國，涵蓋亞洲、歐洲、美洲及非洲，成功打造不在同一地點與時間仍能共享參與體驗的媒體空間（臺灣國際文教創新交流協會，2021a）。

(三) 跨越時間與空間的限制，達成科技與人的連結

媒體空間能否眞正發揮其潛能，超越時空限制連結彼此，端賴參與其中的所有構成單元皆全心投入，友善互動。一位來自泰國的觀展學生，透過電郵表達了類似的觀點：

> 藍海教育展對於獲取臺灣留學資訊非常有幫助。這個平台就像是一站式服務，令人印象深刻，我能很輕鬆地獲得所需的詳細資訊。在提交諮詢請求之後，我很快收到來自許多大學的電子郵件，詳細説明了他們的課程和友好的建議——這有助於回答我的問題——同時鼓勵我提出問題並在方便時與他們聯繫。（Naphatta-orn Phromratsarana, Email, July 18, 2021）

肆 藍海教育展重要發現

運用媒體空間的策展方式，並運用資訊科技，也有助於了解觀展

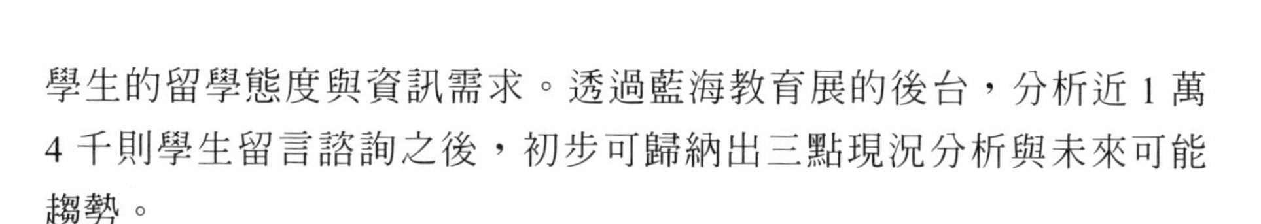

學生的留學態度與資訊需求。透過藍海教育展的後台，分析近 1 萬 4 千則學生留言諮詢之後，初步可歸納出三點現況分析與未來可能趨勢。

一 學生海外留學偏好受真實世界影響，轉而側重醫藥公衛領域

首先，參與藍海教育展的海外學生的留學偏好受眞實世界影響，兩者有一定程度的關聯。根據教育部統計處資料，106 學年大學校院外國畢業生就讀領域以「商業、管理及法律」占 29.0% 居冠，其次爲「工程、製造及營建」占 19.8%，「藝術及人文」占 16.1% 居第三（教育部統計處，2019）。然而，在分析 2021 年下半年場次的藍海教育展學生留言諮詢內容後發現，海外學生對於醫藥公衛領域（20.1%）的關注程度超越商業管理（16.7%）及工程領域（13.4%），推測可能與近兩年新冠肺炎疫情肆虐全球有關（臺灣國際文教創新交流協會，2021b）。

二 七成觀展學生認為，線上教育展比實體教育展有幫助

此外，同樣分析 2021 年下半年場次的藍海教育展學生留言諮詢內容，比較線上與實體教育展兩者對於出國留學的幫助，70% 的觀展學生認爲線上教育展比實體教育展有幫助，26.6% 認爲差不多，3.5% 認爲實體教育展比線上教育展有幫助，顯示海外學生對於行之有年的實體教育展並無特別偏好（臺灣國際文教創新交流協會，2021b）。

三 學校應積極導入新科技，擴大海外招生宣傳的多元管道

在疫情的影響下，遠距型態（工作、學習、購物及休閒等）成爲許多時候不得不的選擇，但也同時開創了新科技導入的契機，正因爲如此，才有各式各樣的線上活動在 2020 年如雨後春筍般出現。疫情期間的經驗將會加速對新科技的採用，正如同藍海教育展所展示的，

在線上的媒體空間裡，不僅展現年輕世代對於螢幕與網路互動的熟悉自在，也在於透過新科技可以提升規模，擴展影響範圍，解開物理空間的束縛。未來，在國際交流的空間範疇上，除了傳統以國家作爲衡量尺度外，以單一時區、跨時區，甚至是全球時區的空間都因爲新科技的導入而成爲可能（洪志衛，2021）。

伍 結論與建議

2020 年 3 月新冠肺炎疫情蔓延全球，迄今已將近 3 年，面對疫情衝擊，如何維繫國際教育與國際交流能量不墜，是促使我們重新思考國際教育內容與推動方式的最佳機會。

本文以臺灣國際文教創新交流協會於 2021 年所舉辦的「藍海教育展」爲例，說明掌握創新思維及深入了解科技的應用性後，在疫情的影響下，仍有機會突破國境封鎖的限制，舉辦線上教育展，成功進行國際招生，並在「媒體空間」裡創造跨越時間與空間限制的互動成效，其最終目的是希望透過創新的國際招生宣傳方式，吸引更多國家的學生到臺灣留學，進入大學校園，實踐「在地國際化」。相關的結論與建議如下。

一 導入科技，強化資訊能力，以創新思維推動國際教育

從「藍海教育展」的案例中，可以發現創新思維對重新思考國際教育內容與推動方式的重要性。在全球化的時代，儘管世界各國努力防堵新冠肺炎病毒蔓延，病毒擴散的區域並不會僅侷限於一個城市或一個國家，而是廣泛至一個大洲，甚至是全球規模時，我們在思考國際教育如何應對疫情影響時，也應該擺脫舊有思考框架，並透過科技的導入採取以全球爲規模，而非侷限在單一城市或國家的交流模式。

無論是自願採用或被迫接受，不可否認的資通訊科技已成爲「後

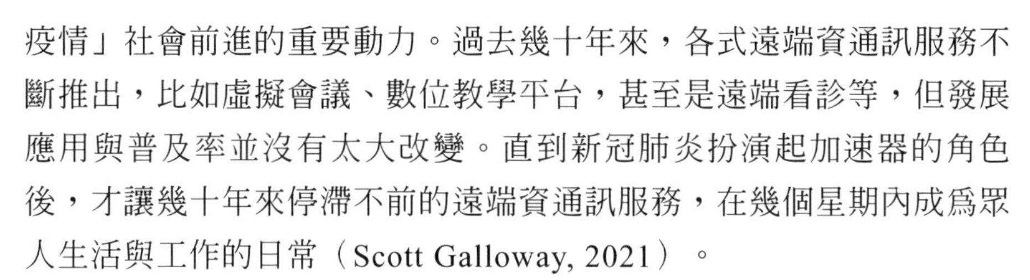

疫情」社會前進的重要動力。過去幾十年來，各式遠端資通訊服務不斷推出，比如虛擬會議、數位教學平台，甚至是遠端看診等，但發展應用與普及率並沒有太大改變。直到新冠肺炎扮演起加速器的角色後，才讓幾十年來停滯不前的遠端資通訊服務，在幾個星期內成爲眾人生活與工作的日常（Scott Galloway, 2021）。

資通訊科技的導入，也將有助於年輕世代更加認識、接納與參與國際教育。然而，必須指出的是，身爲「數位原住民」（Digital Natives）的學生族群對於個人電腦、行動裝置與社群媒體的熟稔程度，是身爲「數位移民」（Digital Immigrants）的我們所無法理解的，若我們僅單純的「使用」資通訊科技的作法，將無法滿足他們的需求。對此，我們必須更深入的了解資通訊科技的本質與應用情境，同時理解其侷限性，方能達到最佳的互動效果。

二　藉由發展混成學習課程，強化「在地國際化」

科技的提升，已使學習方式不再侷限於傳統教室，結合線上與實體的混成式學習，在疫情過後，可以預期將大幅增加。科技的導入已成趨勢，新工具與新技術將會不斷出現，混成式學習將可擴大教學的觸及範圍。So 及 Bonk（2010）等學者更指出，未來所有的學習形式，都將會是混成學習，而非單一的線上學習，或實體學習二分法式的學習方式。

運用混成式學習導入國際的元素，可讓學生在更爲多元的文化環境中學習，舉例而言，學生可以在臺灣就修習國外大學教授所開設的線上課程，先取得部分學分，再實際前往該大學修得完整學分。可讓學生不受時空限制，即便人在臺灣，亦可如臨實境般學習，達到「在地國際化」。此外，將虛擬與眞實的兩種學習課程緊密結合於教學設計中，利用兩種學習環境的長處，更有效率的延伸學習機會，讓學習者更接近世界，了解世界，爲將來成爲世界公民做好準備。

三 新科技的採用，最終仍須回歸基本面的支撐

最後，創新思維與新科技的採用，最終仍須回歸基本面的支撐，包含內容層面的教學法更新、軟硬體層面的技術與設備升級，以及體制層面行政體系配合等，方能領航國際教育在後疫情時代駛向「在地國際化」的新藍海。

參考文獻

世界衛生組織（2022）。Coronavirus (Covid-19) Dashboard。取自：https://covid19.who.int/

林昭良（2021）。由 COVID-19 引起全球化危機看台灣在地中學國際教育的推動。明道學術論壇，**13** (1)，25-35。

林進財（2021）。疫情期間學校教育實施模式及其啟示：跨國分析比較。教育研究月刊，**323**，130-143。

洪志衛（2021 年 7 月 21 日）。後疫情時代 台灣高教境外招生的數位思維。自由時報，自由廣場。

教育部（2022）。**107-110** 年教育部補助臺灣高等教育輸出計畫要點執行情形。取自：https://ws.moe.edu.tw/Download.ashx?u=C099358C81D4876C725695F2070B467E13007CB6C87B1ED041F7F1FC244E44DC82898EB1FAFEF3AB1142F66AFEEAD9670A7FCEFDD6E54E07F03CF9FF17B4E5620DF2AB0EB367F7FE&n=1434B1836A19102A516AF5D2CBF6CD2AB921312542261FBB576A0E8CC766A3C7E08E4008AD7C0994425B2F89DE8B8BED&icon=..pdf

教育部即時新聞（2018）。**2018** 年臺馬大學校長論壇及高等教育展順利舉行 臺馬教育交流成果豐碩。取自：https://depart.moe.edu.tw/ed2500/News_Content.aspx?n=79D4CEEC271FCB57&s=FE5EDA7AB0D59678

教育部即時新聞（2020）。教育部依中央流行疫情指揮中心針對各國疫情風險評估情形，優先開放低風險國家應屆畢業生分批返臺就學之說明。取自：

https://www.edu.tw/News_Content.aspx?n=9E7AC85F1954DDA8&s=35E52B903FD09971

教育部國際暨兩岸教育司（2019）。**108 年度世界各主要國家之我留學生人數統計**。取自：https://reurl.cc/WdEVgZ

教育部統計處（2019）。**教育統計簡訊第 113 號**。取自：http://stats.moe.gov.tw/files/brief/ 大專校院外國畢業生就讀領域分析 .pdf

郭玟杏、胡馨文（2020）。疫情對臺灣高等教育的影響：國際化、教育品質與線上學習。**評鑑雙月刊**，**88**，22-25。

葉中仁譯（2021）。Scott Galloway 著，**疫後大未來：誰是大贏家？全球五十大最佳商學院教授蓋洛威剖析全新商業環境下的挑戰及商機**。遠流。（原著出版於 2020 年）

臺灣好報（2020）。**疫情下國際人才培育？產官學民齊聚找解方**。取自：https://style.yahoo.com.tw/%E7%96%AB%E6%83%85%E4%B8%8B%E5%9C%8B%E9%9A%9B%E4%BA%BA%E6%89%8D%E5%9F%B9%E8%82%B2-%E7%94%A2%E5%AE%98%E5%AD%B8%E6%B0%91%E9%BD%8A%E8%81%9A%E6%89%BE%E8%A7%A3%E6%96%B9-030115730.html

臺灣國際文教創新交流協會（2021a）。**2021 臺灣高等教育暨華語文線上教育展下半年場次策展報告**。

臺灣國際文教創新交流協會（2021b）。**2021 臺灣高等教育暨華語文線上教育展下半年場次後台分析報告**（尚未刊稿）。

臺灣國際文教創新交流協會（2022）。**臺灣大學校院國際化現況調查**（尚未刊稿）。

Aerden, A. (2014). *A guide to assessing the quality of internationalization.* Hague, Netherlands: European Consortium for Accreditation.

Beelen, J., & Jones, E. (2015). Redefining internationalization at home. In A. Curai, L. Matei, R. Pricopie, J. Salmi, & P. Scott (Eds.), *The European higher education area: Between critical reflections and future policies* (pp. 67-80). Dordrecht: Springer.

Beelen, J., & Leask, B. (2011). *Internationalization at home on the move.* Berlin: Dr Josef Raabe Verlag.

De Wit, H. (2002). *Internationalization of higher education in the United States of America and Europe: A historical, comparative and conceptual analysis.* London:

Greenwood Press.

De Wit, H. (2012). *Erasmus at 25: What is the future for international student mobility?* Retrieved from: www.theguardian.com/guardian-professional

Egron-Polak, E., & Hudson, R. (2014). *Internationalization of higher education: Growing expectations, essential values.* Paris: IAU.

Harrison, N., & Peacock, N. (2010). Cultural distance, mindfulness and passive xenophobia: Using integrated threat theory to explore home higher education students perspectives on internationalization at home. *British Educational Research Journal, 36*(6), 877-902.

Jones, E., & Killick, D. (2013). Graduate attributes and the internationalized curriculum: Embedding a global outlook in disciplinary learning outcomes. *Journal of Studies in International Education, 17*(2), 165-182.

Knight, J. (2006). *Internationalization of higher education: New directions, new challenges* (IAU 2nd Global Survey report). Paris: IAU.

Knight, J. (2008). *Higher Education in Turmoil: The changing world of internationalization.* Rotterdam: Sense.

Laura E. Rumbley (2020). *Coping with Covid-19: International higher education in Europe.* European Association for International Education. (pp. 3-25)

Leask, B. (2012). *Internationalization of the curriculum in action.* A guide: University of South Australia.

Leask, B. (2015). *Internationalizing the curriculum.* London: Routledge.

Media space (n.d.). Wikipedia. https://en.wikipedia.org/wiki/Media_space

OECD (2019). *Education at a glance.* Retrieved from: https://reurl.cc/KkxGQq

So, H.-J., & Bonk, C. (2010). Examining the roles of blended learning approaches in Computer-Supported Collaborative Learning (CSCL) environments: A Delphi study. *Educational Technology and Society. 13*(3), 189-200.

Wells, A. S. (2020). Educators, This is our moment to defend the teaching profession. *Education Week.* Retrieved from: https://www.edweek.org/leadership/opinion-educators-this-is-our-moment-to-defend-the-teaching-profession/2020/05

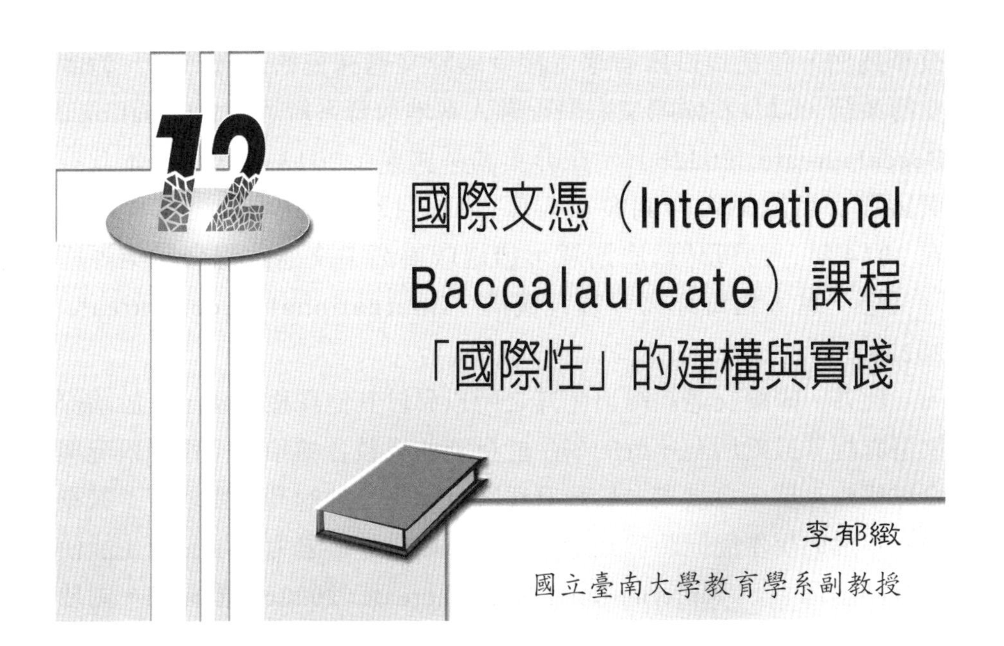

國際文憑（International Baccalaureate）課程「國際性」的建構與實踐

李郁緻
國立臺南大學教育學系副教授

國際文憑課程為國際文憑組織自 1960 年代起逐步建構的課程系統（curricular continuum），包括小學課程（Primary Years Programme, PYP）、中學課程（Middle Years Programme, MYP）、高中文憑課程（Diploma Programme, DP），以及職業課程（Career-related Programme, CP）。根據國際文憑組織的統計，截至 2022 年 7 月，全球共計有超過 5,500 所提供國際文憑課程的學校，分布在 160 個國家，這些學校有 46.9% 位於美洲，30.3% 位在歐洲、非洲與中東地區，約有 22.8% 位於亞太地區（International Baccalaureate, 2022a）。其中，在亞太地區，拜各國教育政策鬆綁所賜，國際文憑課程的成長也相當顯著，從 2000 年的 121 所成長至 2020 年總計共有 1,029 所國際文憑學校（Lee, Kim, & Wright, 2022）。

除了地理分布外，國際文憑組織也與各國政府合作，以推動相關課程與教育改革。以美國、加拿大政府分別與之合作推動相關教育改革為例，包括提供所有學生接受國際文憑課程的受教機會、教師支持系統，以及將國際文憑課程融入當地教育系統等（International Baccalaureate, 2022b）。在非英語系國家，2013 年起，日本政府與國際文憑組織合作開發加入部分日語授課的高中文憑課程；而在 2014 年，西班牙政府同意可透過取得高中文憑課程與職業課程之文憑，進入西班牙高等教育機構（International Baccalaureate, 2022b）。

此外，國際文憑組織自認其之所以異於其他課程系統，在於國際文憑課程「鼓勵所有年齡的學生能批判並挑戰各種預設；透過研究與全球學校社群，發展獨立於政府與國定課程之外的高品質教育；鼓勵所有年齡的學生能同時於在地與全球脈絡中進行思考；培養學生能使用多種語言。」（International Baccalaureate, 2022c）換言之，對於國際文憑組織而言，其課程獨特性不僅奠基於進步的教育理念或措施，更在於其綜合了各項「國際化」的特點。例如學校的地理分布、其獨立於特定國家制度的特質、全球與在地關聯的重視，以及多語言能力的培養。這些使得國際文憑課程能夠標誌其「國際」的特徵。然而，縱使國際文憑組織持續強調其所發展課程之「國際性」，並透過這個特徵持續在全球各地擴張認證校數，但近年有愈來愈多研究分析，關心其國際化的特質是否僅止於學校的招生策略與對外行銷。

因此，透過檔案文件以及相關文獻與研究成果的分析，本文試圖從論述實踐的角度，討論國際文憑課程「國際性」的建構與實踐，並藉以與過往針對國際文憑課程的相關文獻進行對話。本文將首先說明論述實踐分析的內容與著重的觀點。接著，本文將分別就幾個面向討論國際文憑課程的國際性，包括多元文化主義、世界主義、國際視野，以及制度合法性（institutional legitimacy）等面向。最後針對上述討論提出結論。

論述實踐的分析角度

根據 Foucault 的所提出的概念，論述（discourse）「是由特定的社會體制所生產出來的語言陳述，而意識形態便是透過這種語言陳述來散播流傳的。」（游美惠，2000：27）也因此，論述是一種可以用來批判或抗拒的權力工具，對於論述的討論更偏向是診斷性（diagnotician）而非敘述性（descriptivist）的閱讀（Hook, 2001）。換言之，除了透過閱讀而理解作者所欲傳達的意思之外，Foucault 進一步提醒我們，需要退後一步檢視，甚至審視論述的呈現以及「言外之意」。論述的秩序（the order of discourse）就是由論述的規範、系統與程序等種種論述實踐（discursive practice）所組成，而知識本身就是如此形構與生產出來的（Young, 1981）。論述實踐的作用在於，使我們不可能自外於這些規則而從事思考，也因此這些論述的規範、系統與程序本身就是一種權力的展現，而我們的社會系統往往就是透過這些論述實踐達成篩選、排除與主導（Young, 1981）。

從這個角度出發，國內學者已有相當卓著的研究貢獻。舉例而言，透過立法院公報、檔案文件以及相關人士訪談資料的分析，卯靜儒與張建成（2005）指出，語言論述「影響課程改革政策的實踐」，而相對地，政策的實踐「反過來影響論述的發展」，這個相互形塑的過程最後導致對於教育或學生主體的圖像。王增勇（2003）藉由研究「個案管理」論述在社工專業領域的實踐，討論隱含在日常生活經驗與社會結構關係中，社會資源分配的矛盾與衝突。

Bacchi 與 Bonham（2014）更進一步發展並闡述，將 Foucault 的論述實踐作爲分析焦點時，需要特別留意之處。在當代社會科學「語言轉向」的脈絡底下，許多研究者轉向從語言（包括言說與書寫）的角度理解 Foucault 的「論述」概念。也就是說，不只是關心社會現象本身，更要從語言的角度，包括言說與書寫的語言紀錄，以了解在被觀察到社會現象之外的其他面向。然而，對於 Foucault 而言，論述並非對於語言的指稱，而是一個與「知識」相關的概念（Hook, 2001）。「論述實踐」的焦點並不在於論述本身，或是該論述從何者之口產生，而是那些被說出的事物（things said），以及是什麼使得該述說成爲可能，使其具正當性與有意義──成爲「知識」（Bacchi & Bonham, 2014）。與其將論述實踐看作藍圖，Bacchi 與 Bonham（2014）建議研究者將論述實踐視爲一組互動的關係，且這組關係隱而未顯地結合了各種異質的物質元素，包括制度、技術、社會團體、組織，以及各種論述之間的關係。換言之，論述實踐不只是一種「言說行動」，而是強調語句（statement）之所以可能被述說、被視爲眞，背後運作的關係網絡。在本文中，將使用國際文憑的課程文件與檔案，包括其網站資料、宣傳文件，以及提供給學校師生或家長的課程介紹作爲論述加以分析，討論國際文憑如何在這些論述中形塑其國際性，並與這些論述之外的相關論述進行討論與對話。爲了使本文的論述更加聚焦，後續段落將針對多元文化主義、世界主義、國際視野，以及制度合法性等進行討論，這幾個面向是當代相關文獻中，最常被提及的主題，也是國際文憑在建立其國際性的過程中，時常使用的概念。

貳 國際文憑課程與多元文化主義

傳統上，西方國家所發展的多元文化主義主要處理國境之內的四個族群議題，分別爲境內少數族群、原住民、移民，以及外邦人（Kymlicka, 2005）。這四個族群議題牽動著民族國家如何處理社會中的整合與分歧。然而，隨著全球化的發展，跨國人口、意識形態、語言與文化的流動，現今社會上的分歧程度比起以往更是有過之而無不及，逐漸形成 Vertovec（2007）口中的「超級多樣性」（superdiversity）。發展至此，以處理民族國家國境內族群議題爲首要的多元文化主義論述逐漸面臨困境，而有賴進一步的重新突破以民族國家疆界以及認同感的預設（Beck, 2011）。當文化間分歧的相互理解、包容與共存成爲跨越國界的關鍵課題，國際教育及其課程也被寄予相當厚望。

在國際文憑課程的檔案文件中（International Baccalaureate Organization, 2010），IB 學習者任務（IB learner profile）是對於學生發展圖像的規劃，其內涵包括探究者、開放心胸、有知識、關懷者、思考者、勇於嘗試、溝通者、取得平衡、有原則，以及能反思的人等。CAS 課程則是課程中有關創意（creativity）、活動（activity）與服務（service）的簡稱，每個學校皆須安排、融入在課程中，以提供學生相關的學習體驗。兩者皆爲課程中培養學生跨文化思考的重要論述。例如對於「開放心胸」的描述，文件中指出，IB 學習者能夠批判性地欣賞自身的文化與個人歷史，以及他人的價值觀與傳統。

除了檔案文件的論述之外，國際文憑學校也常能透過提供國際文憑課程，對逐漸增多的移動人口產生吸引力，並吸收來自各個不同文化背景的學生，學校也藉此得以強化自身的文化多樣性。例如 Doherty、Mu 與 Shield（2009）運用「疆界人才」（border artistes）的概念，分析修讀國際文憑課程的學生對於跨國流動的想像。疆界人才在這邊指的是有技巧且具彈性，能善用跨國移動作爲自身優勢的移民人口。對這些選擇國際文憑課程的學生而言，國際文憑所提供的是一種可攜式的教育（portable education），儘管也存在不見容於當地教育制度的風險，有部分國家與大學並不承認該文憑，但在風險之外，國際文憑是一種提供未來跨國界移動的策略與工具，培養學生面對未來多元文化工作場域的相關技能。

而在課程規劃與實施方面，Wright 與 Lee（2014）透過中國國際文憑學校教師的訪談分析指出，「IB 學習者任務」與「CAS 課程」

是國際文憑課程中，主要用來融入跨文化理解等相關議題的重點要素。然而，在實際的課程執行中，這兩個部分卻時常被學生認爲是附加、額外的教學內容，因爲其與日後參與校外考試、進入高等教育較無關聯性。再者，由於在中國修讀國際文憑課程的學生多來自非華裔、中上階級的家庭，造成在國際學校的就讀經驗中，與當地不同的社會階層、文化背景產生一定程度的隔閡，形成一小群由少數人所組成的一個文化泡泡（cultural bubble）（Wright & Lee, 2014; Assa-Inbar, 2021）。雖就讀的是位於中國的學校，但仍然難以融入甚至認識學校所在地的社會與文化。即使國際文憑課程能提升學生對於世界主義的覺察、利於銜接大學的學習，以及爲未來的經濟生活做預備，但在社會文化發展方面，則更傾向於全球中產階級（global middle class）生活型態的再製，使學生能在畢業之後，繼續從事與其父執輩類似，透過提供專業技術，往來於世界各地，發揮跨國移動優勢的職業。換言之，這些學生對於學校所在地的文化與社會脈絡鮮少出現有意義的連結（Wright & Lee, 2019）。而這種失根的多元文化主義，也與當代研究者對於世界主義的擔憂類似。

 參 國際文憑課程與世界主義

對於 Harvey（2000）而言，當代世界主義的主張大多從反駁對地方與民族的忠誠出發，試圖將人類社群視爲一個整體，將該社群當作認同的對象之一，並提倡應該培養對此一全球人類社群的共同性與責任感。Nussbaum（1996, 1997）所稱之全球公民即爲其中一例，主張個人的認同應立基於其身爲人類社群成員之一。而與此相對，另一種看法則是透過個別化、複數化的方式，試圖強調寰宇主義具有文化、社會、族群的個殊性，因此應該是「複數」的。Appiah（1997, 2005）提出的世界主義愛國者或者「有根的世界主義」即爲一鮮明

的例子。另一例子則是從後殖民主義出發，Mignolo（2011）提出「世界的在地主義」（cosmopolitan localism），認爲所有的世界主義宣稱事實上都發展自特定的生活方式、地理區域、文化社群，因此具有其特定的時空性，而非普遍性。也因此，世界主義應該是複數的。

在國際文憑課程的相關文件中，也可以看到類似的世界主義建構。即便是在相較之下更強調學術發展與養成的高中文憑課程，文件中也指出（International Baccalaureate, 2010: 2），其「知識理論」（Theory of knowledge, TOK）課程的目標之一在於「……鼓勵（學生）思考源自知識、社群與個人作爲世界公民（citizen of the world）之間的責任。」而在 CAS（creativity, action, service）課程中，也主張須「鼓勵學生以個人或團體成員身分，參與在地、國內與國際活動。」透過體驗學習，豐富學生的社會與公民發展。並且需要透過反思社群的需求以及自身的能力，發展成爲「IB 學習者任務」中所勾勒之關懷且負責任的全球公民（International Baccalaureate Organization, 2008）。換言之，在國際文憑的世界主義論述中，對於全球公民以及全球社會共同性的面向較爲強調。這個傾向，一方面可見於相關文獻對於當代國際教育的反省，另一方面也能見於對國際文憑課程的實徵研究中。

在國內的相關研究中，根據 Appiah 所提出之有根的世界主義，黃文定（2018：70）也建議我國的國際教育應思考如何「指導學生透過跨文化對話理解人們對價值詮釋與實踐的在地脈絡與多樣性」，透過教師安排跨文化對話的活動，發展學生對於差異、多樣性的認識與理解。而同樣從 Appiah 的主張出發，Rizvi 與 Beech（2017）指出，隨著跨國移動的日益普遍，世界主義的教學不應再被當作菁英教育的特色，而應視爲全球化進程的一環。由於當代教師與學生更容易在日常生活經驗中體驗到不同的人群、文化與社會，應視此爲實踐世界主義的重要契機，實施以發展世界主義課程爲目標的國際教育。透過實際的教學與體驗，世界主義不應停留在抽象、規範性的概念或政策目標，而是進一步發展出一種「世界主義教學取徑」，使世界主義能眞正連結到學生的生活之中，反思其生活與更廣大的社會、政治與經濟發展之間的關係。

然而，即便在國際教育課程理念上，世界主義的主張有其重要性，但是否對實務能有所影響，確實實踐在校園之中，則有著不同的看法與觀察。Hayden 與 Wong（1997）透過訪談大學校院中的國際文憑學校畢業生，以及國際文憑學校教職員工，了解在師生的實際教育經驗中，國際文憑課程對於國際移動力、國際理解以及文化認同的培育效果。研究結果發現，透過多語言的教學以及實際跨文化經驗的提供，國際文憑學校確實能爲學生帶來豐富的國際教育體驗，包括同學之間不同的文化背景，以及就學期間的各種旅遊經驗等，皆能培養學生的跨國視野，並讓其及早適應與不同文化背景的同儕相互交流。同時透過多語言的學習，爲學生準備好未來在國際就業市場上的競爭力。不過，其訪談資料也顯示，師生對於該課程是否有助於保存與欣賞自身的語言文化，態度皆較爲保留。雖然通常第一語言的課程主要在於確保學生能學習並精通自己的母語，但研究顯示學生往往仍能感受到在課程規劃中，「西方的」或「歐洲的」語言與文化較受到鼓勵與重視，而不見得有助於學生培養對自身文化及語言的認同。換言之，雖然國際文憑課程由於其所在環境，例如國際學校中多元的師生文化背景等，爲學生帶來跨文化交流的經驗，但這樣的教育經驗不一定與其課程設計有緊密的關係。再者，在學生自身的文化認同上，Hayden 與 Wong（1997）的研究也顯示出仍有待進一步的強化。

這個觀察也與 Bolay 與 Rey（2020）近年的研究結果類似。以瑞士的國際學校師生作爲研究對象，Bolay 與 Rey（2020）分析國際學校如何在主張培養學生世界主義資本（cosmopolitan capital）的課程中，兼顧國際教育的多元性與移動力。對於移動力的培養，Bolay 與 Rey（2020）指出在瑞士國際學校的論述中，學生移動力的養成時常與國際就業市場有關，不僅對國際學校的需求來自於瑞士境內跨國企業數量的增長，往往學生所學習的種種基本能力與未來的跨國就業相關，且不少國際學校本身就是跨國企業的一員。從顧客（學生與家長）、產品（國際教育）到供應商（國際學校），構成一種企業世界主義（corporate cosmopolitanism）。再者，在多元性方面，國際學校生源主要來自有足夠經濟能力負擔較高額學費的中高階級家庭，也因此，無論在教育理念或者學生背景上，國際學校並不比公立學校來的更加多元。也就是說，支撐國際教育中世界主義資本的兩大主張，多元性與移動力，對 Bolay 與 Rey（2020）所研究的瑞士國際學校而言，距離哲學上的世界主義理念甚遠。

肆 國際文憑課程與國際視野

在世界主義的理念之外，另一個更常與國際文憑課程一同被提及的論述即為「國際視野」的培養。國際視野（international mindedness）向為國際文憑課程中重要的元素之一，不僅是 IB 學習者任務的重要目標（International Baccalaureate Organization, 2006），也是國際文憑課程追求多語主義（multilingualism）的主要目的（International Baccalaureate Organization, 2014）。

不過，根據 Tarc（2012）的研究，其實國際視野是相當晚近，約 1990 年代開始，才出現於國際文憑課程中的概念。在 1960 年代初創時期，囿於當時的國際環境與氣氛，國際教育的「國際」指的是字面上的意義，也就是學生人口的流動、國際標準與條約等。當時重要的奠基者 A. D. C. Peterson 也強調，學生必須首先建立自己的國家認同，然後才是學習對其他文化保持開放的心胸（Peterson, 1972）。從此一角度觀之，可以發現在國際文憑課程的歷史發展過程中，國際視野似乎並不來自古老的世界主義哲學理念，而是與現代的國際主義與國際關係發展脈絡較為相關。

換言之，國際文憑課程所倡導的國際視野並不挑戰現存的、以民族國家為中心的國際概念與環境（Tarc, 2009）。反映在課程中，「跨國」（international）也往往更常被當作「跨文化」（intercultural）的同義詞使用（Li, 2017），形成 Iriye（1997）所稱之文化國際主義（cultural internationalism）。例如在解釋國際文憑為何的文件中（International Baccalaureate, 2013），「多語主義與跨文化理解」以及「全球參與」被視為構成國際文憑教育全球脈絡的兩大發展方向。換言之，國際文憑的國際性，除了實踐在師生參與全球議題的討論與關心外，主要倚賴的是課程中所強調的多語言學習，以及如何在課程中培養學生的跨文化理解。跨國與跨文化在這個語境中，幾乎成為具有相同意義的詞語。

除了文化國際主義之外，Resnik（2008）也曾討論在經濟層面上，隨著跨國資本主義、新經濟的出現，對於國際文憑課程中所強調之國際視野與國際理解的影響。Resnik（2008）將國際文憑課程所欲培育之「全球公民」特質與跨國資本主義及新經濟所需要的「全球勞工」特徵相互對照比較，發現兩者有許多相類似，甚至完全相符合之處。換言之，國際教育不僅為世界和平的世界主義理想服務，還有一個十分重要、令人無法忽視的關鍵目標，就是為跨國就業市場培養合乎全球經濟環境要求的勞動人口。在新興的現代資本主義中，隨著更為講求彈性、網絡化的生產與管理需求，批判思考、自我反思、多元文化主義、自主學習與彈性等，成為理想全球勞工追求更高職位的重要技巧。而相較於一般公共教育系統，國際學校由於較少受到文化傳統與國家法規的限制，成為更能及早訓練學生相關技巧的學校。也因此，愈來愈多菁英階層逐漸傾向這些脫離國家與主流教育制約的國際教育機構。

Resnik（2008）指出，透過國際文憑課程中的教育目標、多語言教育、IB 學習者任務，以及各個階段的課程架構設計可以發現，其國際教育內容與跨國企業所要求之勞工特質若合符節，包括重視問題解決的認知傾向、強調彈性與適應性的心理－情緒傾向、著重團隊合作與網絡的社會－文化傾向，以及全球企業公民的倫理傾向等。其中，國際文憑課程中，尤其在語言學習以及跨文化體驗等面向特別重視的多元文化主義，在 Resnik（2008）的分析中，更接近認知多元文化主義（cognitive multiculturalism）以及情緒多元文化主義（emotional multiculturalism）。例如在國際文憑課程中第二語言課程、知識理論課程以及體育課程的設計皆有融入多元文化主義的精神，而多元文化主義的融入並不止於促進族群間的相互容忍或者開放心胸，「認知多元文化主義」更注重學生能夠發展不同的思考方式。至於「情緒多元文化主義」指的則是，在課程中所融入的多元文化主義並不一定強調對其他文化或者「他者」的深度認識，相反地，國際文憑課程更為重視的是，學生能與不同文化背景的同儕有效互動與團隊合作。而顯然後者的培養更符合跨國企業的勞動環境的要求。

從國際文憑學校教師的訪談也提到，在國際文憑課程實施過程中，對於將國際視野融入課程面臨各種不同的挑戰（Lai, Shum, & Zhang, 2014）。Lai、Shum 與 Zhang（2014）的研究顯示，國際視野融入課程中，對於教師而言，與相互尊重、理解與認同其他文化、包容、社會議題覺察，以及開放心胸等元素相近，而針對這些課程元素，教師時常需要面對學生語文能力是否充足（以進行相關討論）、歐美價值觀是否能與當地的教師角色與文化相容、如何將國際視野轉譯為可操作的能力等課題。是以，國際視野元素是否能充分融入到課程中，端視教師是否有能力與經驗處理上述課題。更有甚者，國際文憑課程授課教師也提到，即便設有知識理論和 CAS 等課程，能更為靈活地結合國際視野的教學，但高中文憑課程的校外考試壓力，以及家長對於學業表現的要求，往往對於實際的課程設計產生更人的影響力，左右教師授課的方向與比重。

除卻世界主義在哲學理念層次的論述，國際文憑課程用更為務實的「國際視野」作為其課程「國際性」的標誌。在文獻中顯示，國際視野在課程中的強調也確實爲學生帶來更多認識其他文化與社會的機會。不過，國際視野作爲一個折衷的課程理念，一方面可能更加符應了資本主義全球化所相應要求勞動力的養成；另一方面，這一類的課程也更可能由於更爲現實的學業表現要求而被迫犧牲。

伍 國際文憑課程與制度合法性

隨著對於國際文憑組織及其課程的研究愈來愈受到重視，也開始有學者從制度理論的角度，討論國際文憑課程的「合法性」（legitimacy）問題。對於合法性問題的探究大致分爲兩個方向。一個是從討論何謂國際教育或者國際文憑所指涉之「國際」從何得證出發；另一則是分析國際文憑學校如何突破重圍，在不同的國家/教育制度中找到自己在當地的定位。

Bunnell、Fertig 與 James（2016）指出，除了傳統意義上的國際學校，意即聚集來自跨國移動頻繁、跨文化家庭的學生，以及意識形態上著重全球和平的教育哲學理念的學校外，近年來日益增加的國際學校更常是第三種型態：私立、營利型態，且以當地中產階級家庭子女爲招生目標的國際學校。此類國際學校從爲當地學生提供以英語作爲教學語言的課程設計出發，並將「國際化」視爲重要的市場行銷方式，通常提出的教育理念與辦學特色也十分分歧（Bunnell, Fertig, & James, 2017）。這使得國際學校的樣貌更加多元，「稀釋」了國際化的元素。透過制度主義的概念，Bunnell、Fertig 與 James（2016, 2017）討論第三類國際學校「制度合法性」（institutional legitimacy）的問題，以找出國際學校如何在制度化的過程（包括在法規層面、價值層面，與文化－認知層面）中，鞏固作爲國際學校的合法性。基於國際課程的實施被視爲國際學校的重要組織目標，故在Bunnell、Fertig 與 James（2016, 2017）的分析中，便以國際文憑課程作爲分析的標的，發展在法規層面、價值層面與文化－認知層面進

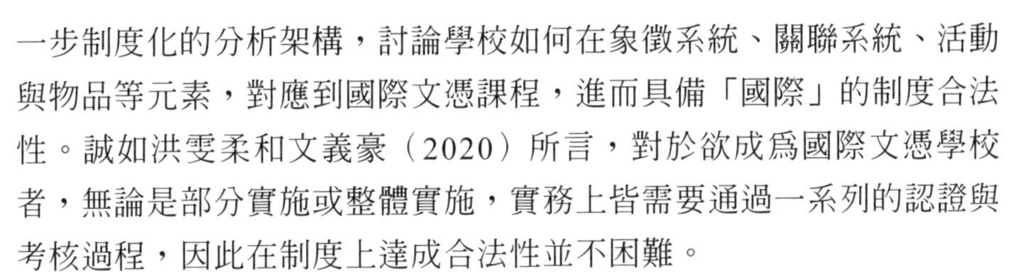

一步制度化的分析架構，討論學校如何在象徵系統、關聯系統、活動與物品等元素，對應到國際文憑課程，進而具備「國際」的制度合法性。誠如洪雯柔和文義豪（2020）所言，對於欲成為國際文憑學校者，無論是部分實施或整體實施，實務上皆需要通過一系列的認證與考核過程，因此在制度上達成合法性並不困難。

為了進一步改善這個近乎套套邏輯的「國際性」的分析，洪雯柔與文義豪（2020）的研究提供了另一個觀察方向。從緣起、培養目的與人才目標、學科與內容等「課程國際化」的角度，洪雯柔與文義豪（2020）的分析中提到，除了學校行政與教師專業發展之外，將國際相關內容融入課程以強化學校課程中國際元素的可能性。不過，該研究同時也指出，這個以「課程內容落實國際化」的取向仍有許多努力的空間，例如對特定學科的偏重，以及部分國際元素與議題仍有待重視等。

從學生學習的角度，Lijadi 與 van Schalkwyk（2018）也提出類似的觀察，認為不同類型的國際學校，即便提供的是國際文憑課程，仍然呈現出不同的國際教育面貌。尤其是晚近 1990 年代之後新興的國際學校，所提供的教育內容與過去的國際學校相當不同，甚至令人感到「不那麼國際」。Lijadi 與 van Schalkwyk（2018）訪談了不同年代「第三文化兒童」（third culture kids, TCK）就讀國際學校的經驗，描繪了不同世代國際學校的樣貌。第三文化兒童指的是在成長的過程中，時常隨著家庭的跨國流動而遷徙的孩童，之所以稱為「第三文化」，即因其頻繁移動的成長過程，使得對於這些兒童來說，既不熟悉其父母的「祖國」文化，對於所在國的文化也感到陌生。第三文化兒童的文化歸屬就如同全球遊牧民族（global nomads）一般（Lijadi & van Schalkwyk, 2018）。1990 年代後期出現的新興國際學校除了維持提供國際課程、以英語為教學語言或聘用外籍教師外，更常引入雙語或多語的教學模式，並招收當地家庭子女，以符合學校所在地的教育需求。Lijadi 與 van Schalkwyk（2018）觀察到，在部分這一類的國際學校中，比起第三文化兒童，甚至更願意招收當地中上階級家庭的子女，以利維持學校的營運。於是，在充斥著當地學生的國際學校中，第三文化兒童仍然在語言、文化、社會等層面上，面臨無法融入，找不到歸屬的窘境。Lijadi 與 van Schalkwyk（2018）的研究顯示，學校是否「國際」，除了學校行政、課程安排外，學生族群及文化也應納入考量。

另一種制度合法性的分析視角，則是從國際學校如何被納入所在國家教育制度的角度出發，討論國際學校在當地逐漸脈絡化的過程。例如 Lee、Kim 與 Wright（2022）從文件檔案的分析，針對國際文憑學校在不同地區發展的脈絡化進行比較。因爲所在地教育制度的不同，國際文憑學校在當地所扮演的角色與地位也就展現不同的樣貌。例如在香港的教育體制中，一部分的國際文憑學校屬於英基學校學會成員，原以提供駐港家庭子女英制教育內容爲目的所設立的學校；另一部分的國際文憑學校則是以其他國家學制爲標的，或者當地的私立國際學校。而隨著直接資助計畫（Direct Subsidy Scheme, DSS）的補助，放寬了讓更多學校參與國際文憑課程的機會，也使部分頗具聲望的傳統名校，開始藉由提供國際文憑課程，增進自己作爲國際教育提供者的制度合法性。於是國際文憑課程在香港定位成爲高品質教育、以準備學生未來升讀大學爲導向，且核予國際承認之文憑。而在新加坡，由於當地學制的設計，僅有私立學校與國際學校能提供國際文憑課程，被定位爲少數的菁英教育，限於提供教育服務予跨國流動的家庭。雖然被排除在公立學校之外，但國定課程也會嘗試融入部分國際課程的元素。

在無論是對於新興國際學校，抑或是部分地區的在地公私立學校而言，透過提供國際課程來達成市場區隔，遂成爲不少學校的生存策略，用以使國際學校得以立足於當地教育市場。Machin（2017）的研究從經濟學的角度補充了這個觀察。Machin（2017）考察亞洲國際學校數量的增長，指出國際學校的出現不僅只是對於國際和平與理解的教育理念愈發受到重視之外，更重要的影響因素在於回應全球資本主義的發展，以及隨之而來對於預備學生進入未來跨國職場的需求。愈來愈多亞洲的父母願意爲了能達到這個目標，而將資金投入在子女的教育中，且國際學校成爲優先的選項。而在各國教育政策鬆綁，瀰漫著新自由主義氛圍、強調提供不同的教育選擇的大環境下，國際學校也同時面臨著市場競爭的挑戰。國際學校需要在眾多不同的教育選項中，製造一定的市場區隔或品牌獨特性，且持續擴張不同的校區或分校，以追求市場定位，企圖達到永續經營的目標。換言之，對於國際教育的提供者而言，對於推動國際文憑課程，除了教育理念上的追求外，也須同時考慮是否能滿足教育市場的需求。國際文憑課程的提供，以及其所帶來的「國際性」品牌效應，成爲學校追求永續經營的關鍵策略。

陸 結論

藉由論述實踐的概念，本文討論國際文憑課程如何使其「國際性」具正當性並有意義，透過哪些不同的論述，使國際文憑課程成爲「國際的」課程。在這個過程中，本文從多元文化主義、世界主義、國際視野，以及制度合法性等角度出發進行分析。國際文憑課程中的知識理論課程、IB 學習者任務、CAS 課程，以及其著名的多語言教育是最常被提及與其「國際性」相關的課程元素。首先，在這些課程中，學生有機會學習與不同文化背景的學生進行交流，爲未來的跨國就業與流動及早預備。但這些活動是否足夠深入，足以養成具世界主義意識的世界公民，或者過度強調全球化資本主義社會所需要的勞動能力，而成爲失根的多元文化或世界主義，成爲一大隱憂。再者，針對國際視野論述建構的分析中，隨著國際關係與國際政治環境的變遷，國際視野逐漸成爲國際文憑課程中重要的論述。國際視野意味著能跳脫公共教育系統的侷限，融入跨越國界的多元文化主義精神。然而，從課程的規劃觀之，國際視野更多著重於國際視野的經濟取向，而未能進一步達到對文化差異的深度理解。最後，國際學校作爲各國教育制度中「國際性」的代表，其制度合法性來源有二，一爲在學校行政上是否符應國際課程，如國際文憑課程的要求，作爲國際教育合法性的根據；另一則爲國際文憑學校在不同教育制度中的位置，國際學校透過實施國際文憑課程，在社會中發展出與他校不同的定位，用以取得家長的認同與支持。本文期待藉由文獻與檔案中對於國際文憑課程的討論，反思當代學校教育對於國際性的追索與探求。

參考文獻

王增勇（2003）。照顧與控制之間——以「個案管理」在社工場域的論述實踐爲例。臺灣社會研究季刊，**51**，143-183。

卯靜儒、張建成（2005）。在地化與全球化之間：解嚴後臺灣課程改革論述的擺盪。臺灣教育社會學研究，**5**(1)，39-76。

洪雯柔、文義豪（2020）。國際學校的「國際」元素爲何？一所學校「國際文憑課程」的國際化分析。教育研究月刊，**312**，49-63。

黃文定（2018）。論國際教育中愛國主義與世界主義的矛盾與出路。教育研究集刊，**64**(3)，41-78。

游美惠（2000）。內容分析、文本分析與論述分析在社會研究的運用。調查研究，**8**，5-42。

Appiah, K. A. (1997). Cosmopolitan patriots. *Critical Inquiry*, *23*(3), 617-639.

Appiah, K. A. (2005). *The ethics of identity*. Princeton, NJ: Princeton University Press.

Assa-Inbar, M. (2021). A cosmopolitan bubble? Constructions of locality at an international school in China. *Critique of Anthropology*, *41*(4), 345-360.

Bacchi, C., & Bonham, J. (2014). Reclaiming discursive practices as an analytic focus: Political implications. *Foucault Studies*, *17*, 173-192.

Beck, U. (2011). Multiculturalism or cosmopolitanism: How can we describe and understand the diversity of the world? *Social Sciences in China*, *32*(4), 52-58.

Bolay, M., & Rey, J. (2020). Corporate cosmopolitanism: Making an asset of diversity and mobility at Swiss international schools. *ACME: An International Journal for Critical Geographies*, *19*(1), 106-130.

Bunnell, T., Fertig, M., & James, C. (2016). What is international about International Schools? An institutional legitimacy perspective. *Oxford Review of Education*, *42*(4), 408-423.

Bunnell, T., Fertig, M., & James, C. (2017). Establishing the legitimacy of a school's claim to be "International": The provision of an international curriculum as the institutional primary task. *Educational Review*, *69*(3), 303-317.

Doherty, C., Mu, L., & Shield, P. (2009). Planning mobile futures: The border artistry of International Baccalaureate Diploma choosers. *British Journal of Sociology of Education*, *30*(6), 757-771.

Harvey, D. (2000). Cosmopolitanism and the banality of geographical evils. *Public Culture*, *12*(2), 529-564.

Hayden, M., & Wong, C. S. D. (1997). The International Baccalaureate: International education and cultural preservation. *Educational Studies*, *23*(3), 349-361.

Hook, D. (2001). Discourse, knowledge, materiality, history: Foucault and discourse analysis. *Theory and Psychology*, *11*(4), 521-547.

International Baccalaureate Organization (2006). *IB learner profile booklet*. Cardiff, Wales: International Baccalaureate Organization.

International Baccalaureate Organization (2008). *Towards a continuum of international education*. Cardiff, Wales: International Baccalaureate Organization.

International Baccalaureate Organization (2010). *Core requirements*. Geneva: International Baccalaureate Organization.

International Baccalaureate Organization (2013). *What is an IB education?* Geneva: International Baccalaureate Organization.

International Baccalaureate Organization (2014). *Language policy*. Geneva: International Baccalaureate Organization.

International Baccalaureate (2022a). *Facts and figures*. Retrieved from https://www.ibo.

org/about-the-ib/facts-and-figures/

International Baccalaureate (2022b). *Government partnerships*. Retrieved from https://www.ibo.org/benefits/ib-as-a-district-or-national-curriculum/government-partnerships/

International Baccalaureate (2022c). *Why the IB is different*. Retrieved from https://www.ibo.org/benefits/why-the-ib-is-different/

Iriye, A. (1997). *Cultural internationalism and world order*. Johns Hopkins University Press.

Kymlicka, W. (2005). Models of multicultural citizenship: Comparing Asia and the West. In S.-H. Tan (Ed.), *Challenging citizenship: Group membership and cultural identity in a global age* (pp. 110-136). Aldershot, Hants, England & Burlington, VT: Ashgate.

Lai, C., Shum, M. S. K., & Zhang, B. (2014). International mindedness in an Asian context: The case of the International Baccalaureate in Hong Kong. *Educational Research*, *16*(1), 77-96.

Lee, M., Kim, H., &, Wright, E. (2022). The influx of International Baccalaureate (IB) programmes into local education systems in Hong Kong, Singapore, and South Korea. *Educational Review*, *74*(1), 131-150.

Li, Y.-C. (2017). *Comparison as translation: Internationalisation in the International Baccalaureate and Taiwanese schooling* (Doctor of Philosophy). The University of Queensland, Australia.

Lijadi, A. A., & van Schalkwyk, G. J. (2018). "The international schools are not so international after all": The educational experiences of Third Culture Kids. *International Journal of School & Educational Psychology*, *6*(1), 50-61.

Machin, D. (2017). The great Asian international school gold rush: An economic analysis. *Journal of Research in International Education*, *16*(2), 131-146.

Mignolo, W. (2011). Cosmopolitan localism: A decolonial shifting of the Kantian's legacies. *Localities*, *1*, 11-45.

Nussbaum, M. (1996). Patriotism and cosmopolitanism. In J. Cohen (Ed.), *For Love of Country: Debating the limits of patriotism* (pp. 2-17). Boston: Beacon Press.

Nussbaum, M. (1997). *Cultivating humanity: A classical defense of reform in liberal education*. Cambridge, MA: Harvard University Press.

Peterson, A. D. C. (1972). *The International Baccalaureate: An experiment in international education*. GG Harrap London.

Resnik, J. (2008). The construction of the global worker through international education. In J. Resnik (Ed.), *The production of educational knowledge in the global era* (pp. 147-167). Rotterdam: Sense Publishers.

Rizvi, F., & Beech, J. (2017). Global mobilities and the possibilities of a cosmopolitan curriculum. *Curriculum Inquiry*, *47*(1), 125-134.

Tarc, P. (2009). What is the 'International' in the International Baccalaureate? Three structuring tensions of the early years (1962-1973). *Journal of Research in International Education*, *8*(3), 235-261.

Tarc, P. (2012). How does 'global citizenship education' construct its present? The crisis of international education. In V. d. O. Andreotti & S. L. M. T. M. De (Eds.), *Postcolonial perspectives on global citizenship education* (pp. 105-123). New York: Routledge.

Vertovec, S. (2007). Super-diversity and its implications. *Ethnic and Racial Studies*, *30*(6), 1024-1054.

Wright, E., & Lee, M. (2014). Elite International Baccalaureate Diploma Programme schools and inter-cultural understanding in China. *British Journal of Educational Studies*, *62*(2), 149-169.

Wright, E., & Lee, M. (2019). Re/producing the global middle class: International Baccalaureate alumni at 'world-class' universities in Hong Kong. *Discourse: Studies in the Cultural Politics of Education*, *40*(5), 682-696.

Young, R. (ed.) (1981). *Untying the text: A post-structural anthology*. Boston: Routledge & Kegan Paul.

13 結語——邁向後設、反省性與永續的國際教育

洪雯柔
國立暨南國際大學國際文教與比較教育學系教授

如果國際教育的目標在於全球移動力的培養，而這涵蓋全球公民的養成、國際觀與全球視野的開展，全球人才流動管理公司 Bharat Gears Ltd（簡稱 BGRS）公布的下述這兩份資料可以提供我們反思。

2016 年公布的《第 21 集全球移動力趨勢調查》（21th issue of the annual Global Mobility Trends Survey）的結果顯示，能夠成功因應全球移動力運作與挑戰的人員素質與數量與期待值是有落差的，而無法適應當地且完成任務更高居三大挑戰因素之一，其他則如欠缺有效且具體方法評估全球移動力、欠缺支持員工發展出跨界的適應力或成熟度等（BGRS, 2016，轉引自洪雯柔、賴信元，2019，21）。

BGRS 於 2021 年公布的《重建未來全球移動力》（Reinventing Mobility Beyond 2020−Key Findings Report）重新界定了實體移動的價值以及虛擬移動的利弊得失，探究未來在實體與虛擬混成的全球產業場域中，所需的能力為何，諸如風險的覺知能力、虛擬場域中引領團隊投入的能力等，都是此次調查中出現的新項目（BGRS, 2021）。

他們提醒我們有二。其一，國際教育實施成效檢視的重要性，以確保預期目標是否達成。進一步而論，課程評鑑亦有其意義，以檢視現有課程內容、教學策略、教學歷程及其中的師生互動，是否有助於目標的達成。其二，風險社會帶給我們的啟發，全球移動力的內涵有所調整，以因應風險日益升高的全球世界。因此，本書以「後設與反省性的國際教育」與「永續的國際教育」做結。

壹 後設與反省性的國際教育

後設與反省性的國際教育意味著從超越的角度檢視國際教育本身及其實施成效，進而提出反省性的調整。這也許可分爲實務與學術研究兩個角度來論述。針對國際教育的實務，可進行者如對於國際教育實施方案之國際性以及方案本身進行檢視、對國際教育實施成效的檢視等；針對國際教育的學術研究者，如對國際教育實務的研究與檢視等。

一 國際教育實務面向

此面向的後設與反省性實踐，或可有幾個作法。

(一) 整體制度面向的教育國際化程度的檢視

Bunnell、Fertig、James 援引制度化理論（institutionalization theory）檢視國際化的合法性（institutional legitimacy），尤其課程國際化。他們依據制度化理論，從符號象徵體系、關係載體（relational carriers）、活動與各類產出等項目，檢視其是否符合規約性基軸（regulative pillar）、規範性基軸（normative pillar）與文化認知基軸（cultural-cognitive pillar）。規約性基軸乃指規則建構、監督與懲罰活動；規範性基軸則爲有助於形成運作模式的價值觀、規範、期望、標準等；文化認知基軸則是意義與解釋得以發展的基模

（scheme），以及對實體界之本質的共同概念等。而這些基軸的具現則有賴符號象徵體系、關係載體、活動、各類產出等（洪雯柔、文義豪，2020）。筆者曾以此進行某國際文憑認證學校的國際化程度。

(二) 整體國際教育方案的落實度評估

Yemini（2012）發現以往中小學教育國際化的研究皆以國際學校學制爲主，近年逐漸演變爲培養全球公民的呼籲。而無論高等教育機構或中小學都投入許多資源，但卻少有相關研究以評估這些國際化的努力與成效。他針對中小學階段所推動的國際化提出評估架構的建議。採用美國教育委員會（American Council on Education）的國際化評估指標類別：(1) 機構承諾與支持；(2) 學術性要求、學程與課外活動；(3) 教師相關政策與機會；(4) 國際學生，將之轉化爲適用於中小學者。他建議評估下述內容：(1) 教師、學生、其他相關人員針對國際、全球與多國學習機會的意見、態度與信念，以及他們在國際經驗中獲得的知識與技能；(2) 依據上述架構檢視學校中的國際化活動；(3) 描繪教師訓練的落差以便適切發展國際化所需的技能與素養；(4) 擴展在開發中與發展中國家的脈絡中的研究；(5) 長期追蹤學生與教師對國際化觀點的轉化。

而 2018 年 PISA 的全球公民素養評量，除針對學生提出評量向度，也針對學校校長與教師發出全球公民素養問卷，而這些項目亦可提供檢視國際教育課程、教學與服務之參考。針對校長的問卷包含五個面向：學校跨文化教育實踐、教師的跨文化教育信念、正式課程融入全球素養的情形、教師參與國際交流情形，以及學校的語言政策。針對教師的問卷包含六個面向：已接受過之全球素養相關訓練課程與需求、全球素養的教學情形、在多元文化課堂進行教學時的自我效能（self-efficacy）、學校教師的跨文化教育信念、對移民的態度，以及閱讀新聞的管道（黃文定，2019）。

(三) 國際教育學習成效的評估

成效評估可採量化與質化兩種取向，參酌「深度學習」中全球公民素養的尺規（Quinn, McEachen, Fullan, Gardner & Drummy, 2020），進行前後測的比較與分析（表 1）。

此外，有關全球議題與促進國際技能的知識普遍被認爲是重要的，E. Sparks 與 M. J. Waits 認爲此乃跨文化技能（intercultural skills）的概念，而這涵蓋有意願了解其他文化且能夠加以包容與欣賞文化的模糊性與差異、了解全球脈絡中的文化、有關全球議題及趨勢的知識、以外語進行跨文化溝通等（引自 Johnsen-Smith, 2014, 45）。C. McTighe-Musil 則認爲其意味著學生需要學會了解多樣性文化及個人認同在跨國環境中的複雜性、以較多的知識與覺知描述自己的文化、包容其他信仰且對之好奇、以較大的精確度與精緻度詮釋其他文化與國家、跨越文化疆界與進行跨文化溝通、從多元觀點檢視單一議題、對複雜性與模糊性能自在面對、能與不同文化的他者有效地合作與工作、成爲投入且致力於提升公平與正義的世界公民（引自 Johnsen-Smith, 2014, 46-47）。Deardorff 曾提及跨文化素養乃是一個循環且個人與他人互動的歷程（引自 Johnsen-Smith, 2014, 49）。這些都是可以用以檢視學生學習成效的規準。

(四) 未來的國際教育發展取向

新冠肺炎疫情或資訊科技下的國際教育，已呈現不同的面貌，其運作方式、實施歷程、成效與影響等，都可有新的思考與創意，開展出多元且有意義的國際教育（洪雯柔，2021）。

二　國際教育研究面向

筆者（洪雯柔，2021）之前針對國內國際教育相關研究所進行的探究發現，相關研究多聚焦在國際教育的實務推展。本書亦有類似

表 1　全球公民素養的尺規

向度	證據有限	萌芽	發展	加速	精通
全球視野	學習者對世界漠不關心，對他們眼前以外的議題和觀點缺乏興趣或理解。	學習者開始對在地或全球議題進行探索或顯示興趣，試圖了解議題的因果關係時，從不同角度進行思考。	學習者對在地與全球議題展現理解。他們對於世界的和平與衝突、全球相互依存、不平等和不公正公義等有較清楚的概念。	學習者在回應全球議題時，無論是個人或集體都能積極投入思考，並採取行動。他們開始認可自己的主動性，並尊重他們和每個人都能對全球社會有所貢獻這樣的想法。	學習者以全球公民的身分思考並採取行動。他們尋找具有全球重要性的議題，且相信人類可以對世界做出改變，自己也積極投入實現此一目標。
透過對多元價值與世界觀的同理心與同情心，致力於人類的公平性	學習者在理解、接受和欣賞來自不同文化的觀點時遭遇困難。	學習者開始表現出對自己身分和文化的覺察，並能理解一些不同文化間的差異。學習者仍需要相當多的指導，協助他們理解和接受其他思維方式。	學習者正在發展他們個人與文化的身分認同，並知道這如何影響他們看待世界的方式。在指導下，他們正在學習對其他世界觀的同理心和同情心。	在強烈自我覺察的基礎上，學習者對不同的文化和世界觀懷抱開放的好奇心。學習者真誠地關心平等、對其他人展現同理心和同情心。	學習者利用他們對自己和其他文化的理解，採取行動以消弭不平等。他們以多元價值與全球觀點思考全球議題。在他們積極地與他人互動以促進全球的平等與福祉時，展現同理心和同情心。

向度	證據有限	萌芽	發展	加速	精通
真心關注人類和環境永續	學習者對環境議題的覺察與關注度低。	學習者開始接受每個人的行為會如何影響環境產生的衝擊。 在引導下，他們能夠將這些概念融入探究裡。	學習者理解人類和環境永續對在地及廣大世界的重要性。 他們開始將這些觀念納入探究裡。	學習者能產生達成環境永續的解答，這些解答能影響這個星球及其居民。 他們能夠獨立地將這些概念應用在探究裡。	學習者對人力、環境問題及其重要性有令人信服的觀點。 他們將這些觀點融入至作品中，並為人力和環境永續積極改善成果。
解決真實世界中不明確、複雜問題，以使公民受益	學習者在處理真實世界的挑戰和問題時，安心感低。他們需要確認過、有框架和結構性任務	學習者在面對開放性、真實世界的挑戰和問題時，開始展現出些微熟悉感。 他們仍需要一些指導來確定該從哪裡開始，但開始展現對不確定性的安心感。	學習者對開放性、真實世界的挑戰和問題已經發展出興趣。 他們只需要一些非常廣泛的規範來開始執行任務，應對不確定性的能力正在發展中。	學習者熱切地想要更加學習並處理影響在地和全球公民的真實世界挑戰及問題。 學習者有能力探索高度不確定且沒有預設解決方案的真實世界問題。	學習者能處理困難的真實世界挑戰及問題。 他們可以自己創造一種觀察議題的視角或方式而不需要採用他們確認好的視角。

向度	證據有限	萌芽	發展	加速	精通
數位利用	學習者尚未使用數位元素來產出問題及探索全球議題。	學習者開始使用數位元素來理解他們社區的議題。 他們透過科技與社區成員產生連結，開始理解數位公民素養代表的是用彼此尊重的方式來溝通及使用科技。	學習者有效地使用數位元素，以擴大他們在地及全球的連結。 學習者使用數位，以連結並理解議題。 他們正在學習數位公民素養代表的是用尊重、同理、合法及適當的方法來溝通、處理科技。	數位用以連結並創見解決方案，這些方案是對全球有共鳴、與文化相關、公平、公正、且有助於環境永續。 學習者以數位方式與不同文化背景的人產生連結，並能持續地展現出高度數位公民素養行為。 學習者可以清楚表達數位元素的注入如何強化學習過程的全球、文化和環境要素。	學習者選擇並使用適當的數位平台、工具及科技，以深化並豐富自己的視角。 數位科技從不同的視角啟動對複雜問題的協作檢視。 學習者可以清楚表達並展現數位公民素養，在不同的文化和環境中如何促進公平、正義和永續性。

的偏向。未來尚有許多可進行學術研究或理論建構之處，以對國際教育進行後設與反省，諸如面對疫情下與國際化日盛下的多元國際教育樣貌，國際教育範疇與觀點的釐清與反思有其必要性；因應國際教育範疇的釐清，國際教育研究主題的擴展與深化亦有待隨之進行等。

貳 永續的國際教育

Spector（2021，轉引自洪雯柔 2021）論及此次 COVID-19 影響的人口達全世界 90%，肺炎相關的種族歧視、社會孤立、教師的困惑與壓力、增加了暴露於暴力與剝削的機會、封城帶來的物資欠缺的危機等，面對此種危機，使人們更意識到風險世界社會。而 Beck 曾說「風險社會釋放了世界主義」，意思是，風險帶來的危機感將使人們更意識到彼此的相互依存關係，也促使人們採取更為相互關照的方式來回應風險。

而這樣的相互依存關係以及風險社會的衝擊，讓我們重新思考一個更為永續且倫理的國際教育發展方向。de Wit 與 Deca（2020）批判國際化過去 30 年的趨勢，例如強調面向海外的國際化（internationalization abroad）而非在地國際化（internationalization at home）、碎裂且邊緣的國際化而非策略性且綜合性的核心政策、照顧少數菁英的旨趣而較少含納性與公平正義、日益強調經濟動機、受到排名所左右等，他們建議重新思考與定義國際化，回應聯合國倡議的永續發展目標（SDGs）。他們提出的具體建議，諸如在地國際化中的課程國際化、虛擬移動與合作等，皆邁向綜合性國際化、更為多元的支持理由，以及更強調倫理的國際化。未來 10 年的國際化發展預估如下：為所有學生、教職員而建構的在地國際化日益蓬勃、更節能減碳的國際化、國際化對社會的貢獻日益受到重視、連結全球與在地乃為主要訴求、減少少於 8 週的短期移動、結合方案或學程的移動、減少行政旅行、支持視訊交流與線上國際學習、因應移民與難民

的需求、發展跨文化技能與素養等。

面對更爲連結的全球化世代，以及風險加劇的世界社會，更爲永續與共好的國際教育，尙待更多反省與發展。

參考文獻

洪雯柔（2021）。風險社會下的國際教育：發展、停滯或新可能性？收錄於中國教育學會主編，**預見教育 2030**（頁 33-57）。臺北市：學富。

洪雯柔、文義豪（2020）。國際學校的「國際」元素爲何？一所學校「國際文憑課程」的國際化分析。**教育研究月刊**，**312**，49-63。

洪雯柔、賴信元（2019）。高等教育國際化之開展與省思。**教育研究月刊**，**305**，19-36。

黃文定（2019）。從 2018 PISA 全球素養評量問卷論國際教育的實踐。**臺灣教育評論月刊**，**8**(6)，6-11。

BGRS [Brookfield Global Relocation Services] (2016). *Breakthrough to the future of global talent mobility*. Retrieved from http://globalmobilitytrends.bgrs.com/assets2016/downloads/Full-Report-BGRS-2016-Global-Mobility-Trends-Survey.pdf

BGRS [Brookfield Global Relocation Services] (2021). *Reinventing Mobility Beyond 2020 - Key Findings Report*. Retrieved from https://www.bgrs.com/wp-content/uploads/BGRS_2021_Talent_Mobility_Trends_Survey_-_Key_Findings.pdf

de Wit, H. & Deca, L. (2020). Internationalization of higher education, challenges and opportunities for the next decade. In A. Curaj, L. Deca, and R. Pricopie (eds.), *European Higher Education Area: Challenges for a new decade* (pp. 3-12). Switzerland: Springer

Johnsen-Smith, K. A. (2014). *Implementing internationalization: How a post-secondary environment understands and operationalizes the process* (Unpublished doctoral dissertation). Northeastern University: MA, USA.

Quinn, J., McEachen, J. J., Fullan, M., Gardner, M., & Drummy, M. (2020). *Dive into deep learning: Tools for engagement*. Thousand Oaks, CA: Corwin.

Yemini, M. (2012). Internationalization assessment in schools: Theoretical contributions and practical implications. *Journal of Research in International Education, 11*(2), 152-164.

國家圖書館出版品預行編目資料

後疫情時代下的國際教育：無國界教育的跨越與另類可能性/丘嘉慧, 楊勛凱, 鄭勝耀, 廖育萱, 陳美如, 范雅筑, 吳秋萱, 陳義堯, 黃淑玫, 歐靜瑜, 林伯翰, 吳彥慶, 陳志南, 洪雯柔, 林昭良, 郭倢慇, 詹盛如, 劉洲溶, 黃文定, 傅慧雯, 劉慶仁, 洪志衛, 李郁緻合著；洪雯柔主編. -- 初版. -- 臺北市：五南圖書出版股份有限公司, 2023.05
面； 公分
中華民國課程與教學學會2022年度專書
ISBN 978-626-343-945-0(平裝)
1.CST: 教育 2.CST: 國際化 3.CST: 文集
520.7 112003888

4676

後疫情時代下的國際教育
無國界教育的跨越與另類可能性

策　　劃 — 中華民國課程與教學學會（448.1）
主　　編 — 洪雯柔
作　　者 — 丘嘉慧、楊勛凱、鄭勝耀、廖育萱、陳美如、范雅筑、吳秋萱、陳義堯、黃淑玫、歐靜瑜、林伯翰、吳彥慶、陳志南、洪雯柔、林昭良、郭倢慇、詹盛如、劉洲溶、黃文定、傅慧雯、劉慶仁、洪志衛、李郁緻
發 行 人 — 楊榮川
總 經 理 — 楊士清
總 編 輯 — 楊秀麗
副總編輯 — 黃文瓊
責任編輯 — 李敏華
封面設計 — 姚孝慈
出 版 者 — 五南圖書出版股份有限公司
地　　址：106臺北市大安區和平東路二段339號4樓
電　　話：(02)2705-5066　　傳　　真：(02)2706-6100
網　　址：https://www.wunan.com.tw
電子郵件：wunan@wunan.com.tw
劃撥帳號：01068953
戶　　名：五南圖書出版股份有限公司
法律顧問　林勝安律師
出版日期　2023年5月初版一刷
定　　價　新臺幣450元